IKE ROSEN

Die hohe Schule des Steckenpferds

mit 38 Farb-, 138 Schwarz-Weiß-Fotos und 84 Zeichnungen von Hannes Rosenberg

SÜDWEST VERLAG MÜNCHEN

Für Lidi Möbes,

der es gelang, gleichzeitig die Freundin meiner Mutter, meine Vertraute und die Verbündete meiner Kinder zu sein – und das in einer Zeit, in der die Generationen geistig weit auseinanderstreben.
Voraussetzung dazu waren ihr Interesse für alles, ihre Toleranz und ihre Liebe zu Menschen und Dingen.
Gerade diese Eigenschaften sind es, die Menschen mit ergreifenden Hobbys oft kennzeichnen. Sie werden aber auch gefördert und verstärkt, wenn man ein Hobby hat.

Im Sommer 1974, in dem Lidi Möbes seit 82 Jahren jung ist.

Schutzumschlag: Werbeagentur Schott GmbH.

ISBN 3 517 00484 7
Gesamtherstellung: Waldheim-Eberle, Wien

Inhalt

Diese hohe Schule setzt keine Vorbildung voraus!

Jeder kann bei ihr »Schüler« werden, sogar in vielen »Fächern«. Hier kann man den Verstand üben, aber es können auch die Hände sein oder der Körper. Man kann das Gefühl verfeinern, das Mitempfinden verstärken oder die Neugier befriedigen, ganz wie es einem gefällt. Denn das ist Vorbedingung: Jeder wählt nur das Fach oder die Fächer, zu dem oder zu denen er Lust verspürt oder ihn seine Begeisterung, seine Überzeugung oder sein Interesse treibt.

Dennoch muß man den Willen mitbringen, etwas für sich selbst zu tun, und man muß sich entscheiden für das, was man gern tut. Für den einen ist das einfach, für den anderen schwerer. Die Psychologen haben in den letzten Jahrzehnten darüber viele Erfahrungen gesammelt. Weil sich herausstellte, daß die meisten Menschen ihre Interessen nicht kennen, haben wir einen von ihnen beauftragt, für dieses Buch eine Art Interessentest zu erarbeiten, der auf Seite 17 beginnt.

Damit alle – größere Kinder, Jugendliche und Erwachsene – leicht erkennen können, warum und wie man sich entscheiden soll, erzählen wir am besten ein modernes Beinahemärchen, das kein Phantasiegebilde ist, aber die Phantasie zum Thema hat. Es führt zwar zu keinem Happy-End, aber dafür möglicherweise zu etwas Besserem – nämlich zu einem beglükkenden Ende, das für viele zu einem beglükkenden Anfang werden könnte.

Es war einmal ein Architekt, der sich vor dem Bau eines Hauses immer sehr gründlich mit den Menschen beschäftigte, die sich darin wohl fühlen sollten. Er war mit einer ungewöhnlichen und seltenen Gabe ausgestattet. Er besaß viel natürliche Menschenkenntnis, ohne daß er sie zunächst erlernt hätte.

Ihm fiel beim Planen auf, daß die Kinder seine Ideen mehr befruchteten als die Erwachsenen, ja daß die jüngeren eine unvergleichlich größere Portion an Phantasie besaßen als die älteren. Seine Beobachtungen erschreckten ihn tief, denn er meinte, auf irgendeinem Weg müsse doch **die Phantasie umgebracht** worden sein, wenn sie in den kleinen Kindern so überzeugend da ist. Jetzt begann er als Hobby systematisch unsere Erziehungsmethoden in der Schule und zu Hause mit den natürlichen Fähigkeiten der Kinder zu vergleichen. Das Ergebnis beeindruckte ihn so stark, daß er Lehrer und Schulräte darauf hinwies. Schließlich schrieb er an mehrere Kultus- und Erziehungsminister. Als das alles nichts half, hängte er den Architekten an den

Nagel und gründete **eine Schule, in der in allen Fächern die Phantasie einen besonderen Platz bekam.** Die Kinder sollten nicht eingeengt, sondern ermutigt werden, kreativ zu denken und zu handeln.

Wie dort das Lernen gelehrt wurde, würde ein weiteres Buch füllen. Wir können uns aus Platzmangel nur mit dem Teil beschäftigen, der die Interessen und die Hobbys betrifft. Die Kinder hatten nämlich in seiner Schule Gelegenheit, viele Handwerke zu erlernen und, weil sie für alle Dinge des Lebens offen waren, Hobbys neu zu erfinden. In dieser Schule gab es Drehbänke zum Drechseln, Drehscheiben zum Töpfern, Ambosse oder Holzklötze zum Schmieden und Punzen, Pressen zum Drucken und Buchbinden, Webstühle und Rahmen zum Knüpfen und Weben und Laboratorien zum Probieren und Erfinden. Aber es gab auch Unterricht, in dem man mit der Sprache experimentieren, mit Ideen spielen und dabei lernen konnte, was die Mitlernenden denken und fühlen. Dabei erfuhr man sogar, auf welche Weise man am besten zusammen arbeiten und wie man gut miteinander auskommen kann. Es erwies sich sehr schnell, **daß die Phantasie in Kindern nicht naturgegeben verschwindet,** ja daß man sie nicht nur erhalten, sondern verstärken kann, um sie in das Erwachsenenleben befruchtend mitzunehmen. Die günstigste Zeit, Hobbys zu erlernen, ist also die Kindheit, aber . . .

Für das Erlernen von Hobbys ist es nie zu spät

Das war nämlich die Antwort auf die zweite Frage, die diesen Schulgründer beschäftigte. Jetzt wollte er folgerichtig wissen: **Was schlummert in den Erwachsenen, und kann man es wieder erwecken?** Es erschien ihm unsinnig, mit bereits interessierten Stadtbewohnern die Frage zu klären. So bat er Dorfbewohner einer der kargsten und abgelegensten Gegenden, die in ihrem Leben gar keine Zeit gefunden und auch nicht das Bedürfnis verspürt hatten, sich mit musischen Gebieten zu befassen, ein paar Abende mit ihm zu basteln.

Weil viele Menschen mit Bleistift, Feder oder Pinsel in der Schule ungute Erfahrungen gemacht haben, wählte er als Werkzeuge Hämmer, mit denen auch die gröbste Faust auf ein Blech einschlagen kann. Das Treiben von Vertiefungen in Bleche hat zudem den Vorteil, daß Dellen oder Rillen nicht so exakt abgrenzen wie Bleistiftstriche. Man kann leichter gefühlsmäßig ausgleichen, was man eingehämmert hat, oder sich durch neue Schläge verändernd an die Form herantasten. Die Messing-, Kupfer- oder Aluminiumbleche waren zudem mit etwa 60 x 80 cm groß genug, um nicht schon vom Format her einzuengen. Selbstverständlich glaubte keiner der Bauern und Bäuerinnen, der Arbeiter und Arbeiterinnen, der Hausierer, Schäfer und Handwerker, daß sie je etwas zustande bringen würden. Weil diese falsche Annahme der Einstellung von Millionen Menschen entspricht, zeigen wir auf der ersten Bildseite dieses Buches, was diese Dorfbewohner hervorbrachten. Es waren Bildtafeln von so einfacher Schönheit und Ausgeglichenheit, daß man sie sich gern selbst an die Wand hängen würde. Hierin liegt aber ein »schlagender« Beweis:

In uns steckt mehr, als wir wissen!

Was ein Hausierer, ein Schäfer, ein Arbeiter und ein Metzger auf Anhieb hervorbringen konnten, sollten wir dessen nicht auch fähig sein? Als der Wiederentdecker unserer schlummernden Fähigkeiten diesen Beweis in Händen hielt, beschloß er, Kreativitätskurse für Erwachsene einzurichten. Er begeisterte seine gesamte Familie, verbrauchte all seine Kraft, die seiner Frau und später auch die seiner drei Söhne und seiner drei Schwiegertöchter, die alle aus gleicher Überzeugung Lehrer wurden. Obgleich er inzwischen leider gestorben ist, leben seine Gedanken noch heute. Denn heute gibt es nicht nur eine Volksschule, sondern auch ein Gymnasium, eine Akademie und eine Volkshochschule, die seinen Namen tragen: *Albrecht L. Merz.*

Augenscheinlich haben wir hier den Siegeszug einer Idee vor uns. Nur leider ist das nicht ganz so. Zwar bestätigten inzwischen Psychologen, Pädagogen, Soziologen die Richtigkeit dieser Erkenntnisse. Die Erziehungsministerien Norwegens, Englands, Frankreichs, ja sogar Amerikas und Chinas holten sich schon vor langer Zeit bei Albrecht L. Merz Rat. Henry Ford I., der das erste Fließband der Welt in die Produktion einschaltete, beauftragte ihn, für die Lehrlinge seiner Werke Kreativitätskurse einzurichten. Aber bis heute gibt es bei uns nur ganz vereinzelt Schulen, die in diesem Sinn erziehen. Man weiß heute, daß man damit den meisten Problemen der modernen Menschen begegnen könnte, der Interesselosigkeit, Abgestumpftheit, Einsamkeit, Kommunikationsunfähigkeit und Glücklosigkeit gerade der Menschen, die in ihrem Beruf Tag für Tag die gleichen Handgriffe tun oder die gleichen Denkprozesse durchmachen. Wir finden sie vom Hilfsarbeiter bis zum Superspezialisten. *Alexander Mitscherlich* drückt das so aus: »Wenn der künftige Angestellte nun schon beim besten Willen seiner Arbeit keinen Sinn mehr wird abgewinnen können, muß man ihn dann zuvor mit Hilfe der Erziehung auch noch so weit verkrüppeln, daß er seinem *ganzen Leben* keinen Sinn zu geben vermag, keine Ausgleichsbefriedigungen zu finden weiß, an denen er reifen kann?«

Phantasie und Wirklichkeit

Sehen wir der Wirklichkeit ins Auge. Wir sind oder waren also mit wenigen Ausnahmen alle Kinder, deren Phantasie Schaden genommen hat. Zudem leben wir in einer Erlebniswelt, die mehr oder weniger vorfabriziert ist und nur selten an uns direkt herantritt. Wir erleben alles und dadurch gar nichts, weil wir nirgends tiefer eindringen, wenn wir uns mit einer Sache nur vorübergehend beschäftigen.

Zum Schönsten, was uns das Leben zu bieten hat, gehört aber neben der Liebe die Phantasie. Sie ist sogar besonders tief in unserem Streben nach einem erfüllten Leben verankert. Nur, die Liebe hat in uns einen deutlich treibenden Aufpasser. **Wenn die Phantasie fehlt, wird nicht Alarm geschlagen** – im Gegenteil, man vermißt sie nicht, wenn man sie nicht kennt. Aber das Leben ohne Phantasie ist unendlich viel ärmer und die Fähigkeit, glücklich zu leben, beschränkt. **Weil die Phantasie etwas spezifisch Menschliches ist, tragen wir Menschen** auch selbst **die Verantwortung für sie.** Sie wächst mit ihrer Pflege, und sie verkümmert, wenn sie sich nicht entfalten kann. Sie beschränkt sich auch keineswegs nur auf das Musische.·Wir brauchen sie dringend beim kreativen Denken und Handeln. Das geht nicht mehr nur den einzelnen an. Die Gefahr ist groß bei *den* Menschen, die für uns die Weichen stellen müssen. Einseitige Superspezialisten werden in hohen Regierungsämtern natürlich dringend gebraucht und haben auf dieser Ebene dann die Möglichkeit, sich auch schmalspurig zu bestätigen. Aber dadurch werden sie vielleicht aus eigener Einsicht gar keinen Wert mehr auf breit gefächerte Erziehung legen. So wird es immer dringender, zum einen, auf unsere seelische Unterernährung hinzuweisen, und zum anderen, sich selbst zu helfen. Schließlich werden Regierende und Vorgesetzte unserer gemeinsam zu meisternden krisenreichen Zukunft mehr denn je mit einfallsreichen und einfühlsamen Mitbürgern rechnen müssen.

Man weiß heute, daß unsere **schöpferischen Kräfte bereits im Babyalter vorhanden** sind. Eltern und Schule werden dann zu ihren ersten Beschützern, Verteidigern und Förderern. Was geschieht aber, wenn diese vom Blühen unserer Phantasie weniger halten als vom exakten Nachlernen dessen, was andere schon vor uns gedacht haben? Wenn die vollkommene Beherrschung unserer Instrumente und Werkzeuge – zu denen zum Beispiel auch Maschinen, Autos, Fernseher gehören – wichtiger ist als das Einüben unserer menschlichen Fähigkeiten, wenn das einzige Ziel unserer Bildung, die möglichst rasche berufliche Ausbildung, jungen Menschen als einziges Lebensziel erscheint, dann geht die

Phantasie eben verloren, und wir sind sehr schnell »Verkrüppelte«, wie *Alexander Mitscherlich* sagt.
Wenn uns die blanke Not im Nacken säße, wäre das noch zu verstehen. Aber leider geschieht das alles in einer Zeit, in der unser Lebensstandard so hoch liegt wie nie zuvor in der Geschichte, in der viele Eltern arbeiten, »damit es ihren Kindern einmal besser geht als ihnen«. Es ist auch ganz natürlich, daß Mütter und Väter an das Glück ihrer Kinder denken.

Aber was ist Glück?

Darüber haben sich in allen Jahrhunderten Philosophen die Köpfe zerbrochen und versucht, ihre Vorstellungen mehr oder weniger objektiv darzustellen. Diskutieren hilft dem einzelnen Menschen meist nicht viel weiter. Erst zwei Psychologinnen unseres Jahrhunderts, die neben dem Forschen und Lehren als Seelenärztinnen ein Leben lang Erfahrungen mit unglücklichen und glücklichen Menschen sammelten, haben dieses Material ausgewertet und daraus Schlüsse ziehen können. Das Ergebnis wird in der Wissenschaft allgemein anerkannt. Vielleicht ist es aber bezeichnend, daß gerade zwei Mütter wissen wollten, was ihre Kinder und mit ihnen die zukünftige Menschheit zu erwarten haben. Möglich ist, daß sie die Realität weniger aus den Augen verlieren konnten als mancher Wissenschaftler, der auf eng begrenzten Forschungspfaden wandelt. Es waren die in Deutschland geborenen, aber in Wien und Amerika forschenden Professorinnen *Caren Horney* und *Charlotte Bühler.*
Sie erkannten, **daß Menschen dann am glücklichsten** werden, **wenn sie sich selbst verwirklichen** und damit auch noch erfahren, daß sie für andere etwas leisten, ihnen helfen, im besten Falle der Menschheit dienen können. Sich selbst verwirklichen bedeutet, daß man nach seinen Anlagen und Möglichkeiten das Beste aus sich zu machen versteht, seine Talente zur vollen Auswirkung bringt und dafür Anerkennung findet. Von Geld sprechen sie nicht, wenn es auch in der Anerkennung sicher nicht ausgeschlossen wird. Die Leistung scheint aber durch das Ganze hindurch. Denn wie könnten wir sonst vor uns bestehen und von anderen anerkannt werden als durch Leistung? Es ist **die Leistung, die uns befriedigt und** darüber hinaus **anderen hilft,** und nicht diejenige, die unsere besten Anlagen verkümmern läßt und nur dem einen Ziel nachjagt, möglichst viel Geld anzusammeln und, in besonderen Fällen, Macht auszuüben. Darin allein können eben junge denkende Menschen keinen Lebenssinn mehr sehen, und sie drücken nun im leider mißverständlichen Wort »Leistungsgesellschaft« berechtigterweise ihre Verachtung aus.

Sinnvoll tätig sein, das ist also eine der **allerersten Voraussetzungen für ein glückliches Leben.**

Hier muß also ein Wort über das Niveau der Tätigkeit folgen. Zu viele Menschen nehmen sich, weil sie zu hohe Erwartungen an das stellen, was sie hervorbringen oder hervorbringen möchten, von vornherein den Wind aus den Segeln. Sie fangen gar nicht erst an oder geben schnell wieder auf. **Es ist daher falsch, perfektes Können und den Geschmack als Maßstab anzulegen.** Geschmack ist meist das Reagieren auf bereits Erfahrenes, Erlebtes. Menschen, die sich zum Beispiel jahrelang mit gleichen Dingen oder gleichen Gebieten beschäftigen, kommen darüber meist zu mehr oder weniger gleichen Beurteilungen – besonders, wenn sie sensibel sind. Man spricht dann von gutem oder hohem Geschmack. Wenn man aber erst mit einer Tätigkeit beginnt, sollte man sich ihr ohne Einschränkung hingeben können. **Der Geschmack kommt** dann später **von ganz allein** als Zugabe, je nachdem, wie stark und eindringlich man sich mit einer Sache beschäftigt hat.

Die Friseuse Magda Maierhofer (Seite 22) und der Taxichauffeur Michael Rauch (Seite 79) berichten darüber aus eigener Erfahrung und eigenem Antrieb – mit natürlicher Sicherheit überzeugender, als es vielleicht ein Fachmann könnte.

Tatsachen – getane Sachen

Natürlich kann man bereits von Glück sprechen, wenn man einen Beruf wählen durfte, in dem man sich selbst bestätigen kann. Leider gelingt das aber in unserer modernen Industriegesellschaft nur den wenigsten. Weil Arbeitsteilung zum größten Gewinn führt, aber auch die Güter verbilligt, leisten die meisten Teilarbeit, in der sie keine Befriedigung finden. Sie können weder mitplanen noch mithoffen, noch mitverantworten. Außerdem hält die Beschränkung der Studienplätze viele davon ab, den erwünschten Beruf zu ergreifen. Um so wichtiger wird nicht nur für unser Vergnügen, sondern für unseren menschlichen Reifungsprozeß, unsere Persönlichkeitsbildung die richtige Ausnutzung unserer freien Zeit.

Nun nützt es meist nichts, jemandem zu sagen: Du mußt für dich das und das tun, um dich seelisch und körperlich gesund zu halten. Denken wir nur an die vielen Raucher. Sie wissen alle, daß Rauchen schädlich ist, und sie rauchen trotzdem. Aus diesem Grund haben wir in Europa Menschen gesucht, die uns bereits getane Sachen zu zeigen haben, um uns durch diese Tatsachen glaubhafter zu überzeugen. **Wir fanden dabei nicht nur engagierte Hobbys, sondern eine große Zahl glücklicher Menschen.** Wovon also *Caren Horney,*

Charlotte Bühler, aber auch viele ihrer Kollegen überzeugt waren, das hat sich bei den engagierten Hobbyisten in diesem Buch als Tatsache erwiesen. Der Katalog der Vorteile engagierter Hobbys wurde immer größer:

Durch Hobbys wird man **geschickter, klüger, sicherer, reifer, freier.**

Durch Hobbys lernt man mit Freuden arbeiten.

Hobbys üben das Denken und die Kreativität.

Durch Hobbys bleibt man länger jung.

Durch Hobbys lebt man glücklicher und länger.

Hobbyisten sind durchschnittlich gesünder.

Hobbys fördern Reife und Persönlichkeit.

Hobbys verhüten die Einsamkeit und machen einen für andere interessiert.

So bestätigte sich die Notwendigkeit dieses Buches, das zeigen will, **wie man zu seinem persönlichen Hobby kommt.**

Nicht alle Ergebnisse oder Erfolge der Freizeitbeschäftigungen kann man fotografieren. Ganze Gebiete, wie beispielsweise soziale Zuwendung, manche wissenschaftliche Tätigkeiten oder das Lernen und Spielen mit Gedanken, entziehen sich der Kamera. Gerade sie stärken aber das Selbstgefühl ganz besonders. Es ist daher nötig, daß man sich nicht nur durch Bilder anregen läßt, sondern sich mit dem beschäftigt, was die einzelnen Hobbyisten zu erzählen haben. Ihre Lebensläufe klingen manchmal uninteressant einfach und logisch. Aber nicht alle Menschen können so denken und ihr Leben selbst einfach und logisch aufbauen. Hier können sie Partner finden, denen etwas geglückt ist, was sie selbst auf eine gewinnbringende Fährte führt. Was ganz besonders beeindruckt und in Erstaunen setzt, ist die manchmal geradezu philosophische Denkweise, zu der bei vielen das Vordringen in ein erfüllendes Hobby geführt hat. Deswegen stehen für jedermann wichtige originale Kernsätze in Anführungsstrichen. Sie stammen aus dem Mund des jeweils Genannten und sind keine Erfindung. Sie dürften dagegen Zeugnis ablegen, daß sich das kreative Denken auch bei manchmal später Erweckung neu einstellen kann. »Wußten Sie eigentlich, daß man immer mehr Ideen bekommt, je länger man sich mit einer Sache beschäftigt?« fragt zum Beispiel die fünfzigjährige Friseuse Magda Maierhofer. Besser kann man gar nicht ausdrücken, wie man in sich den Nährboden vorbereitet, auf dem Ideen von allein wachsen können.

Manche der Hobbyisten sind bereits Meister ihres Faches. Durch sie darf man sich nicht entmutigen lassen. Sie haben alle einmal klein angefangen. Wenn man sich 30 oder gar 50 Jahre mit einer Sache beschäftigt hat, kann jeder ohne Anstrengung Meister werden. Viel wichtiger ist, daß man sich dem Hobby offen hält. Sehr häufig kam, wie man sehen wird, irgendein Anstoß von außen. Oft waltete der reine Zufall. Der Orchideenzüchter Winfried Gabriel bekam Orchideen geschenkt, weil er begeistert davon erzählte, als er sie das erstemal gesehen hatte. Nun war er gezwungen, sich zu informieren, wie man sie pflegt. Als er noch Briefmarken sammelte, fand er durch Zufall im Markenbrief zwei mexikanische Kleinmünzen. Sie gefielen ihm. Jetzt sammelt er mexikanische Münzen.

Man muß **dem Zufall die Chance geben, innerlich zu berühren,** aber **man kann auch systematisch suchen.**

Dieses Buch möchte dabei helfen.

»Der Anfang ist schwer«, sagt das Sprichwort. Ganz sicher ist aber damit nur die Entscheidung gemeint, überhaupt anzufangen, das heißt die Angst vor dem noch nicht Bekannten abzubauen. Hat man einmal begonnen, kommt erst ein bißchen Begeisterung dazu, dann frißt sich das Hobby in uns buchstäblich weiter. Man müht sich dann sogar gern und möchte am liebsten gar nicht wieder aufhören. Das scheint mir der richtige, von der Natur geradezu vorgezeichnete Weg zu sein, wie man zu Freude am Tätigsein, ja zur Freude an der Arbeit findet.

Mit dem Hobby in die Zukunft

Es ist entsprechend unserer Erziehung nur folgerichtig, daß wir die Zukunft nicht planen – weder unsere eigene noch die unseres Staates, geschweige denn unseres Planeten. Sichtbar wird diese »Bewußtlosigkeit« dadurch, daß alle Krisen, auch die, die einzelne Denker schon seit Jahrzehnten vorausgesagt haben, uns fast ohne Vorbereitung treffen.

Ein Viertel unseres Lebens etwa sind wir »alt«. Dieses Wort löst bei uns im allgemeinen die Vorstellung von »arm und krank« aus. Erst in den letzten Jahren hat man sich der Erforschung des Menschen angenommen und dabei festgestellt, daß wir durch vorgefaßte Anschauungen, die wir als die unseren übernehmen, uns geradezu selbst in das »Altsein« hineinsteigern. Nur wenige unter uns haben erkannt, **daß Aktivität und Interessen kaum ans Altern denken lassen.** Der 80jährige Josef Voithofer sagt dazu: »Ich habe mir immer gedacht, bis du mal siebzig bist, versuchst du noch hochzusteigen und auf den Bergen Edelweiß auszupflanzen. Jetzt bin ich achtzig – na und –, ich steige immer noch und weiß nicht, wann ich aufhöre.« Der 88jährige Samuel Janz, der erst, nachdem er sich vor 20 Jahren »zur Ruhe setzte«, mit eigenen Händen allein Raum für Raum eines Museums ausbaute und mit Intarsien und Schnitzereien versah, fragte nach stundenlangem Streichen bunter Fensterläden: »Ich bin heute müde geworden. Verstehen Sie das? Es ist das erstemal, daß mich Arbeit müde macht.« Daß der 93jährige Sprachenschüler der Volkshochschule Josef Thurner nicht mehr in diesem Buch erscheint,

Diese vier etwa 60 × 80 cm großen Relieftafeln schufen ein Metzger, ein Schäfer, ein Eisenbahnarbeiter und ein Hausierer, ohne vorher künstlerisch tätig gewesen zu sein. Sollte man sich das nicht auch zutrauen?

liegt nur daran, daß er leider vorher starb. Er begann mit 46 Jahren Tschechisch zu lernen, mit 64 Englisch und mit 85 Französisch. Er lernte noch nach Schlaganfällen. Am Tag vor seinem Tod nahm er wie immer am Leben seiner Familie und – mit Kopfhörer vor dem Fernseher – seiner Zeit teil.

Es ist also **nicht nötig, mit 65 Jahren** in geisttötender Leere **seinem Leben keinen Sinn mehr abgewinnen zu können.** Eine erfüllende Freizeittätigkeit, wie sie von vielen in diesem Buch gezeigt wird, ist die einzige Möglichkeit, sich selbst aufzufangen. Wenn es auch für jeden Menschen das Beste ist, ihn in der Kindheit so mit Fähigkeiten auszustatten, daß er von sich aus in der Lage ist, sich selbst zu verwirklichen und sich nie zu langweilen, **zum Lernen und Neubeginnen ist es nie zu spät.** Ob Selbstbestätigung und Selbstverwirklichung in der Arbeit oder in der Freizeit gefunden werden, scheint nicht übermäßig von Belang zu sein. Aber wichtig ist zu wissen, daß man bei Untersuchungen sich selbst verwirklichender Menschen Merkmale gefunden hat, die aufhorchen lassen sollten: Sie sind mehr mit ihren Aufgaben beschäftigt als mit ihren Problemen. Sie sind eher geneigt, sich und andere zu akzeptieren und die Wirklichkeit zu sehen, wie sie ist.

In der Werkschule Merz weben Kinder auf kleinen Rahmen unbeeinflußt erste Muster. Nie gleicht eins dem anderen. Die Anzahl der Ideen ist also unbegrenzt.

Gerade diese Vorzüge können mithelfen, den Menschen der Zukunft zu befähigen, mit den großen und kleinen Problemen, die der gesamten Menschheit bevorstehen, fertig zu werden. Einige Probleme wurden bereits von Hobbyisten dieses Buches erkannt. Wenn Josef Voithofer die Alpen wieder mit geschützten Blumen bepflanzt, Max Bloesch Störche neu ansiedelt, Horst Langer die kleine rote Waldameise vermehrt, Rainer Greulich Eulenkästen aufhängt oder Schüler beim Wettbewerb »Jugend forscht« den Einfluß verschmutzten Wassers auf Fische untersuchen, sind das nur wenige Beispiele von Tausenden von Hobby-Möglichkeiten. *Robert Jungk,* für den die Zukunft schon vor Jahrzehnten begonnen hat, weist in seinem Buch »Der Jahrtausendmensch« vielfach darauf hin, daß es nicht nur darauf ankommt, auf Bestehendes zu reagieren, sondern in noch Unbekanntes hineinzudenken. Hier liegen also noch ungehobene Hobby-Ideen bereit.

Gesetzgebung und Verwaltung würden wahrscheinlich gar nicht tiefgreifend und schnell genug handeln können, wenn sie nicht auf allen Gebieten entsprechende Anstöße von außen bekämen.

Wetteramt, Umweltschutz, Telefonseelsorge, Denkmalschutz, Naturschutz und Heimatpflege sind heute bereits auf Hobbyisten angewiesen und suchen dringend nach freiwilligen Helfern. Viele sind bereit, aber die **Ämter müssen** auch **bereit sein, zur Beratung der Freizeittätigen Sprechstunden oder Lehrstunden einzurichten.** Dort müßte jeder Fragende ernstgenommen, gehört und beraten werden, ohne daß von vornherein feststeht, daß man alles am besten weiß.

Auch ein überdurchschnittlich technisch begabter Schüler wie Ekkehard Schruff muß nicht nach Hause geschickt werden, wenn er die Bedingungen kennenlernen will, unter denen man ein Auto selbst konstruieren darf, weil er erst zwölf Jahre alt ist. Vom Hobbyisten Max Blösch sagen die Ornithologen nicht ohne Grund, daß er der beste Storchenkenner der Welt ist, und Otto Klages legt man nicht sinnlos einen internationalen Geologenkongreß in seine kleine Heimatstadt.
Der Allgemeinheit könnte durch Menschen, die sich in ihrer Freizeit etwas einfallen lassen, vielfach geholfen werden – und die Helfer selbst würden glücklicher.

Viel Glück!
Ike Rosen

Zwei Vorschläge:

Das Wort »Hobby« und seine deutsche Übersetzung »Steckenpferd« hörten besonders die engagierten Hobbyisten mit Unbehagen. Da die Freizeitbeschäftigung immer mehr Bedeutung für den einzelnen gewinnt, decken sich diese Begriffe nicht mehr mit der Wirklichkeit. Es erscheint daher notwendig, für das freiwillige Schaffen ein neues Wort zu finden.
Es gibt immer mehr Bastler, die hübsche, brauchbare Dinge herstellen, die ungenutzt sind. Steckenpferd-Boutiquen könnten diese Dinge verkaufen oder tauschen. So kämen manche Menschen zu Handgearbeitetem, das – beruflich hergestellt – unerschwinglich wäre.

Interessentest

von Werner Kirst

1. Aufgabe:
Bitte betrachten Sie fünf Minuten lang (nach der Uhr) das obenstehende Bild und prägen Sie sich Einzelheiten gut ein.

2. Aufgabe:
Beantworten Sie die nebenstehenden Fragen, ohne lange zu überlegen; notieren Sie Ihre Antworten gleich hier:

1. Wie oft haben Sie sich in den vergangenen 24 Stunden die Hände gewaschen?

2. Wie lang ist Ihr tägliches Frühstücksmesser?

3. Wie viele Seiten hat ein Reisepaß?

4. Wieviel kostet heute ein Pfund Butter?

3. Aufgabe:
Betrachten Sie fünf Minuten lang (nach der Uhr) das obenstehende Bild. Merken Sie sich Einzelheiten gut.

4. Aufgabe:
Schreiben Sie die Antworten zu diesen Fragen auf, ohne länger nachzudenken:

1. Wie alt waren Ihre Eltern, als Sie geboren wurden?

2. Wie lang ist ein Zehnmarkschein?

3. Wieviel Watt hat die Glühbirne in der Lampe, die Ihnen jetzt am nächsten ist?

4. Wie viele Einwohner hat der Ort, in dem Sie wohnen?

5. Aufgabe:
Suchen Sie aus jeder der folgenden zehn Gruppen ein Objekt aus. Notieren Sie hier den Buchstaben Ihrer Wahl:

1	________	6	________
2	________	7	________
3	________	8	________
4	________	9	________
5	________	10	________

2

3

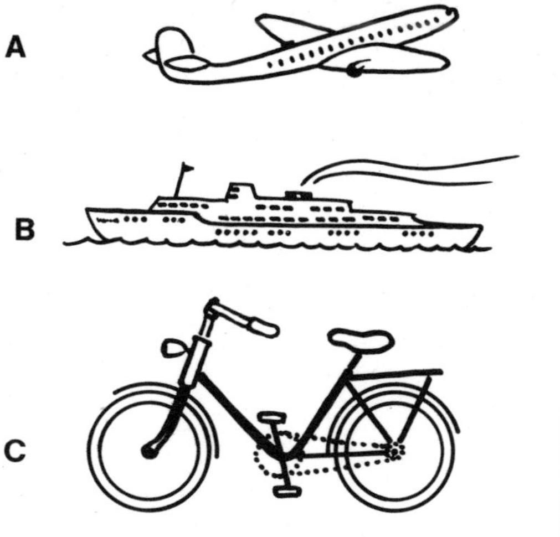

4

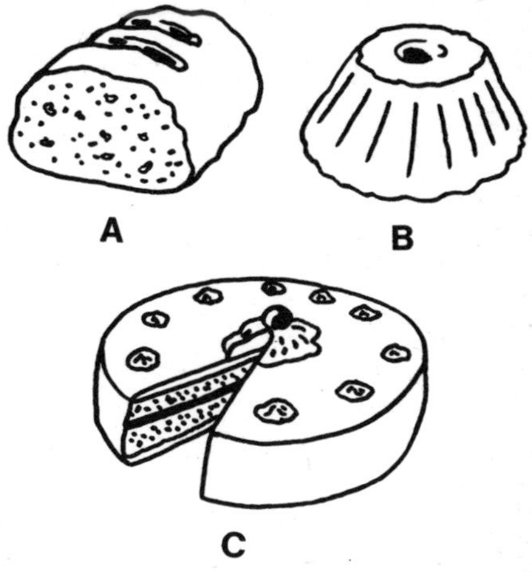

5

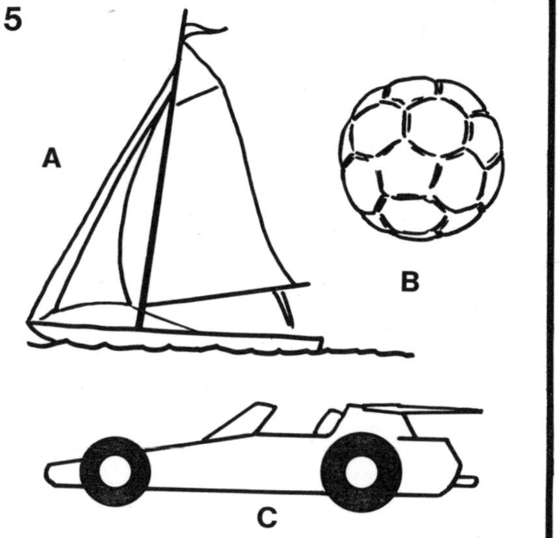

6

7

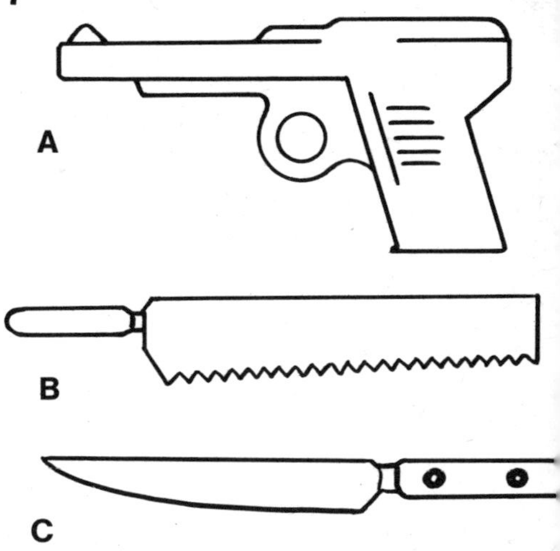

8

9

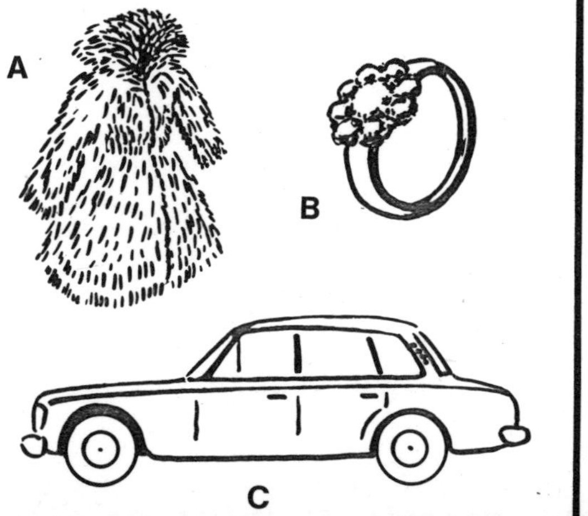

10

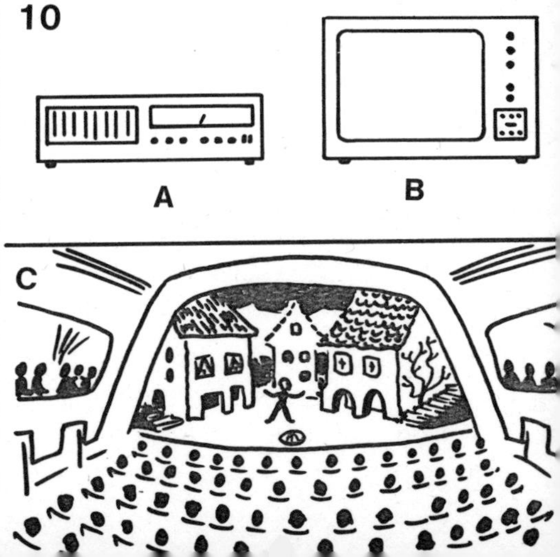

6. Aufgabe:

1. Würden Sie gern schneller laufen, schreiben oder denken können? ja/nein

2. Halten Sie Ihren Geschmack für besser als den Ihrer Freunde? ja/nein

3. Hätten Sie sich am liebsten schon vor einigen Jahren für ein bestimmtes Hobby entschieden? ja/nein

4. Halten Sie Schönheitsoperationen für vernünftig? ja/nein

5. Sind Sie mit Ihrem Einkommen zufrieden? ja/nein

6. Würden Sie Ihren Beruf noch einmal wählen? ja/nein

7. Aufgabe:
Bitte wählen Sie je eine Beschreibung zu den folgenden vier Bildern aus:

a
1 Sturm
2 Morgenstimmung
3 Nach dem Gewitter
4 Cumulus

b
1 Alte Eiche
2 Sinnbild des Alters
3 Gespensterstimmung
4 Winterstimmung

c
1 Zwei alte Damen
2 Durchdringungen
3 Tintenkleckse
4 Bellende Hunde

d
1 Porträt eines Mannes
2 Stilleben
3 Flächenteilung
4 Abstrakte Kunst

Fortsetzung und Lösung des Interessentests finden Sie auf Seite 204.

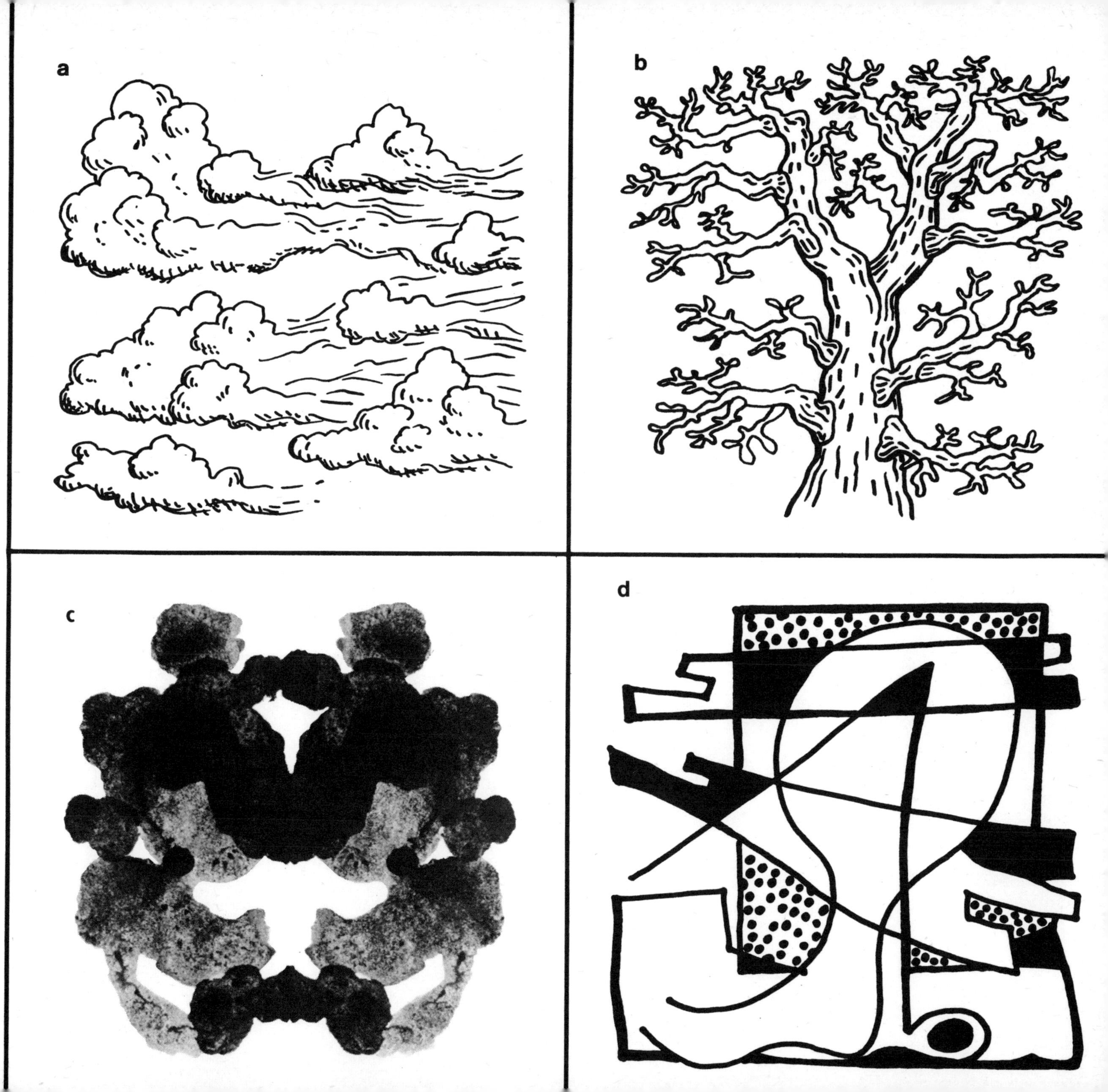
a
b
c
d

Schöpfungen aus nichts

Man braucht keinen Golfplatz, kein Pferd, keinen Rennwagen, ja nicht einmal ein Steckenpferd, um ein richtiges Hobby zu reiten.
Richtig soll heißen: eines von dem man ergriffen wird, das in der Lage ist, mehr und mehr aus einem herauszuholen, mit allem »Engagement«, oft geradezu mit Arbeitswut, aber – das alles freiwillig und zu unserer Freude und unserem Vergnügen.
So ein Hobby fand Magda Maierhofer aus Tölz in den bayerischen Alpen von ganz allein und genau für sie passend. Auf den nächsten Seiten demonstriert sie uns damit geradezu ein Gleichnis, wahrscheinlich ohne daß es ihr selbst bewußt wird.
Vielleicht könnte es für manchen ermutigend sein, wenn er ihren Weg dazu kennt:
Mit 45 Jahren bekam sie zum erstenmal Lust, etwas anderes zu tun, als was man sie gelehrt hatte – sie ist gelernte Friseuse und hat einen Frisiersalon. Der Anstoß war reiner Zufall. Sie sah in oberbayerischen Schaufenstern Trachtensträußchen aus bunten Perlen und künstlichen grünen Myrten und meinte, so etwas könne man als Geschenk selbst billiger herstellen.
Weil ihr die Sträuße besonders schön gelangen, wurden sie dankbar angenommen. Das ermutigte sie, große, dekorative getrocknete Bauernsträuße – nun nicht nur aus Perlen, sondern aus Lärchenzapfen, vertrockneten Disteln, Mohnkapseln, Maisstroh, Strandflieder und ähnlichem – zusammenzustecken.
»Die Sträuße wurden immer schöner und mein Spaß an der Sache immer größer«, erzählt sie, sich selbst wundernd. Und dann drückt sie eine für alle schöpferischen Tätigkeiten gültige Weisheit ganz einfach aus: »Wußten Sie eigentlich, **daß man immer mehr Ideen bekommt, je länger man sich mit einer Sache beschäftigt?** Es ist manchmal merkwürdig – es kommt von ganz allein! Manchmal fällt mir jetzt sogar etwas während des Lockenwickelns ein – man hat dabei im allgemeinen zuwenig zu denken.«
Im Laufe der nächsten Jahre entdeckte sie noch etwas anderes ganz neu: Die ersten Sträußchen gefielen ihr immer weniger. Sie empfand sie – wenn sie auch einräumt, daß sie zur Tracht gehören – geradezu als kitschig. Jetzt scheidet sie die Materialien und erklärt, daß man sie nicht immer ungestraft mischen könne, damit etwas Schönes daraus wird. »Ich glaube, **durch das viele Sehen und Auswählen habe ich das gekriegt, was man einen besseren Geschmack nennt.** Ist das nicht merkwürdig, daß einem das selbst bewußt wird – auch von ganz allein?«

Wenn die Natur schläft, sammelt Magda Meierhofer ihre schönsten Sträuße.

Bucheckern auf Styropor, vergoldet und mit rotem und grünem Strandflieder besteckt.

Für Sträuße werden die einzelnen »Blumen« vorbereitet.

Kranz aus Lerchenzapfen, vertrockneten Silberdisteln und Maisstroh.

Rückstände aus dem Herbstgarten, zum Biedermeierstrauß gesteckt und vergoldet.

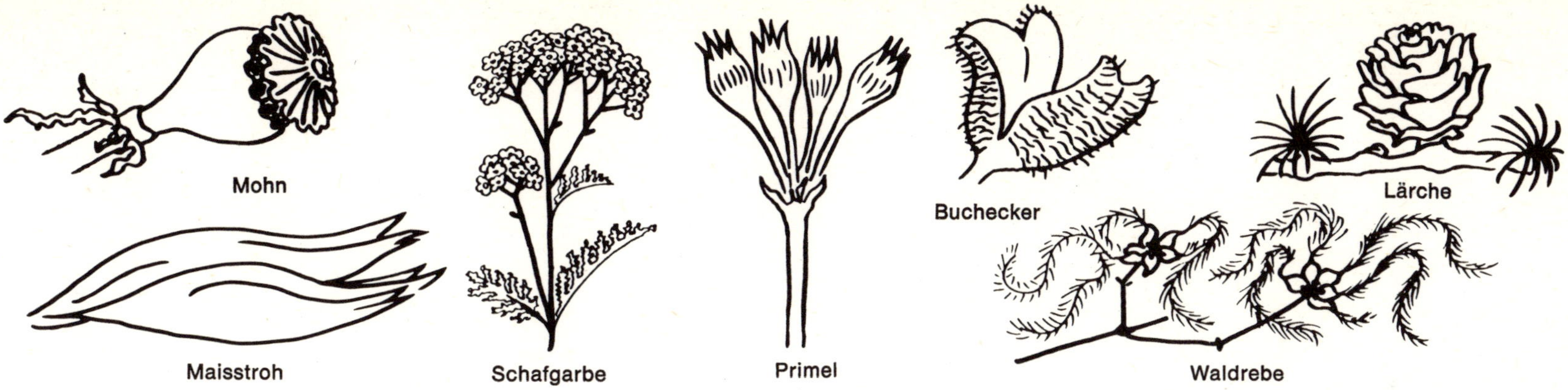

Zwischendurch arbeitet sie auch gern mit Perlen und sammelt sie in allen Größen und Farben. Aber trotzdem ist sie der Meinung, daß die Dinge, die die Natur bietet, eben doch anregender, schöner und vor allem vielgestaltiger sind. Man könne aus ihnen viel mehr machen, meint Magda Maierhofer. So wurden sie zu ihren Favoriten.

Dadurch war für sie ein neues Interesse einfach vom Himmel gefallen beziehungsweise der Erde entsprossen: In den Monaten, in denen die Bäume keine Blätter tragen, sammelt sie im Garten und bei allen Spaziergängen die vertrockneten Pflanzenreste, die sie verwenden möchte. Inzwischen sind es über hundert Arten, und sie kennt sie alle beim Namen. Sie ist interessierte Botanikerin geworden und schaut beim Spazierengehen auf jede Pflanze, und wenn es die kleinste Rosette im Wald, am Fluß oder auf der Wiese ist. Viele wilde Pflanzen hat sie schon mit nach Hause genommen, um in ihrem Garten beobachten zu können, wie sich ihre Formen verändern und was daraus wird. **Sie hat die Natur neu sehen gelernt.**

Natürlich konnte eine so tiefgreifende Interessiertheit nicht spurlos an der Gesamtpersönlichkeit von Frau Maierhofer vorübergehen. Sie hat es geschafft, einen gutgehenden Frisiersalon mit mehreren Angestellten abzugeben und dafür einen Einmannbetrieb in einem Zimmer ihres Hauses einzurichten. Dort wird jede Kundin – nach Anmeldung – ohne zu warten von ihr persönlich bedient. Als Weihnachtsgeschenk bekommt jede einen bunten Trachten- oder Bauernstrauß. Überstunden gibt es nicht mehr. **»Geld allein ersetzt eben kein wirkliches Leben und Erleben«,** meint sie.

Ihr Mann, der von Freunden oft auf die »Verspieltheit« seiner Frau angesprochen wurde – was merkwürdigerweise noch immer in den Augen vieler Menschen einen Mangel bedeutet –, hat im Laufe der letzten Jahre gelernt, daß sich mit einer Frau, die erfüllt lebt, eben selbst auch glücklicher leben läßt. Und das haben wir von Frau Maierhofer gelernt: Aus den Resten der Pflanzen, die das Blühen überwunden und ihre Samen in die Winde gestreut haben, die – auf die Erde geworfen – in Kürze wieder Erde würden, hat sie die schönsten Schöpfungen gemacht. **Augenscheinlich ist doch nichts zu gering oder zu alt, um nicht irgendwie gebraucht zu werden. Und augenscheinlich ist niemand zu ungeübt oder unausgebildet, um nicht aus dem Geringsten – und dabei zusätzlich aus sich selbst – etwas zu machen.**

Der Sammler kostbarer Antiquitäten Samuel Janz (Seite 75) kann nicht vorbeigehen, wo etwas anregt. Nicht nur seine Garage, sondern auch das Wohnhaus hängen voller Wurzelgestalten.

Ein Wurzelstock wurde zur Marionette, Holzreste zu Kinderspielzeug.

Aus einem Stück Schiefer machte Ralf Eder bereits mit zwölf Jahren ein Reliefbild.

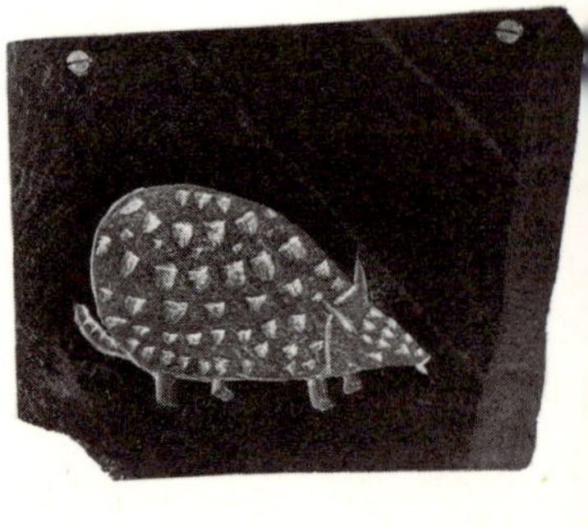

Holzstücke und Steine

Während Frau Maierhofer mit den verwelkten Gartenrückständen eine eigene Philosophie gewinnt, finden zwei junge Männer am Wege Steine, Holzstückchen und andere Abfälle, die ihrem Leben eine neue Richtung geben.
Der eine heißt Ralf Eder und ist mit 19 Jahren Tiefdruckätzer, der andere Günter Oepke; er schreibt mit 28 Jahren seine Doktorarbeit in Agrarbiologie. Beide sind äußerst interessierte junge Menschen, was sich aber erst sehr spät herausstellte.
Beide konnten nämlich die Schule, die ihrer kreativen Veranlagung entgegenstand, nicht ertragen. Sie wehrten die Ansprüche ab, die die Eltern an sie stellten, und setzten durch, daß sie über eine Lehre einen Beruf ergreifen konnten. Beide hatten dabei Glück. Aber das Glück ging bei ihnen völlig verschiedene Wege.
Ralf Eder bekam einen außergewöhnlichen Lehrer, der seine Anlagen für Gestalten und Handwerken so förderte, daß er die Anregungen der knappen zwei wöchentlichen Schulstunden an allen freien Nachmittagen in Taten umsetzte. Das machte ihm sein Kinderleben wieder erträglich und gab ihm sein Selbstbewußtsein zurück.
Heute steht er im Beruf vorn. Die Lehrlinge seines Betriebes haben ihn zu ihrem Sprecher gewählt. Er sammelt Druckgraphik und stellt selbst Kupferstiche her. Er ist handwerklich so geübt, daß er aus allem, was ihm in die Hände gerät, spielerisch etwas macht. Wenn er dazu nicht gleich Werkzeuge findet, schmiedet er sie sich selbst. Ohne seinen hervorragenden Anreger und Lehrer hätte er nie das Schöpferglück erfahren, das in ihm steckte. Heute kann er darauf aufbauen.
Günter Oepke entdeckte erst als er die Lehre als Bauzeichner hinter sich hatte, daß er damit eigentlich noch nicht ausgefüllt war. Ohne Druck, aber mit liebevollem Verständnis sei-

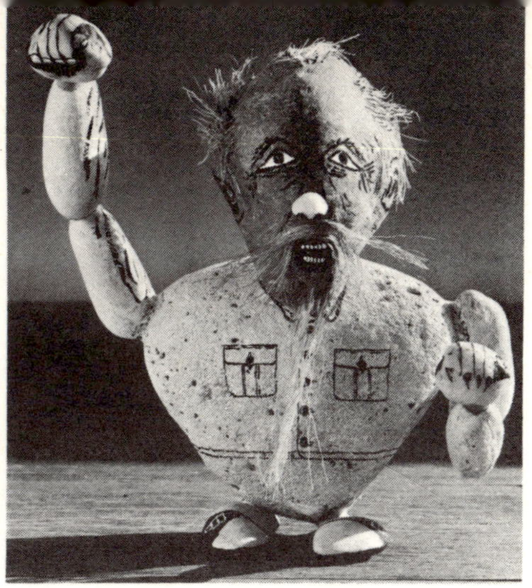

Steine bringt Günter Oepke von jeder Reise nach Hause, für »General de Gaulle« sogar aus Frankreich. »Ho Chi Minh« mußte allerdings auf seine Heimatherkunft verzichten.

ner Frau schaffte er das Abitur über den zweiten Bildungsweg. Mit dem Lernen und Forschen wurden seine Interessen immer vielseitiger. Auch ihn reizten laufend neue Ideen. Wie stark ihn das beeindruckte, geht daraus hervor, daß er neben seiner Doktorarbeit und seinem Forscherberuf – er ist inzwischen wissenschaftlicher Angestellter der Tierklinik der Universität Stuttgart-Hohenheim und studiert zusätzlich Humanmedizin – bereits den vierten Bildhauerkursus der Stuttgarter Volkshochschule in der Merz-Akademie belegt hat. Vorher und nebenbei sammelte er Steine, und seine offenen Augen forderten ihn auf eine ganz eigene Weise heraus: **Er karikiert mit Steinen.** Wie man sieht, sprechen die Karikaturen für sich.

Günter Oepke hat noch einen anderen Erfolg zu verbuchen. Seine Frau, die seine Entwicklung seit seinem 15. Lebensjahr miterlebt hat, ist so beeindruckt von seinen Erfolgen und seiner Entfaltung, daß auch sie beschlossen hat, das Abitur nachzumachen und Lehrerin zu werden. Da sie die Schulbank wieder drückt, karikierte er sie in Steinen – mit buntbemalter Zuckertüte.

Holz findet man

Wenn man nicht auf dem Lande lebt, bekommt man Holzstücke in Parks und Alleen während des Winterbaumschnittes. Ralf Eder, der als Ätzer zum Ausgleich viel spazierengehen muß, kennt die Baumfäller bereits. Besonders bizarre, sonst unbrauchbare Stücke heben sie ihm gern auf. Außerdem findet man mehr, als man denkt, wenn man sucht. Werkzeuge auf Seite 67.

So werden die Steine behandelt

Gemalt wird mit Plakafarbe, die man mit Nitroüberzugslack überstreicht – stark verdünnt, um Glanz zu vermeiden. Zusammengefügt werden die Steine mit einem Zweikomponentenkleber.

Der Edelweißpflanzer

Er stammt noch aus dem vorigen Jahrhundert und war wie sein Landsmann, der Dichter *Peter Rosegger,* ein Gebirgsbauernbub. Trotzdem ist er einer der modernsten Menschen seiner Gemeinde und, wenn nicht alles täuscht, auch einer der glücklichsten.

Josef Voithofer, geboren in Goldegg im österreichischen Pongau, interessierte von klein an alles, was um ihn herum geschah – »die ganze Umwelt«, sagt er. »Zum Studieren« hatten die Eltern kein Geld. Nach der Volksschule besuchte er nur eine Landwirtschaftsschule, machte dann aber berufliche Fortbildungs- und Umschulungskurse mit und schloß sich, bereits 17jährig, äußerst engagiert einer Partei an. Das damalige autoritäre, antiparlamentarische Regime und die darauffolgenden nationalsozialistischen Zuchtmeister überlebte er in Gefängnissen und Konzentrationslagern. Ein Grund mehr für ihn, nach dem Zweiten Weltkrieg ins österreichische Parlament zu gehen.

Hier greift nun der Zufall ein, wie das oft passiert, wenn jemand völlig unvermutet ein Hobby findet: Seine Wohnung in Wien lag gegenüber der Hochschule für Bodenkultur. Von dem Augenblick an, als er das bemerkte, besuchte er dort in jeder parlamentsfreien Stunde die Vorträge. »Ich ging nicht ins Kaffeehaus und in kein Theater – mich faszinierten die biologischen Zusammenhänge. Die Lücken füllte ich durch Lesen in den wissenschaftlichen Werken.« Jetzt besitzt er selbst eine große wissenschaftliche Bibliothek. Daß er sich dem Naturschutzbund anschloß, war selbstverständlich, und daß er dann in den Bundesvorstand der Naturfreunde gewählt wurde, eine logische Folge.

Trotz des großen Engagements bat er sich von seinen politischen Freunden Verständnis dafür aus, daß er vom 65. Jahr ab ein neues Leben als Biologe beginnen wolle. Natürlich geschieht auch das bei ihm nicht völlig egoistisch.

Er legte am Moserboden in den Salzburger Kalkalpen **kleine Pflanzengärten für die Blumen** an, **die der Ausrottung nahe waren.** Aus ihnen zog er die Samen, die er in seinem Gemüsegarten aussäte und behutsamst pflegte. Dort kann man ihn jetzt fast täglich zwischen 2000 Edelweißpflanzen finden, die wieder Samen tragen. Im zweiten und dritten Jahr sind sie am ergiebigsten. Danach nimmt er sie auf dem Rücken mit auf die Berge und pflanzt sie dort aus. Jetzt ist er 80 Jahre alt. Als er noch »jung« war – so etwa 70 Jahre –, pflanzte er, in Steilwänden angeseilt, breite überhängende Felsbänder voller Edelweiß.

Eine ganze Schüssel selbstgezogener Edelweißsamen würde genügen, um die Alpen wieder zu bepflanzen, wenn sie alle aufgingen.

Im Garten Josef Voithofers gibt es fast nur Edelweißbeete. Im dritten Jahr, wenn die Blüten weniger Samen abwerfen, werden sie auf den Bergen ausgepflanzt.

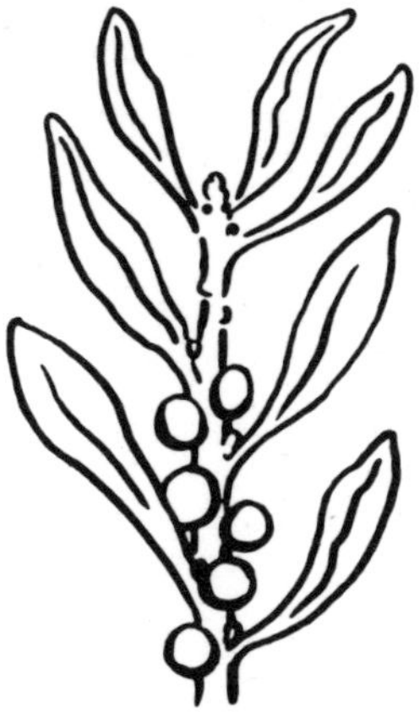

Seidelbast

Türkenbund

Seerose

Akelei

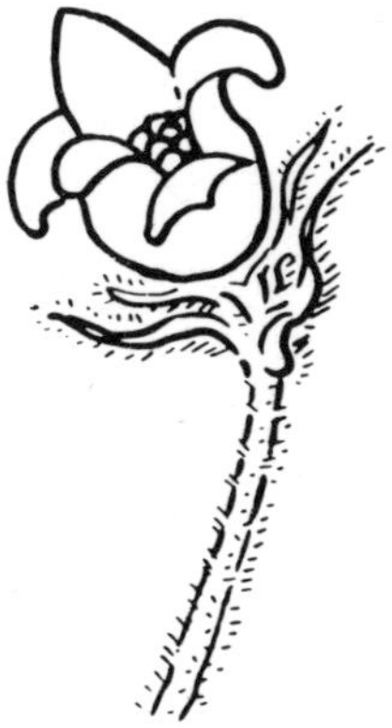

Küchenschelle

gelber Fingerhut

Tensing, der berühmte Himalajabergsteiger und Lehrer an einer internationalen Hochgebirgsschule, besichtigte die Pflanzung mit einer Delegation und glaubte, statt der Edelweiß im Hochsommer ein langes Schneebrett zu sehen.

Seit der Schwager Josef Voithofers, der ihm gern die Pflanzen mit nach oben getragen hat, bei einer Tour abgestürzt ist, steigt der 80jährige allein hinauf. Auf dem Rücken trägt er die Edelweiß und in den Taschen Samen für Maiglöckchen und Frauenschuh, die dort oben auch beinahe ausgerottet waren, aber jetzt wieder üppig blühen. Eines Tages fand er eine einzige Edelraute, die bereits als ausgestorben galt, und säte einige Samen in seinen Garten. Die inzwischen aufgegangenen fünf Pflanzen hütet er wie seinen Augapfel, um auch hier den Sieg über eine rücksichtslose Zivilisation davonzutragen und sie wieder ansässig zu machen.

Seine Augen zwinkern schalkhaft, wenn er erzählt, wie er der unnatürlichen Entwicklung ein Schnippchen schlägt, und wenn man ihn indiskret fragt: »Sind Sie eigentlich ein glücklicher Mensch?«, breitet er voller Begeisterung – wie der Waldbauernbub – die Arme gegen die Bergwände aus und ruft: »Von mir blüht doch dort oben alles! Das macht mich fröhlich. Da sollte ich nicht glücklich sein?«

Von einem solchen Menschen strahlt etwas auf andere aus. Eines Tages holte ihn sein Freund, ein Straßenwärter, zu einem Abendplausch; er meinte nämlich, er müsse seinen Feriengästen ein interessanteres Feierabendgespräch bieten. Da fand Josef Voithofer »den Willy Brandt« – damals noch Regierender Bürgermeister von Berlin – mit seiner Frau und zwei Buben. »Das wurden einfache, aber gute Gespräche. Der war bei den Lungauern, wo eine reine bäuerliche Bevölkerung ist, sehr beliebt. Die Leut' ham alle a Freud g'habt, daß so a großer Mann bei einem Straßenwärter in so einem kleinen Holzhäusel wohnt.«

Später traf er dann »den Willy« bei Konferenzen wieder und viele andere Prominente auch, darunter Tage Erlander und Golda Meir. – Aber das ist nicht so wichtig wie beispielsweise . . . das Auspflanzen der Edelweiß.

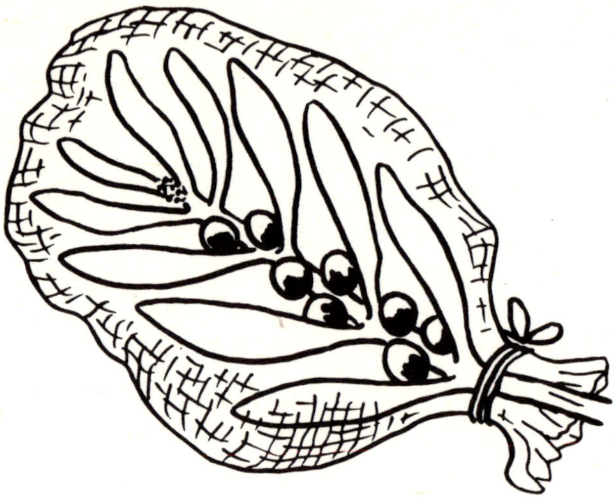

Wie man vermehrt

Will man geschützten Pflanzen helfen, sich wieder zu verbreiten, muß man das »Gesetz zum Schutz wildwachsender Pflanzen ...« kennen. Danach darf man vollkommen geschützte Pflanzenarten weder pflücken noch ausreißen, ausgraben oder beschädigen und von teilweise geschützten Pflanzenarten die Wurzeln, Wurzelstöcke, Zwiebeln oder Rosetten weder entnehmen noch beschädigen. Ausnahmen genehmigen staatlich naturwissenschaftliche Anstalten, beziehungsweise landwirtschaftliche Versuchsanstalten. Auskünfte erteilen **Naturschutzbünde** und der Touristenverein der **Naturfreunde,** der den Vorteil hat, international und in fast jeder Stadt vertreten zu sein. Als Mitglied hat man dort jede Unterstützung.

Außer der Gesetzeskenntnis muß man wissen, ob die betreffenden Pflanzen ausgerottet wurden (sie sind häufig sehr schön und reizen zum Pflücken) oder ob sich ihre Umweltverhältnisse geändert haben. Im zweiten Falle ist Neuansiedeln sinnlos.

Vorbedingung beim Vermehren ist die Schaffung von Bodenverhältnissen entsprechend den Standorten – für Sumpfpflanzen ein Sumpfbeet, für Waldpflanzen waldähnlicher Boden und für Gebirgspflanzen vor allem einen guten Wasserabzug, weil diese Pflanzen im Winter sonst unter der Schneedecke faulen. Kalkliebende Pflanzen, wie Edelweiß, Aurikel, Küchenschelle, Nelken- und Steinbrecharten, brauchen Kalk und zerstoßenen Bauschutt als Beimischung. Andere Pflanzen gedeihen nur kalklos auf einem Boden mit bis zu zwei Drittel Beimischung von Torf und abgelagertem Laub, werden kalkfrei gedüngt und nur mit Regenwasser gegossen. Um Erfahrung zu sammeln, kann man sich bereits kultivierte Pflanzen aus dem Pforzheimer Alpengarten Carl kommen lassen.

Wenn man von zwei Vermehrungsarten spricht, der durch Samen und der vegetativen durch Teilung, Stecklinge, Ausläufer usw., genügt das als Information nicht, weil viele Pflanzen Eigenarten haben, die man kennen muß. Aber gerade das ist das Interessante an diesem Gebiet. Man muß beispielsweise wissen, daß die roten Beeren des Seidelbasts von Vögeln gefressen werden – daher sollte man sie durch Tüll schützen, um sie ernten zu können – und daß sie Frostkeimer sind. Ohne Kälte gehen sie nicht auf.

Orchideen ziehen ist kein Kunststück

Vom Wohnzimmerfenster eines Hanghauses im Norden von München kann man über die Silhouette der Olympiastadt hinweg die Alpen sehen. Das ist ein schöner Ausblick. Aber noch viel reizvoller ist das, was den Blick bereits im Fenster fesselt. Winfried Gabriel bringt darin sehr verschiedene wunderschöne Orchideen zur Blüte, an denen man sich kaum sattsehen kann.
Während man noch staunt, wie das alles über der Dampfheizung im normal hohen Fensterbrett gedeiht, wirft Winfried Gabriel mit präzisen Kernsätzen eine Reihe Vorurteile über den Haufen, die man gemeinhin von der Orchideenzucht hat. Der erste: **Orchideen sind nicht empfindlicher als Alpenveilchen!**
»Aber warum haben wir dann nicht alle Fenster voll Orchideen?« – »Weil wir uns nicht informieren, unter welchen Bedingungen sie dort leben können! Dem muß man natürlich Rechnung tragen, wie bei jeder anderen Pflanze auch. Dabei ist es nicht einmal schwer!«
Winfried Gabriel muß es wissen, hat er doch Fähigkeiten, die nicht nur für das eigene Hobby taugen, die sich auch hervorragend eignen, andere Menschen ein Hobby zu lehren. Er ist neugierig und gibt dann gern gefundene Erkenntnisse weiter. Das sind zwei ausgezeichnete Fähigkeiten, die uns das Leben schenkt, aus denen wir aber auch etwas machen müssen. **Neugier** im wissenschaftlichen Sinn **ist keine negative Eigenschaft,** wie das irrtümlich oft angenommen wird. Sie wird in Forschung und Lehre dringend gebraucht, sonst gäbe es auf der Welt keinen Fortschritt. Viele Hobbys leben von dieser Entdeckerfreude.
Winfried Gabriel studierte in Amerika Physik und Chemie und kam mit Kenntnissen auf dem Gebiet der Kernphysik und Datenverarbeitung zurück. Entsprechend seinen Anlagen wurde er hier trotz seiner Jugend – er ist erst 26 Jahre alt – Ausbilder im Bereich der Computertechnik. Er meint, dieses Gebiet sei ein bißchen trocken, man brauche daher nebenher ein blühendes Hobby, damit die Phantasie nicht ganz verlorengeht. Daß bei ihm die Orchideen dazu wurden, verdankt er gleich drei Zufällen auf einmal. Aber vielleicht war es auch seine wache, zielgerichtete Art, die diese Zufälle herbeiführte.
Orchideen stachen ihm zum erstenmal im Botanischen Garten ins Auge. Er erzählte davon begeistert einem jungen Gärtner, und der schenkte dem damals 20jährigen Ahnungslosen einen Ableger. Gleich darauf gab ihm noch jemand, der nichts Rechtes damit anfan-

gen konnte, zwei Pflanzen. »Jetzt hatte ich plötzlich drei Orchideen und damit die Verpflichtung, mich zu informieren, wie ich sie richtig wachsen lassen konnte. So kaufte ich mein erstes Orchideenbuch. (Auf diesem Gebiet gibt es bereits drei Bücher unter 10 DM.) Da hatte es mich gepackt!« Das war vor sechs Jahren. Heute stehen bei den Gabriels die Fenster voll von Orchideen. **Auch in den Nordfenstern gedeihen bestimmte Sorten,** und dort ist es nicht nur nicht sonnig, sondern auch noch meist kühl. Man muß nur wissen, welche Arten an welchem Platz richtig stehen. Inzwischen ist Winfried Gabriel der Deutschen Orchideengesellschaft beigetreten. Dort hat er so viel Erfahrung dazugewonnen, daß er inzwischen selbst Berater werden konnte. Er lehrt die neu hinzugekommenen Mitglieder erfolgreich und mit Freude, Orchideen zu ziehen.

Ihn selbst hat sein Interesse so weit getrieben, daß er sogar gelernt hat, auf sterilen Nährböden Samen anzusiedeln, ohne daß sie von Schimmelpilzen vernichtet werden. Er bringt die Geduld auf, einen der wenigen aufgehenden Samen in 18 Monaten von einem kaum sichtbaren Stips bis zur Erbsengröße sich entwickeln zu sehen. Das ist sehr mühsam und zeitraubend. Bis zur Blüte dauert es drei bis acht Jahre.

Aber so lange muß ein Orchideenzüchter nicht warten. Denn **von den 25 000 Orchideenarten**

stehen dem Liebhaber **für das Wohnzimmer etwa 250** zur Verfügung, die er zum Preis von 5 bis 50 DM kaufen kann. Das genügt vollkommen, besonders weil viele schöne Blüten darunter sind.

Man kann auch die gekauften Orchideen vermehren, indem man Neutriebe, die sich bilden, abtrennt.

Weil Winfried Gabriel so viel Glück mit seiner Orchideenzucht hat, stellt er uns hier gern seine wichtigsten Erfahrungen zur Verfügung:

Wie man Orchideen zieht

Orchideen sind keine Schmarotzer, das heißt, sie benutzen keine Gastpflanzen, um aus ihnen ihre Nahrung zu entnehmen. Sie klammern sich nur gern auf vermodernden alten Pflanzenteilen fest, denn ihre **Wurzeln brauchen Feuchtigkeit und Luft zugleich.** Daher kann man sie nicht in normale Erde setzen. Ihre Blumentöpfe müssen besonders gefüllt werden. Das unterste Drittel eines normalen Blumentopfes bekommt Tonscherben. Die zwei oberen Drittel füllt man entweder mit einer Mischung aus Farnwurzeln, Sumpfmoos und Buchenlaub (1 : 1 : 1) oder einer Mischung aus zerbröselter Kiefernrinde, Torffasern und Baumfarnfasern (beide Mischungen gibt es auch fertig zu kaufen). Sie sind luftdurchlässig und speichern Feuchtigkeit. **Die Blumentöpfe müssen feucht stehen.** Winfried Gabriel benutzt dazu Schubladeninnenkästen aus Plastik, die 3 bis 4 cm hoch mit Aquarienkies gefüllt sind. Bis zu dieser Höhe steht Wasser in den Kästen und sorgt so für die nötige Luftfeuchtigkeit. Einmal am Tag werden die Pflanzen besprüht und gegossen. Für 10 bis 20 Pflanzen braucht man pro Tag etwa $^1/_2$ bis 1 l sauberes, frisches Regenwasser oder mit Aquisal entkalktes Wasser. Alle 14 Tage gießt man mit einer schwachen Nährlösung, allerdings nur während der Wachstumsperiode. **Die Nährlösung besteht aus 1 g Volldünger auf 1 l Wasser.** Das ist alles.

Orchideen auf Baumrinden sehen zwar schön aus, machen aber mehr Arbeit und sind daher mehr für Fortgeschrittene geeignet. Sie müssen öfter besprüht oder getaucht werden. Wichtig ist noch, daß man die richtigen Sorten für Sonnen- oder Schattenfenster, für das warme oder kühle Zimmer auswählt.

Garten- und Blumengesellschaften

Am Ziehen und Züchten sind so viele Menschen interessiert, daß sich Vereinigungen gebildet haben, denen man beitreten kann. Deutsche **Dahlien-** und **Gladiolen**-Gesellschaft mit »Sektion **Fuchsien**«, Landau; Deutsche **Orchideen**-Gesellschaft, Frankfurt; Deutsche **Rhododendron**-Gesellschaft, Bremen; Verein deutscher **Rosen**freunde, Baden-Baden; Gesellschaft der **Stauden**freunde, früher **Iris**-und-**Lilien**-Gesellschaft, Stuttgart; Deutsche **Rasen**gesellschaft, Bonn; Deutsche Dendrologische Gesellschaft **(Bäume und Sträucher),** Hannover.

Der Garten – ein Hobbyraum

Wenn alle privaten Hof- und Gartenflächen unseren menschlichen Grundbedürfnissen entsprechend genützt würden und wenn jedes Kind in einem Garten aufwüchse, würde unsere Gesellschaft völlig anders aussehen. Es gäbe weniger seelische Krankheiten und Neurosen, und Aggressionen könnten auf friedlichere Weise abreagiert werden. Ganz abgesehen davon, daß der Phantasie viel mehr »Spiel«raum gelassen würde. Die Gärten von heute sind zwar blumenbunter als vor 10 bis 20 Jahren. Das ist schon mehr als nichts, aber sie sind eben doch leider mehr oder weniger Schaugärten und keine großen Gehilfen für die bessere Lebensqualität, die sie sein könnten.

Dabei bietet unser Außenraum eine ganze Menge mehr Möglichkeiten als zum Beispiel der extra in den Häusern eingeplante teure Hobbyraum. Hier wie dort können wir **Tischtennis spielen** und uns **»fit trimmen«.** Aber schon beim **Federball, Krocket, Minigolf** oder **Boccia** müssen wir im Haus passen. Dazu gehören der Rasen und ein etwas größerer Platz. In letzter Zeit haben viele Gartenarchitekten in Ausstellungen gezeigt, daß man **Dame** und **Mühle,** aber auch **Schach** u. a. auf gepflasterten Terrassen oder in vorbereiteten Spielecken **an der frischen Luft spielen** kann. Das alles ist überhaupt kein Luxus, weil man die Pflasterungen, den Minigolfplatz und die Bocciabahn selbst herstellen kann. Sie passen zudem in fast jeden Schrebergarten hinein. Und sollten die Gärten ganz besonders klein sein, dann kann man eine Grenzstelle mit dem Nachbarn gemeinsam anlegen.

Eine willkommene Abwechslung für den Winter kann zum Beispiel das **Schnitzen** von **Schachfiguren oder Dame- und Mühlesteinen** sein.

Beton und Holz sind für den Garten überhaupt **ein hervorragendes Bastelmaterial.** Beton läßt sich formen zu allen möglichen Platten, Abgrenzungen, Bausteinen, aber auch zu Bänken oder Figuren. Man kann jedoch bereits fertige Formsteine in L-, O-, U-, S- oder anderer Gestalt kaufen, mit denen man zu unglaublich vielen Gartenveränderungen beiträgt. Holz als Sitzbänke, als Eckbegrenzungen in Verbindung mit den Betonteilen macht den Garten be»sitzbar« **Sonnensegel,** abgegrenzte **Sonnenbäder, Sonnenbänke** und **Saunen** kann man ebenfalls nach eigener Konstruktion oder – wenn man sich das noch nicht zutraut – nach Anleitung herstellen.

Und dann der **Kinderspielgarten!** Welche Möglichkeiten gibt es da heute, um gleich die Erlebniswelt unserer Kinder so anzulegen, daß sie sich – wie auf Abenteuerspielplätzen – immer wieder etwas anderes einfallen

lassen können und sich niemals langweilen! Sie brauchen zum Beispiel auch **Ställe für Tiere zum Liebhaben und Pflegen,** denn diese beiden Eigenschaften müssen ganz besonders gelernt werden. Oder wie wäre es mit einem romantischen **Plätzchen im Baum,** einfach nur zum Träumen?

Nur einige wenige Vorschläge sollen hier die Phantasie entfachen helfen. Gerade weil wir den Gartenraum für so wichtig für unser Leben halten, trugen wir Anregungen aus den meisten Ländern Europas in dem Buch »Im Grünen wohnen« zusammen, nach dem man anlegen, bauen und basteln kann, daß man jahrelang beschäftigt ist und dabei auch seine Familie und seine Umwelt nicht vergißt. Außerdem gibt es ein Bastelbuch speziell für Gartenfreunde.

Bei alldem handelt es sich um ganz konkrete Dinge. Unser Außenraum kann aber auch ein **Trimm-dich-fit-Platz für kreatives Denken** sein. Gerade weil man im Garten häufig übernimmt, was üblich ist, sollte man dort bewußt denkend Neues erfinden. Es stimmt übrigens nicht, daß die meisten Menschen zuwenig Vorstellungskraft haben, aber es stimmt, daß sie sie zuwenig einsetzen, und so verkümmert sie. Daher ein paar Vorschläge:

Man sollte auf dem täglichen Weg zur Arbeit bewußt aufnehmen, an wieviel häßlichen, ungestalteten Mauern, Zäunen und Ecken man vorbeikommt, die man mit ein paar Blumen, Bäumen oder irgendwelchen Ideen menschlicher und liebenswürdiger machen könnte. Das hat zwei Vorteile. Wir verarbeiten, was wir sonst ins Unbewußte verdrängen, wo es uns krank machen kann, und wir werden empfindlicher für Kahlheit auf der einen und natürliche Schönheit auf der anderen Seite. Wir laufen nicht mit geschlossener Seele an allem vorbei. So kritisch geworden, gehen wir auch an unser Stück Erde viel bewußter heran und können besser überlegen, ob jeder Quadratmeter genutzt wird und wie wir die einzelnen Gartenteile brauchbarer einrichten.

Wenn wir uns in Hof und Garten wohl fühlen wollen, müssen wir uns einen Sitzplatz schaffen, in den man von außen nicht hineinsehen kann. Andererseits sollen sich aber Vorübergehende von unserem Grün angesprochen fühlen. Bei kleinen Gartenräumen muß man zwischen beiden Bedürfnissen gedanklich jonglieren.

Wie man den Aushub vom Haus für einen besonders von außen sichtbaren Blütenhügel benutzt, zeigt unsere Zeichnung. Hinter der Stützmauer, möglichst nach Süden, liegt dann der warme Sitzplatz, geschützt vor Wind, Staub und Lärm und Blicken von außen.

Der Blumenteppichknüpfer

Gerhard Hansen kann man an jedem einigermaßen warmen Sommertag zwischen bunten Blumen in seinem Kopenhagener Garten finden. Seine Hecke ist nicht hoch, und die kleinen Blumenbeete leuchten so bunt, daß die Blicke der Vorübergehenden einfach gefesselt werden.

Er ist daran gewöhnt, daß die Leute stehenbleiben, die Blumen bewundern und ihm zunickend zeigen, daß sie daran Freude haben. So ist sofort der Kontakt geknüpft. Daß man seine Blumen fotografieren möchte, dafür hat er Verständnis, denn auch er bewundert sie. Er kennt ihre Macht. Denn ihn regen sie an, Beete und Blumen auf Teppiche zu zaubern.

Gerhard Hansen wäre ein einsamer Mann, wenn er keine Hobbys hätte. Wie sein Leben ohne Beschäftigungen aussähe, kann er sich gar nicht vorstellen. Er ist 80 Jahre alt, seit 15 Jahren pensioniert. Seine Kinder sind lange aus dem Haus. Vor ein paar Jahren verlor er seine Frau. Er lebt und sorgt für sich allein, und trotzdem macht er einen aktiven und zufriedenen Eindruck.

Um ein solches Schicksal zufrieden zu überstehen, bedarf es bestimmter Voraussetzungen. Gerhard Hansen ist einer der Begnadeten, die die Freude am Tätigsein – auch an der Arbeit – nie verloren haben. Das anspruchsvolle Wort »begnadet« dürfte hier am Platz sein, weil Freude an der Arbeit für sehr viele Menschen leider nicht selbstverständlich ist, ohne daß man sie dafür verantwortlich machen kann. Die meisten der jetzigen Erwachsenen blicken auf Kindheitserlebnisse zurück, die nicht dazu angetan waren, zum freudvollen Arbeiten zu ermuntern. Dazu gehört nämlich, daß man bereits vor der Schulzeit im Spiel vertieft sein und richtige kleine Spielwerke (vielleicht aus Bauklötzen, aus Papier, aus Ton oder auch nur aus Sand) vollbringen kann.

Wenn ein Kind nie im Spiel gelernt hat, kleine Werke zur eigenen Befriedigung *ganz* zu Ende zu bringen – möglichst unter Anerkennung seiner Leistung durch Erwachsene oder Freunde –, dann wird es als heranwachsender Mensch nur schwer in der Lage sein, eine Arbeit *mit Befriedigung* zu Ende zu führen. Das ist dann der Punkt, an dem immer der Druck der Schule oder des Elternhauses einsetzt. Die nun lustlos und interesselos abgeleistete Lernzeit lastet dann schwer. Aber **mit Interesse und Freude an einer Sache geht alles viel leichter und schneller.** Wir erleben dann Arbeit auch im Beruf positiv und nicht negativ als Druck – vorausgesetzt, daß sie

nicht so eintönig ist, daß wir ihr keine Freude mehr abgewinnen können oder sie uns überfordert.
Herr Hansen wird darüber wahrscheinlich gar nicht besonders nachgedacht haben. Er hat aber während seines Lebens gespürt, welche Befriedigung und Selbstbestätigung er im Schaffen fand. Er hatte mit seinen Eltern Glück gehabt. Sie ließen ihn schon als Kind die Freude am Selbstgeschaffenen erleben. Als er dann Arbeiter in einer Kopenhagener Porzellanfabrik wurde, konnte er als allseitig interessierter Mensch an allen Arbeitsplätzen eingesetzt werden. So wurde ihm seine Arbeit nicht langweilig. Schließlich betraute man ihn in seinen letzten Arbeitsjahren auch noch mit der Pflege des Gartens der Fabrik.
So war es für ihn selbstverständlich, daß er nach seiner Pensionierung die Hände nicht in den Schoß legte. Er wußte ja, wo er etwas Neues anpackte, kam etwas Anregendes für ihn heraus. Zunächst machte er zur Freude seiner Frau aus seinem kleinen Haus mit Pinsel und Hammer ein Schmuckkästchen und aus seinem Garten einen Blumenteppich. Da sich für ihn aber immer spielend eins aus dem anderen ergab, wurden die Blumenteppiche zum Anstoß, während des Winters oder an Regentagen Blumenteppiche aus Wolle zu knüpfen. Die Stühle brauchten Bezüge, und so knüpfte er die Möbelbezüge auch.
Vielleicht meint man, ältere Männer – so wie wir sie im allgemeinen gewöhnt sind – wissen gar nicht, was für Farben und Muster sie dazu aussuchen sollen. Ein Mann wie Herr Hansen weiß es. Er macht sich seine Muster selbst und fragt nicht viel nach Möbelmode. **Die Anregung liegt vor seinen Augen. Er nimmt sie auf und macht Muster daraus.** Als er zu viele Teppiche hatte, hängte er sie an die Wand. Das regte ihn an, sein Häuschen als Bild auf einem Knüpfteppich zu verewigen. Es zu malen wäre ihm zu anspruchsvoll erschienen.
Inzwischen bitten ihn die Freunde seiner Kinder, auch ihre Häuser auf Wandteppiche zu knüpfen. Sein Sohn, der Ingenieur geworden ist, hilft ihm ab und zu beim Aufzeichnen. Dadurch ist Herr Hansen nicht isoliert und außerdem immer beschäftigt. Seine Tätigkeit lockt Leute in sein Haus. Für das Gespräch mit seinem Sohn hat er sogar eine Brücke gefunden – eine Teppich-Brücke.

Die Methode Hansen

Auf einen Rahmen spannt Gerhard Hansen ein lockeres Gewebe, das sich mit der Häkelnadel leicht durchstechen läßt. Die linke Hand führt unter dem Rahmen der Nadel den Wollfaden zu, die rechte holt eine Schlinge herauf, sticht dicht daneben noch einmal ein und zieht die zweite Schlinge durch die erste. Sie bleibt etwa 1 cm hoch stehen. So wird ein Farbfeld nach dem anderen dicht mit Schlingen ausgefüllt.

Hausfrauen – Hausmänner

Lassen wir die kämpferische Problematik, die von dieser Wortverbindung ausgeht, einmal beiseite – obgleich der Einsatz für die Gleichberechtigung der Frau für Frauen und Männer ein erfüllendes Hobby sein dürfte.
Hier liegt ein Problem vor, das ganz sicher nicht in absehbarer Zeit zu lösen ist. Wenn eine Frau Kinder haben will, hat sie – oder ihr Mann – die Verpflichtung, wenigstens in den ersten drei bis vier Jahren bei den Kindern zu bleiben, sonst erleiden nicht nur die Kinder und ihre Beziehungen zu den Eltern Schaden, sondern auch die Gesellschaft. Angesichts der Tatsache, daß die Gesellschaft noch nicht gelernt hat, ihren Anteil zu akzeptieren und den Müttern – oder Vätern – das Zuhausebleiben zu erleichtern, ist das für viele Eltern eine bittere – und oft aus sozialen Gründen nicht zu befolgende – Forderung. Über der seit Jahrtausenden üblichen Ungerechtigkeit gegenüber der Frau wurde häufig die Tatsache übersehen, daß ihr – die sich während des Tages »nur« mit Kindern abgeben kann – auch ein Stück Freiheit zuteil wird, das es zu nutzen gilt. Die Arbeiten der Hausfrauen oder Hausmänner sind äußerst abwechslungsreich, leiden also nicht unter der gravierendsten Belastung der Industriegesellschaft, der geisttötenden Gleichförmigkeit. Von einer Hausfrau erwartet man, daß sie ohne entsprechende Anerkennung unglaublich vielen Berufen auf einmal gerecht wird: der Köchin, Raumpflegerin, Buchhalterin, Kindergärtnerin, Lehrerin, Psychologin, Krankenschwester, Wäscherin, Schneiderin, Dekorateurin, Gastwirtin, Handwerkerin usw. Und eine gute Ehepartnerin und Geliebte soll sie auch noch sein. Aber all diese Berufe hat sie nicht gelernt, und man weiß, wie groß der Erfolg bei Ungelernten ist. Auf jeden Fall macht er lustlos und unsicher.
Es läßt sich leicht daraus schließen: Wenn wir in für das Leben ausreichendem Maße in der Schule mehr auf menschlichen Gebieten lernten als auf rein intellektuellen, dann würden Hausfrauen davon profitieren und Männer vielleicht zeitweilig ganz gern Hausmann sein. Denkende Hausfrauen, die den täglichen Kleinkram dann besser organisieren können, die viel mit ihren Kindern kreativ arbeiten, basteln, lernen und spielen, wären dann sicher mit ihrem Los zufriedener als die Frau am Fließband, die Sekretärin, die schreibt, was andere denken, der Angestellte, der Teilarbeit leistet. Und die ganze Familie wäre glücklicher.
Daher zeigen viele Hausfrauen in diesem Buch, daß man auch allein mit solchen Tätigkeiten beginnen kann, ohne auf entsprechende Ausbildung zu warten.

Knüpfen und Knoten

Aus zarten türkischen Schleiern und dicken Seilen haben sich in geschickten Frauenhänden und in harten Männerfäusten zwei verschiedene alte Handarbeiten zu einer neuen vereinigt. Schließlich kam noch farbige Knüpftechnik der Indianer dazu, bei der Perlen eingeknotet wurden, und nun haben wir eine Knüpfarbeit, die viele kreative Möglichkeiten bietet. Sie wird heute auf der ganzen Welt **Makramee** genannt.

Moderne Frauen und Mädchen, die der allzu gleichmachenden Industrieware im Bereich des Schmückens etwas überdrüssig sind und sich wieder mehr der Phantasie und natürlichen Materialien zuwenden, bedienen sich der Knüpfarbeiten in der Mode. Das heißt aber nicht, daß die Gürtel, Schnüre, Umschlagtücher, Spielzeuge, Wandbehänge oder Ornamente nur von weiblichen Wesen hergestellt werden. Im Gegenteil – der 72jährige Hermann Winter beweist es uns auf der nächsten Seite. Die Spiellöwen, Halterungen und Schnüre, zum Teil aus aufgeräufelten Tauen, gelingen in festen Händen sogar besser.

Hermann Winter wurde in seiner Jugend vier Jahre zum Segelmacher ausgebildet. Darauf fuhr er mehrere Jahre auf der Viermastbarke »Peking« über die Ozeane. »Wenn einer mal auf Segelschiffen mitgefahren ist, weiß er,

wieviel Langeweile es da gibt. Man kann sie nur unterbrechen, indem man sich irgendeine Beschäftigung sucht. Taue und Schnüre liegen da herum – man braucht sie ja immer zum Ausbessern. Da kommen einem dann Ideen! So entstanden die ›**seemännischen Handarbeiten**‹, wie Makramee in der Schiffersprache genannt wird.«
Das Empfangen von Ideen hat Hermann Winter so viel Spaß gemacht, daß er das Knüpfen sein ganzes Leben lang als Hobby beibehalten hat – auch in den fast vier Jahrzehnten, in denen er Segelmacher und Takler auf der Deutschen Werft war. Seine Familie und seine Freunde wurden mit seinen seemännischen Handarbeiten beschenkt und er selbst mit Zufriedenheit und Ausgeglichenheit. Der weitere Erfolg: Es gibt wenig alte Männer, die von ihrer Familie in jeder Beziehung so anerkannt und geliebt werden wie Hermann Winter.
Makramee bietet eine Fülle von Anregungen für Männer und Frauen, die der Außenstehende überhaupt nicht ermessen kann. Eine große Zahl kleiner Hobbybücher will dem abhelfen. Besser noch, **wir fangen hier gleich an.** Man braucht dazu fast keine Werkzeuge, und am Anfang genügen als Material ein paar dünne Bindfäden. Wenn man **nur wenige Grundknoten** kennt, ist man schon in der Lage, **viele Muster** zu knüpfen. Es kommt dann nur darauf an, wie verschieden man

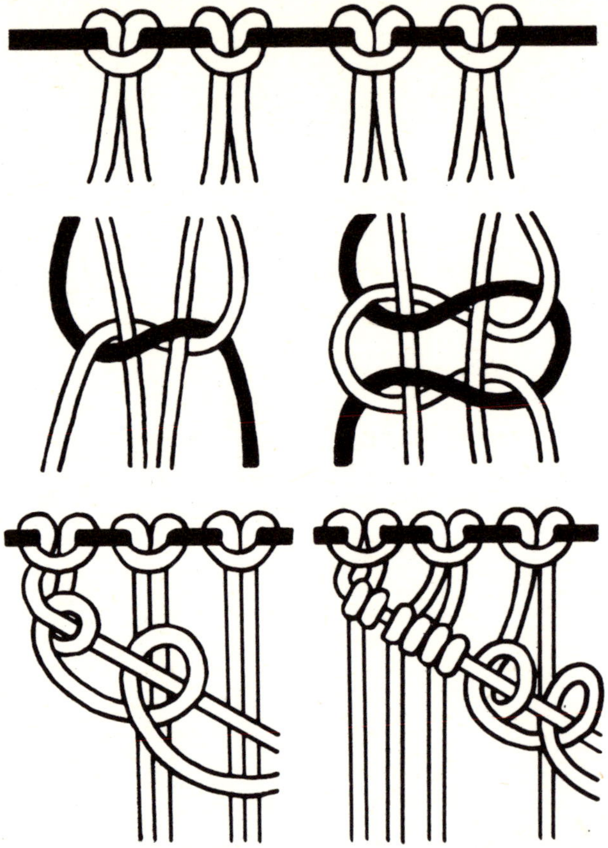

sie zusammensetzt. Komplizierteres verlangt die Fertigkeit später von selbst, weil es sonst langweilig würde.

So wird geknüpft

Hängen Sie auf eine Stricknadel oder ein Stück Faden, wie oben gezeichnet, vier 2 m lange Bindfäden. Nadel oder Faden auf Bügelbrett oder Kissen befestigen, und schon kann man selbst aus den gezeichneten Knoten und ihren Gegenknoten Muster versuchen. Auf der vorigen Seite nur wenige Vorschläge. Es kann aber auch ganz anders werden. Die Phantasie will spielen.

Batiken ist kinderleicht

Der größte Hemmschuh, eine neue Technik zu versuchen, ist immer die Angst oder Unsicherheit vor dem noch nicht Gekonnten. Wir trauen uns zuwenig zu. Kinder haben dabei fast keine Hemmung. Wir sollten uns an ihnen ein Beispiel nehmen und sie mit unserer Scheu nicht unnütz belasten.

Bei der Beurteilung der Batiken beißt sich die Katze in den Schwanz: Weil wir bisher fast nur Batiken gesehen haben, die schön und geschmacklich anspruchsvoll aussahen, kapitulieren wir eher, besonders diejenigen, die sich überhaupt keine künstlerische Ader zusprechen. – Nun ist es aber beim Batiken so, daß fast jede Arbeit, auch die Ungekonnte, durch ihr Aussehen besticht. Das hat wahrscheinlich folgende drei Gründe:

Die Musterzeichnung erwartet man bei dieser Technik nicht federstrichexakt. So kann sie großzügiger, manchmal geradezu genial aussehen, ohne es auch zu sein.

Der mit Wachs bedeckte Stoff, der nicht mit eingefärbt werden soll, wirkt durch das Krakelee der Wachsbrüche bereits wie ein gekonntes Muster.

Die Farbtöne entstehen durch Überfärben, das heißt, es sind im allgemeinen gebrochene Farben, die miteinander harmonieren.

Trotz des anspruchsvollen Aussehens ist Batiken wahrscheinlich die einfachste Technik, die zum künstlerischen Ausdruck ermutigt. Man braucht überhaupt keine Angst zu haben. Man wächst mit der Beschäftigung von selbst in den Formen- und Farbenreichtum hinein, ohne sich je zu blamieren. Der kleine **Stefan hat bereits mit vier Jahren zu batiken begonnen.** Seine Schwester Claudia war schon (!) sechs Jahre alt, als ihr erstes Batikkunstwerk entstand.

Stefan zeichnete damals noch Menschen und Tiere als Kopffüßer, wie das in diesem Alter üblich ist. Er malte mit flüssigem Wachs auf einen Stoff wie andere Kinder mit Wasserfarbe auf Papier. Seine Mutter hatte gerade rote Farbe angesetzt. In diese Farbbrühe steckte man den Stoff. Nach dem Trocknen bedeckte Stefan den ganzen Kopf und Streifen des »Fußbodens« mit Wachs; dann wurde das Stoffstück in blaue Farbe getaucht. So wurden die nicht abgedeckten Stellen sämtlich violett, denn Rot und Blau ergeben Violett. Dieses Violett muß zwangsläufig gut zum Rot passen, weil ja dieser rote Ton beim Einfärben mitgewirkt hat. Daß Stefan die Figur ungenau übermalte, ist ihr nur gut bekommen, denn so sieht es aus, als wären die Haare bewußt zweifarbig eingefärbt. **Mit solchen glücklichen Zufäl-**

Der mit Bleistift gezeichnete weiße Stoff ist dort, wo er hell bleiben soll, mit Wachs abgedeckt. Nachdem er rot eingefärbt wurde, wird das Wachs jetzt auf die Stellen aufgetragen, die leuchtend rot erhalten bleiben sollen. Nach einem zweiten Färben im blauen Bad erscheinen die nicht abgedeckten vorher roten Flächen violett. Nach dem Trocknen wird das Wachs durch Bügeln wieder aus dem Stoff gelöst.

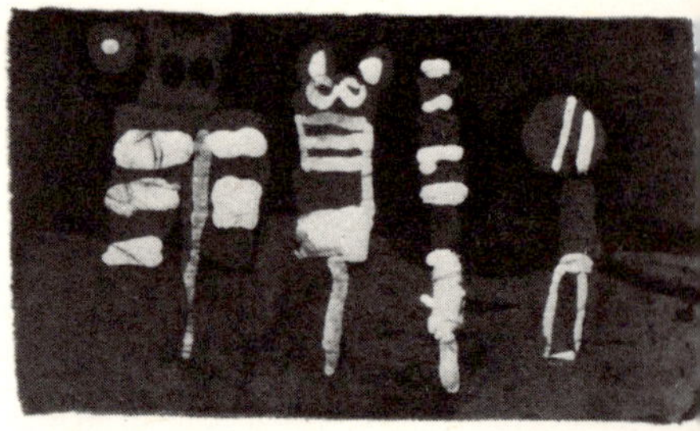

Oben eine Batik des vierjährigen Stefan, darüber die der sechsjährigen Claudia.

len kann man beim Batiken immer rechnen, besonders wenn man erst beginnt.
Die Batik der sechsjährigen Claudia sieht im Muster schon »reifer« aus, aber sie entstand auf gleiche Weise. **Damit wäre fast schon erklärt, wie man batikt.** Auch die Mutter, Heidrun Michael, deren schon »gekonntes« Nashorn wir auf dem Bild auf Seite 46 sehen, macht es nicht viel anders. Sie benutzt nur vier Farbbäder. Wie die übereinander gefärbten Farben wirken, ist immer wieder eine neue Überraschung. Nach einiger Erfahrung kann man das allerdings steuern.
Diese Erfahrung hat Heidrun Michael in besonderem Maße gesammelt. Sie ging mit ihrem Mann, einem Wissenschaftler, nach Amerika und erlebte dort die Aktivität der amerikanischen Frauen. Um nicht abseits zu stehen, zeigte sie eigene Batikarbeiten aus ihrer Jugendzeit. Da das Batiken dort kaum bekannt war, wurde sie bald umlagert und mußte sogar Batikkurse geben, an denen auch Schüler und erwachsene Männer mit viel Interesse teilnahmen.
Was sie dafür aus Amerika mitbrachte, war neben dem Erlernen des Makramee eine neue Einstellung zur Tagesarbeit. Eine amerikanische Freundin, wie Heidrun Michael mit zwei Kindern, bewies ihr, daß man neben Hausfrau und Mutter auch noch Studentin sein und ein Hobby haben kann. So begann sie ihr pädagogisches Studium in Amerika und setzt es heute – ihr Mann wurde Professor in München – in der dortigen Pädagogischen Fakultät fort. Während ihre Kinder vormittags in der Schule sind, sitzt sie im Hörsaal. Nachmittags greift die ganze Familie bei Hausarbeiten zu. So gewinnen alle gemeinsame Bastelstunden.
Die Arbeitsproben (oben) hat Heidrun Michael hergestellt, als sie an ihrer Zulassungsarbeit für das erste Staatsexamen schrieb.

Sticken in Uppsala

Schweden hatte das Glück, daß die großen Weltkriege fast spurlos an ihm vorübergingen. Damit handelte es sich das »Pech« ein, in Europa die Probleme der modernen Menschen zuerst lösen zu müssen, weil die Entwicklung dort kaum aufgehalten wurde. Es ist nur logisch, daß Experimente nicht nur positiv ausgehen können. Aber ob sie glückten oder nicht glückten – Nichtschweden können so und so eine ganze Menge von Schweden lernen.

So hat man unter anderem ein umfassendes Seniorenprogramm zusammengestellt, in dem es nicht nur gemeinsame Treffen alter Leute und ein Zeittotschlagen in Klubs gibt. Man bietet Tätigkeiten an, die zur Aktivierung, zur Teilnahme am Gemeinde- oder Volksleben und zu ergreifenden Hobbys führen sollen. Damit antwortet man auf die Erfahrungen der Gerontologen (Altersforscher). Sie haben festgestellt, daß die meisten Menschen eine vorgefaßte Meinung vom Alter in sich tragen, nach der sie sich erwartungsgemäß verhalten. Mit etwa 65 Jahren – so nehmen sie an – ist man zu alt zum Arbeiten und daher mehr oder weniger nutzlos. Die feststehende Pensionierungsgrenze scheint das zu bestätigen.

Nur wenige Menschen haben herausgefunden, daß dem nicht so ist. Man kann fast darauf wetten, daß es Menschen mit ausfüllenden Tätigkeiten, zum größten Teil erfüllenden Hobbys, sind. Wenn man aktiv und sinnvoll zu tun hat, besteht kein Grund, sich seelisch selbst aufzugeben oder sich einer Krankheit zu überlassen.

Die Seniorenprogramme in Stockholm hatten denn auch einen erstaunlichen Erfolg. Vor zehn Jahren, als es die Programme noch nicht gab, gingen die Schweden durchschnittlich mit 70 bis 75 Jahren in Altersheime, obgleich die Heime keineswegs so schön wie jetzt waren. Jetzt liegt der Durchschnitt bei 80 Jahren. **»Sie erhalten sich durch ihre eigenen Interessen länger fit«,** erklärt eine Stockholmer Stadtinspektorin, »und **sie arbeiten auch länger.«** Normalpensionsalter ist in Schweden 67. Man kann sich jedoch bereits mit 63 pensionieren lassen, kann aber auch bis zum 70. Lebensjahr im Beruf stehen.

Nun sind aber **die über 80jährigen** auch noch **kein altes Eisen.** Im Altersheim in Uppsala gibt es Werkstätten mit vielen Möglichkeiten, solange und soviel man will beschäftigt zu sein – viel mehr noch als in der Schule von **Albrecht L. Merz** (Seite 6). In einem Raum standen allein etwa 10 bis 20 Webstühle, in einem anderen wurde gebastelt, in dem abgebildeten gestickt, gewebt und geknüpft. Man erzählte uns, daß **eine 100jährige über 50 Topflappen gehäkelt** hat.

Das Besondere: In einem Verkaufsraum konnte man die handgearbeiteten Dinge sogar erwerben.

Im Speisesaal hing **ein großer Wandteppich, den ein 80jähriger Mann geknüpft hat.** Zu der Arbeit beglückwünscht, winkte er ab: »Das ist nicht schwer. Es ist ja praktisch immer derselbe Griff. Der Entwurf stammt ja nicht von mir, sondern von der Lehrerin.«

Hier treffen wir bei aller Anerkennung des Vorreiters Schweden auf eine Problematik, die uns alle angeht. In fast allen Staaten und Gesellschaftsformen der Welt wird immer erst dann eingegriffen, wenn bereits sichtbare Schäden gemildert werden müssen, also wenn das Kind bereits im Brunnen liegt. Vorsorge zu treffen, daß es nicht erst hineinfällt, indem man ein Netz ausspannt, scheint überall ein schwerwiegendes Problem zu sein. Dabei ist das Netz viel billiger als die Rettungsaktion. Direkt ausgedrückt: Die Programme für alte, ungeübte Leute sind mühsam und teuer und führen nur noch zum Teil zur Selbstbestätigung, weil nachgelernt, nachgeahmt und nicht selbst erfunden wird. **Lernmöglichkeiten, über das ganze Leben verteilt,** führen aber zu erstaunlichen Fertigkeiten und echtem Einsatz, und sie bewahren vor dem sogenannten Pensionsschock. Im Alter gewinnen sie am meisten an Bedeutung.

So wichtig es für die seelische und körperliche Gesundheit ist, daß Staaten anspornende, ermutigende Lernmöglichkeiten von der Schule an anbieten, so braucht der einzelne sich nicht davon abhalten zu lassen, schon vorher damit zu beginnen. Die vielen glücklichen Menschen in diesem Buch zeigen ja, wie man das macht.

Weibliche Handarbeiten?

So hießen sie in den noch nicht lang vergangenen heldisch-männlichen Zeitaltern, die uns jeweils Kriege bescherten und sich damit selbst abschafften. Da hätte es ein Mann mal wagen sollen, eine Nadel mit buntem Faden durch Stoff zu ziehen! Er tat es zwar manchmal insgeheim, aber erwischen lassen durfte er sich nicht, ohne sich lächerlich zu machen. Dabei gab es ganze Berufsstände, die mit der Nadel arbeiteten – die Schneider zum Beispiel. Kaum eine Frau hätte jedoch gewagt, Schneiderin für Jacken und Hosen zu werden. Die in Paris Frauenweltmode kreierenden Couturiers – was nichts anderes als Schneider heißt – waren »selbstverständlich« mit nur wenigen Ausnahmen männlich. »Weil ja ein Mann mehr Ideen hat!« Schon diese wenigen Beispiele lassen erkennen, zu welcher Absurdität Verhalten führt, wenn man nicht selbst denkt, sondern tut, was üblich ist.

Beim **Teppichknüpfen,** das ja Spaß macht, haben moderne Männer sehr schnell umgedacht. Etwa 50 Prozent der privat hergestellten Teppiche entstehen heute in Männerhänden. Warum auch nicht? Geknüpft wird häufig während Fernsehdiskussionen oder Rundfunkvorträgen. Es macht Freude, dabei etwas wachsen zu lassen, das schließlich zu einem brauchbaren Gegenstand wird. Bereits am vorgezeichneten Muster mit zugeschnittenem Faden regt sich der Stolz. Wie befriedigend muß es erst sein, wenn man das Muster selbst entworfen und die Farben eigenäugig bestimmt hat!

Die Kinder in der Schule von Albrecht Merz fangen zunächst auch mit dem **Weben** an, ohne es zu können. Sie überspannen einen kleinen Rahmen – ebenso kann man wie Gerhard Hansen einen großen verwenden –, und schon entstehen – ein Faden hoch, einer runter – die unterschiedlichsten Webmuster. Der Webstuhl ergibt sich erst, wenn man schon gelernt hat.

Stricken und **Häkeln** ist sehr einfach, aber besonders befriedigend, wenn man zwar nicht die Muster – man findet sie in Musterbüchern und Zeitschriften –, aber die Kleidungsstücke selbst entwirft. Das gilt auch, wenn man selbst **schneidern** will. Der Couturier Christian Dior ermuntert in seinem Buch, selbst zu entwerfen und zu schneidern, weil man nur dann ein »Modellkleid« seines persönlichen Zuschnitts bekommt, während Couturemodelle in der ganzen Welt nachgeahmt werden.

Mit Nadel und Faden kann man auch **malen.** Dabei ist es nicht nötig, daß man winzige Kreuzstiche auszählt oder den Stoff durch Hohlsäume anfällig macht. Mit bunten Fäden müßte eigentlich jeder Striche über Stoffe ziehen können. Zur Anregung habe ich das Buch »Sticken modern« veröffentlicht.

Faden und Leder

Jahrtausende waren Faden und Leder das einzige Material, mit dem eine Frau die Phantasie spielen lassen konnte. Aus dem Faden, den sie selbst spann, mußte sie notgedrungen Kittel und Überhänge weben, aus dem Leder machte sie Schurze, Fußbekleidung und Gürtel. Sie tat es, weil es notwendig war, aber das Notwendige nahm all ihre Zeit in Anspruch. Von Hobby war in diesen guten alten Zeiten nicht die Rede und in den späteren auch nicht. Bis in die Zeit unserer Mütter oder Großmütter tat man, was der Anstand erforderte, aber nicht, was Spaß machte. Wohlhabendere Töchter lernten zwar in Pensionaten Handarbeiten, aber darüber hinaus nicht denken und beruflich arbeiten. Frauen, die sich beruflich durchs Leben schlagen mußten, hatten keine Zeit mehr, mit den Händen zu spielen. Unsere Generation hat zum erstenmal wirklich freie Zeit, aber sie muß erst lernen, sie befriedigend einzusetzen.

Die Frau eines Arbeiters und die Frau eines Gouverneurs haben sich beide ein Hobby ausgesucht, das ihnen Spaß macht, mit dem sie aber gleichzeitig etwas bewirken.

Ellen Taylor hat erlebt, wie wohl es tut, wenn man von den Mitmenschen im Alter nicht im Stich gelassen wird. Sie und ihr Mann (75 und 76 Jahre alt) bewohnen einen der kleinen Reihenbungalows, die in den Mittelpunkt des neuentstandenen Londoner Stadtteils Roehampton gebaut wurden. Vor ihrer Haustür liegt eine große Spielwiese, dahinter eine Schule, am einen Ende der Bungalowreihe ein Einkaufszentrum, der Altenklub und ein Haus für Erwachsenenbildung, am anderen Ende ein College für junge Lehrer. Studenten kommen ab und zu vorbei und fragen, ob sie etwas für sie besorgen können, und Kinder und ihre Mütter spielen ringsherum. Taylors müssen nur einen Stuhl vor die Tür setzen, und schon sind sie mitten unter ihnen. Wenn ein Ball in das winzige Gärtchen fliegt, ist das ein Anknüpfungspunkt.

Weil Ellen Taylor glücklich ist, daß man sie nicht in irgendein Altenheim abgeschoben hat, sondern selbständig in die Mitte des Orts-

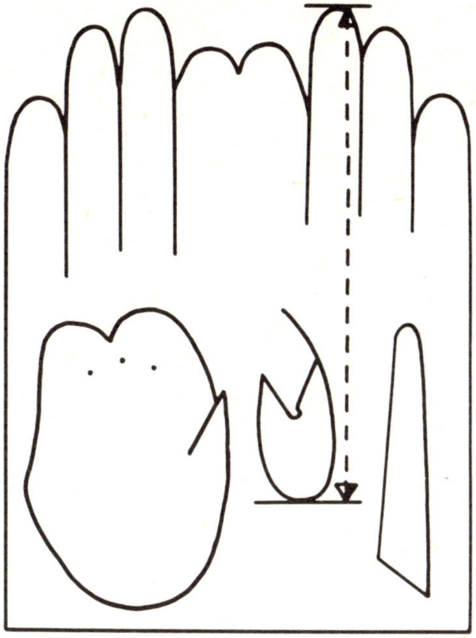

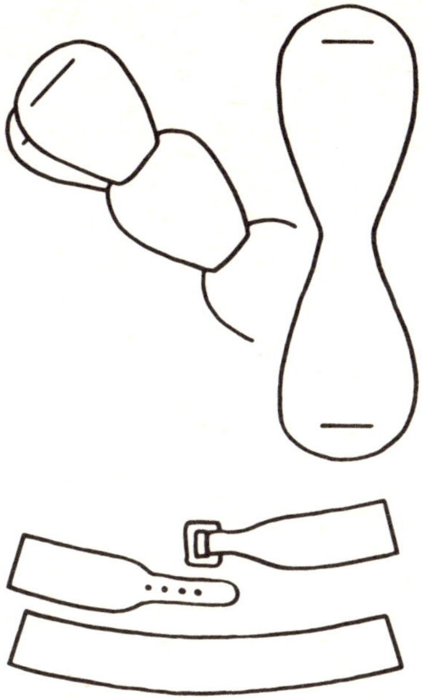

In die Schnittzeichnung eines Handschuhs wurde links der Daumen-, rechts der Zwickelschnitt aus Platzmangel eingezeichnet. Ein Damenhandschuh der Größe 7 ist von der Spitze des Mittelfingers bis zum Daumenausschnitt 19 cm lang.

lebens plazierte, wollte sie auch etwas Liebenswürdiges tun. Sie erbittet sich überall alte Puppen oder Puppenteile, repariert sie, schafft neue alte Puppen und kleidet sie wieder ein. Zum Weihnachtsfest kommen sie entweder in die Tombola, oder sie werden verkauft. Den Erlös bekommt der Altenklub.

Peggy Gunn lebte viele Jahre als Frau des englischen Gouverneurs in einem heißen, sandigen Land. Nach der Pensionierung zogen sich beide in eine saftgrüne südenglische Landschaft zurück, wo sie Blumen, Gemüse, Beeren und Früchte ziehen.

Auch Peggy Gunn wollte in ihrer Freizeit nicht die Hände in den Schoß legen. Ihr Hobbymaterial ist Leder. Aus verschiedenfarbigen Resten stellt sie Gürtel her, die für Wohltätigkeitszwecke versteigert werden. Der Erlös kommt der Krebsforschung zugute.

So werden Gürtel gemacht

Bei den Peggy-Gun-Gürteln greifen katzenzungenartige Lederteile ineinander.

Gürtel, die rund geschnitten sind, machen besonders schlank. Man spart viel Leder, und sie bekommen eine noch bessere Paßform, wenn sie seitliche Nähte haben.

Handgenähte Handschuhe

Handschuhe lassen sich leicht, schnell und billig selbst nähen.

Die Zwickel werden von der Spitze zum Handteller jedem Finger links und rechts mit kleinen Vorwärtsstichen angesteppt, der Daumen wird zusammen- und eingenäht und der Handschuh ringsum geschlossen.

Die Phantasie hat Flügel

Wenn Stoff und Faden ihre Schuldigkeit getan haben, bleiben Flicken oder Lumpen. Wie man sich auch damit noch anregen lassen kann, zeigt Joppa Wesermann. Sie wohnt in Amsterdam und ist eine Hausfrau mit drei Kindern wie viele andere auch. Sie gab sich nur nicht zufrieden mit dem Gedanken, daß sich mit dem Aufziehen der Kinder ihr Leben erfüllt haben sollte.

Schon mit den kleinen Kindern hatte sie gern gemalt und gebastelt. Aber als diese aus dem Haus waren, versuchte sie, ihre eigenen Talente zu erproben. Zunächst nähte und bestickte sie Wandbehänge aus alten Flicken, von denen immer der folgende schöner und interessanter wurde als der vorhergegangene. Schließlich regte sie ein Muster dazu an, einen Vogel herzustellen – auch aus Stoffresten, dazu Perlen, Stickgarn und Federn. Er fiel so schön aus, daß ihre Phantasie laufend mehr Phantasievögel produzierte, die sich sogar in einer Ausstellung zusammenfanden. Aus der Zeitung erfuhren ihre Nachbarinnen von ihrem Hobby und baten sie, angeregt durch die herrlichen Vögel, ihnen Unterricht zu geben. Das war Joppa Wesermann gerade recht. Denn hier konnte sie Begeisterung loswerden und ihre eigene Erfahrung als Argument ins Feld führen: **»Man weiß doch gar nicht, was in einem steckt, wenn man es noch nie ausprobiert hat!«**

Wenn Joppa Wesermanns Vögel nicht *mehr* gewesen wären als gerade eine Verlegenheitsarbeit, die nicht den Menschen dahinter vermuten läßt, hätte sie wohl niemand beachtet. Ihre Schöpfungen aber erregten Aufsehen, weil sie aus sicherem Geschmack und selbstentwickelter Kreativität entstanden. Auch dazu weiß sie einen Grund: **»Je mehr man sich mit einer Sache beschäftigt, um so schöner wird das Ergebnis.«**

Die schöpferische Phantasie war es also, die auch andere Hausfrauen beflügelte, selbst etwas zu tun. In ihrem großen Wohnraum, der heute halb wie ein Atelier, halb wie ein Kunstmuseum aussieht, hält Joppa Wesermann regelmäßig Beschäftigungskurse für Frauen ab. Dort erleben sie voller Erstaunen, daß in ihnen tatsächlich schöpferische Kräfte stecken, die bisher unentdeckt geblieben waren.

Eines Tages kamen nicht nur Frauen, sondern eine Gruppe junger Männer, die sich eigentlich mit fremden Federn schmücken wollten. Sie wünschten sich von Frau Wesermann

Joppa Wesermann ist es gelungen, während der Hausfrauenkurse phantasievolle Applikationen aus ihren Schülerinnen »herauszuziehen«

phantasievolle Gewänder für ihre Beatband. »Ich habe die Jungens überredet, sich die Jacken selbst zu besticken«, erzählt Frau Wesermann. »Es waren junge Leute, die noch nie mit einer Nadel umgegangen waren, aber nach ein paar Abenden war jeder von seiner eigenen Arbeit befriedigt. Die Resultate waren gewaltig!«
Frau Wesermann ist an ihrer Aufgabe selbst gewachsen. Sie stöberte in Antiquariaten nach guten Kunstbüchern, die für eine Familienmutter sonst zu teuer wären. Sie beschäftigte sich mit Werken über Entwerfen und Gestalten, denn sie möchte ihre Schülerinnen besser überzeugen können und ein Optimum aus ihnen »herausziehen«, wie sie sagt.
Inzwischen füllen ihre Bücher eine große Wand. Die anderen Wände tragen Kunstwerke exotischer und folkloristischer Kunst von hervorragendem Niveau. Ein Galeriebesitzer erzählte von ihr: »Ihr guter Geschmack läßt sie die besten Stücke finden.« Sind sie zu teuer, dann zahlt sie mit wenigen Gulden an und in regelmäßigen Abständen mit dem Geld ab, das sie für die Kurse bekommt. Danach füllt wieder ein weiteres Kunstwerk ihre Wohnung, regt sie an und schenkt ihr und ihren staunenden Schülerinnen neue Phantasie – sogar für Schöpfungen mit Flügeln.

So kann man Vögel herstellen

Am besten zeichnet man sich den Vogel in Originalgröße auf. Kopf, Leib und Hals schneidet man zweimal mit etwa 3 cm Nahtzugaben in Stoff, näht Abnäher, den Leib zur Hälfte, Kopf und Hals fast ganz zusammen. Aus Draht formt man den Vogel nach, überzieht ihn mit den Stoffteilen und näht sie bis auf Einfüllstellen zu. Füllung Schaumgummiflocken. Füße und Schnabel Lederüberzug. Alles andere überläßt man der Phantasie.

Wenn man Kinder beglücken will

Kinder bewundern Mutter und Vater gern, sehen sie doch in ihnen die Menschen, denen sie gleichen möchten. Haben diese etwas Selbsthergestelltes vorzuzeigen, sehen sie um so anerkennender zu ihnen auf. Daher sollten Eltern, aber auch andere Erwachsene es nicht unterlassen, Kindern zu zeigen, was man mit den Händen alles machen kann. Aus diesem Grund habe ich in dem Buch »Eltern basteln mit ihren Kindern« für die Erziehung brauchbare Dinge aus Wohlstandsmüll oder Material, das nichts kostet, vorgestellt. Auch wenn die Spielsachen nicht so akkurat und glatt aussehen wie maschinengefertigte Stücke, haben sie für Kinder einen Wert, der nicht mit Geld zu bezahlen ist. Auf die selbstgeschnitzte Weidenflöte zu verzichten, weil es eine besser funktionierende Pfeife bereits für Pfennige in der Wundertüte gibt, kann man bei den Unterlassungssünden ansiedeln.
Was Mädchen wie Jungen zuerst brauchen, ist die Nachbildung von Mensch oder Tier, die **Puppe** oder das **Kuschelspielzeug.** Sie können gar nicht einfach genug aussehen, denn dann haben sie den Vorteil, daß sie die Phantasie nicht einengen. Eine Puppendame mit gelackten Locken ermuntert nicht dazu, sie an sich zu drücken, und läßt auch keine Spielvorstellung mehr frei.

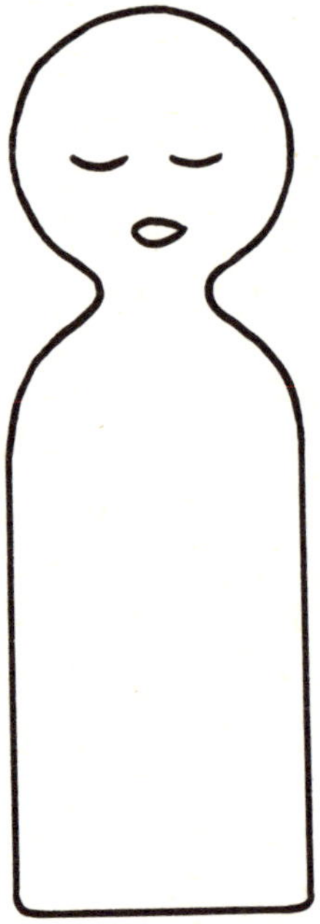

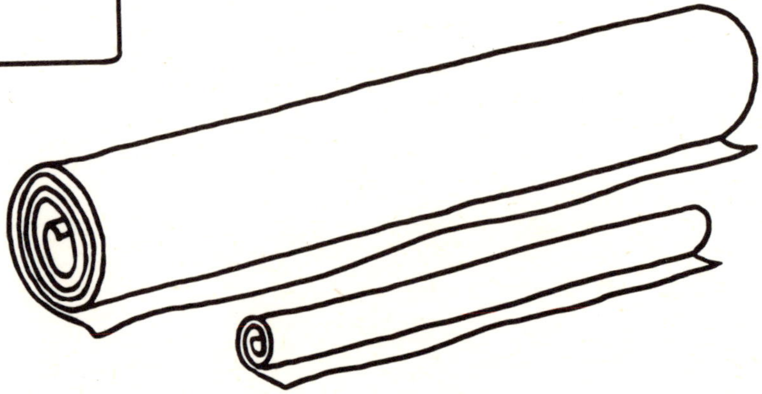

Dagegen wird ein abgerundetes Holz oder ein eingerolltes und abgebundenes Stück Schaumstoff bereits zum Spielen anregen, besonders wenn kleine Stoffflicken zum Anziehen dabeiliegen.
Ein Tier hat vier Beine, einen Kopf mit großen oder kleinen Ohren und einen Schwanz – ein Elefant noch einen Rüssel dazu. Es darf ruhig ungeübt aussehen. Will man es als Kuscheltier herstellen, dann schneidet man es mit Nahtzugabe zu – die Beine bis zur gestrichelten Linie noch einmal doppelt als Zwickel –, näht zuerst die Zwickel auf die Beine und dann die ganze Figur bis auf eine Öffnung zusammen und wendet um. Nach dem Ausbügeln der Nähte füllt man mit Schaumstoffflocken aus, wobei man etwas modellieren kann.
Aus alten gereinigten Federkissen kann man auch Kuschelfiguren arbeiten. Man schüttelt die Federn auf eine Seite und steppt auf der gegenüberliegenden einige Körperteile bis auf eine Öffnung, durch die man unter dem Inlett, also ohne die Kissen zu öffnen, die Federn einstopft, bis die abgesteppten Teile plastisch gefüllt sind. Dann steppt man wieder und füllt diese Teile. Nach dem letzten Steppen gleicht man aus. Was man weiter daraus macht, bleibt der Phantasie überlassen. Oder man fragt die Kinder.

Der Pneu-Zoo

Es gibt Menschen, die, ohne es gelernt zu haben, vieles wissen, was Forscher mühsam ertesten und erarbeiten. Ohne gründlich nachzudenken, kommen sie allerdings nicht darauf. Wenn man mit dem 55jährigen Vater Friedrich Kuschel spricht, staunt man, wie bewußt und folgerichtig er nachgedacht hat, ehe er Spielzeuge aus Pneus für seine Kinder bastelte.
Als früherer Landwirt und Flüchtling aus Schlesien kam er 1950 nach Stadtlohn an der holländischen Grenze. Dort eine Landwirtschaft wieder aufzubauen, erwies sich als unmöglich. So wurde er Arbeiter in einer Textilfabrik. Sechs Jahre später fing er an, sich mit eigenen Händen ein Haus zu bauen, dann folgte der Anbau, dann Werkstatt und Garage, dann der Umbau. »Ich bin ein Mensch, der immer ausgefüllt sein muß. Bei dem, was ich hier aufbaute, war ich auch immer beschäftigt. Langeweile gibt es bei uns nie. Wir haben aber vier Jungen, und ich meine, die sollten auch immer ausgefüllt und beschäftigt sein«, sagt Friedrich Kuschel. Da erhob sich natürlich die Frage: womit?
»Wenn ich bedenke, wieviel Abwechslung wir früher auf dem Bauernhof hatten. Jede Jahreszeit brachte anderes natürliches Spielzeug. Da gab es Vögel, Schafe, Zwerghühner, Hund und Kaninchen, aber auch Wagen und Schlitten, Holz und Steine und wer weiß was noch alles! Was aber haben unsere Kinder? Ein kleines Stückchen Garten, einen gepflasterten Zugang und eine asphaltierte Straße!«
Sie brauchten also Spielzeug, mit dem sie richtig umgehen konnten. Nicht zu klein, aber doch zum Bewegen und zum Herumklettern und Schaukeln. Es sollte auch nicht weh tun, und es sollte nicht schlimm sein, wenn es kaputtging. Holz und Metall wären zu hart gewesen, und man hätte daraus auch nicht einen halben Zoo machen können.
Friedrich Kuschel fand in den alten Autoreifen, was er brauchte. Wie ein gelernter Designer verwendete er die Merkmale des Materials. Dabei kam es ihm gar nicht darauf an, exakt realistisch ein Krokodil oder einen Elefanten herzustellen. Wichtig war, daß die Kinder die Tiere dafür ansahen. Sie nahmen sie unter den Arm, ritten darauf herum oder spielten damit Theater. Natürlich sehen diese Tiere nicht so schön aus wie ein buntes Schaukelpferd oder ein gelacktes Kinderauto. Aber das sind Maßstäbe, die Erwachsene anlegen. Friedrich Kuschels Tiere haben andere Vorzüge. **Sie geben der Phantasie der Kinder jede Freiheit** – und **sie ziehen die Kinder der Umgebung an.** Das ermuntert den klugen Vater, seinen Pneu-Zoo laufend zu erweitern.

Wie man ohne Drehscheibe töpfert

Auch Helge Borchard gehört zu einem Kursus, der fast nur Familienmütter zusammenführte. Diese Hausfrauen haben Kinder, die sie in eine Mal- und Bastelschule schickten. Von dort brachten sie Keramikarbeiten mit, die so gut waren, daß die Mütter nicht glauben wollten, daß sie von ihren Kindern stammten. Eine begabte, von Ideen sprühende Lehrerin hatte sie aus ihren Kindern »herausgezogen«, wie Joppa Wesermann sagen würde. Sie waren der Anreiz für die Mütter, sich spontan auch unter die Fittiche dieser Lehrerin zu begeben. So fing das mit den Mütterkursen in der Kindermalschule von Antje Tesche an. Was diese Frauen am meisten in Erstaunen setzte, war die Tatsache, daß die Kinder außer freigeformten und glasierten Figuren auch Vasen, andere Gefäße und sonst brauchbare Dinge hervorgebracht hatten, ohne daß es eine Drehscheibe in der Malschule gab.

Das dürfte mehr als nur die Mütter interessieren, denn zur Zeit scheint es eine ganze Menge Menschen zu geben, die gern töpfern wollen und glauben, daß es ohne Drehscheibe nicht geht. Die Volkshochschulen werden mit diesem Ansinnen überall herausgefordert. Ein zweiter Punkt, vor dem Töpfern zurückzuschrecken, ist meist das Fehlen eines Brennofens, denn ohne ihn entsteht ja nun wirklich keine Keramik. Um dieses Problem aus der Welt zu schaffen, hat Antje Tesche zunächst bei mehreren Töpfereien angefragt und überall die Möglichkeit erhalten, die geformten Tonteile gesammelt zum Brennen und Glasieren zu geben. Inzwischen haben aber Mütter, Kinder und auch sie selbst so viel und gut produziert, daß sie einen kleinen Ofen gekauft hat, der sich rentiert – sozusagen einen Mittelpunktofen.

Helge Borchard, Mutter von drei Kindern, zeigt uns auf der nebenstehenden Seite, wie man mit der Hand formt. Um sie herum stehen Dinge, die jeden Interessierten nur ermutigen können, sich selbst mit Ton zu beschäftigen. Das komplizierteste Stück, die noch ungebrannte Teekanne, entstand bereits am neunten oder zehnten Abend ihrer Kursusteilnahme. Jetzt formt sie dazu Teebecher. Sie tut das zwar auf einer Scheibe, die sich mit der Hand herumdrehen läßt, aber das geschieht nur, um das Gefäß von allen Seiten kontrollieren zu können. Normalerweise steht die Scheibe still. Wie man mit dieser Methode arbeitet, zeigt eine andere Mutter auf Seite 65.

Das erste, was Helge Borchard zum Staunen ihres Mannes und ihrer Familie nach Hause brachte, war die kleine offene Vase für einen üppigen niedrigen Strauß, die hinter der Teekanne steht. Sie ist mit einer sehr schönen graubraunen matten Glasur überzogen und unterscheidet sich in nichts von einem vom Fachmann hergestellten Stück. Aber für ihre ganze Familie besitzt sie natürlich einen anderen Wert. Die Mutter hat sie ja selbst gemacht. Das bewundern auch die Kinder.

Die lustige Figur, die ein bißchen an Mexiko erinnert, stammt von der begabten Lehrerin selbst. Antje Tesche hat sie zur Ermunterung dazwischen gestellt. Auch sie entstand ohne Drehscheibe. Damit man ermessen kann, was Helge Borchard etwa bis zum zwölften Kursusabend von je zwei Stunden geformt hat, zählen wir es hier auf: die genannte Vase, einen großen grünen Teller mit Reliefs am Rand, der sehr viel Arbeit machte, eine Salatschüssel, einen Aschenbecher, ein Richeau, sechs Kuchenteller, eine Zuckerdose, ein Milchkännchen, die abgebildete Teekanne und sechs Teebecher – alle Teile wurden glasiert, also zweimal gebrannt.

Dieses erfolgreiche Töpfern war für Helge Borchard nur ein Zufallshobby. Sie gehört zu den Menschen, die sehr viel in ihr Leben hineinpacken, die aber trotzdem nicht oder selten erklären, daß sie keine Zeit haben. Ausgebildet wurde sie zwar als Lehrerin, heiratete aber bald darauf und versorgt jetzt einen vielbeschäftigten Mann, drei Kinder und einen Garten. Außer dem Töpfern spielt sie Geige und gehört einem Kammermusikkreis an. Zwischendurch vervollkommnet sie ihr Englisch im Fortgeschrittenenkursus der Volkshochschule. In ihrer Kirchengemeinde leitet sie eine Jugendgruppe, weil es ihr Spaß macht, sich mit mehr als nur mit ihren drei Kindern zu beschäftigen. Daher laden auch oft Freunde, die weniger beschäftigt sind, sich aber bedrängter fühlen, noch ihre Kinder bei ihr ab.

So formt man ein Gefäß

Der Ton wird so lange geschlagen, bis er keine Luftblasen mehr enthält.

Zuerst legt man eine glatte Bodenschicht auf die Unterlage und hilft dabei mit dem Nudelholz nach, damit sie gleichmäßig stark wird. Dann teilt man vom Ton kleine Teile ab und formt sie zu langen Rollen.

Aufgebaut wird, indem man die Rollen von innen gegen den oberen Rand des Gefäßaufbaues preßt und mit beiden Händen ausformt.

Mit dem Kochlöffel wird dann kräftig geschlagen, um mögliche Luftblasen aus dem Ton zu treiben und die Form zu glätten.
Darauf legt man wieder Tonrollen von innen an und so fort.

Die lustige Figur an der Wand (rechts) entstand auf dem Kuchenbrett und wurde gebrannt und glasiert.

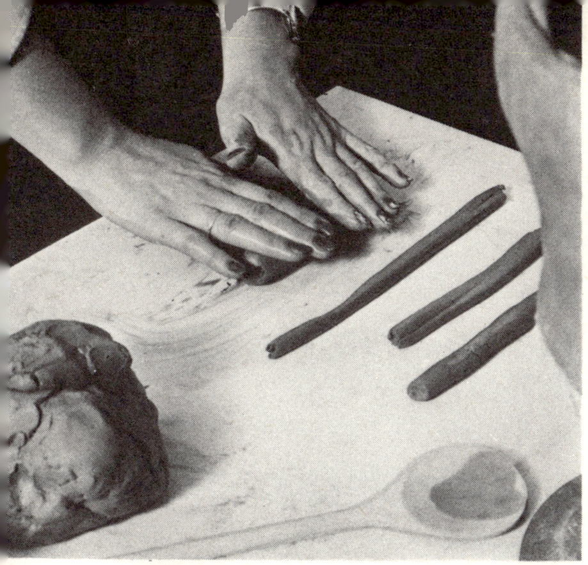

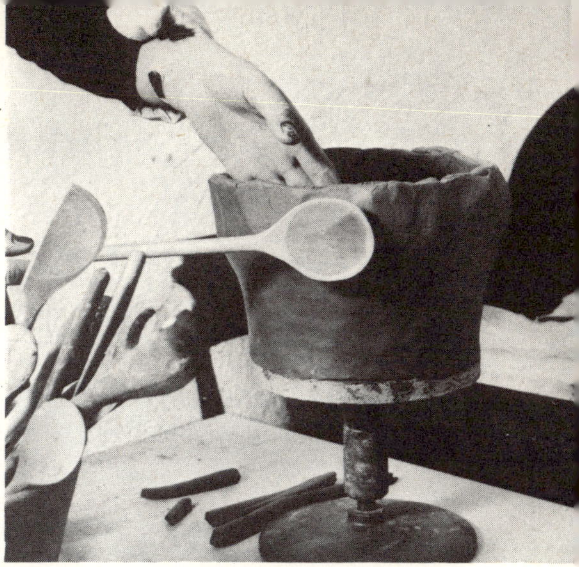

Lampenfüße und Lampenschirme

Die Technik hat uns zwar eine Fülle von neuen Geräten beschert, aber nicht gerade eine Fülle vielfältiger Formen. Beleuchtungskörper sind dabei fast zu Stiefkindern geworden. Preisgünstiges gibt es nur in großen Mengen und kann daher nicht den einzelnen, sondern muß den angeblichen »Massengeschmack« berücksichtigen. Durch den Druck, jedes Jahr etwas Neues herausbringen zu müssen, kommen die Hersteller häufig auf kuriose Ideen, die von der Bruchbarkeit oder gar der Behaglichkeit oft weit entfernt sind. So wundert es nicht, daß auch im Kursus von Antje Tesche der selbstgeformte Lampenfuß häufig von den Teilnehmerinnen zuerst angesteuert wurde. Die Lampen oben stammen alle aus ihrer Werkstatt. Man hat dabei den Vorteil, daß man nicht nur die Form, sondern auch die Farbe und die Lichtquelle bestimmen kann. Auf Anhieb bekommt man die genau passende Lampe, und – was am besten ist – das selbsthergestellte Stück befriedigt bei weitem mehr.

Elektrische Zubehörteile und Lampenpapiere gibt es zu kaufen; bei den Lampenschirmen kann man sich auch eine ganze Menge einfallen lassen.

Holz, das vielseitigste Material

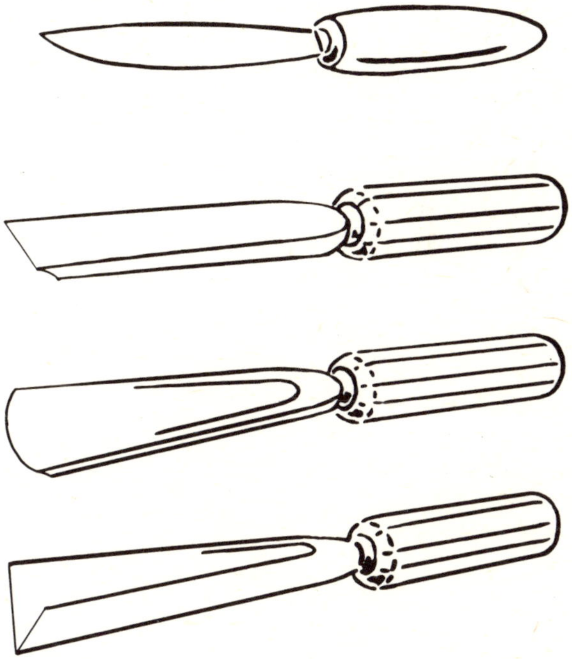

Diese nebenstehenden vier Instrumente genügen als Grundausrüstung zum Schnitzen:
Schnitzmesser
Flacheisen
Hohleisen
Geißfuß

Schon vom Wald an kann man beobachten, mit wie vielen Maschinen Holz bearbeitet wird, daß man darüber vergißt, mit dem Taschenmesser eine Weidenflöte zu schnitzen oder zu verzieren. Der Sammler antiker Kostbarkeiten Samuel Janz läßt dagegen keinen Zweig und keine Wurzel und Ralf Eder kein Stück Holz liegen (Seite 24 und 26), ohne es zu Hause als Anregung zu benutzen.

Man braucht zur Bearbeitung nicht unbedingt Maschinen – ein, zwei – wenn man schon fortgeschritten ist drei oder vier – Messer genügen. Sie sind nicht teurer als ein gutes Küchenmesser. Vielleicht kann ein Schraubstock das Holz festhalten, der im Werkzeugkasten häufig vorhanden ist und auch anderweitig gebraucht wird.

Hat man Kinder zu beschenken, kommt einem das zugute, denn Kinder brauchen einfachste Formen, die der Phantasie jeden Spielraum lassen und gleichzeitig beide Generationen zu guter Form erziehen. Holzbauklötze brauchen sie zuerst und in großer Anzahl, wenn sie richtig bauen sollen. Aus Resten setzte Ralf Eder Spielzeuge zusammen. Man kann aber auch ein Spieltier aus einem Brett oder ein rundes Tasttier aus mehreren aufeinandergeleimten verschiedenen Holzarten sägen, schneiden, schnitzen und polieren.

Aus Holz kann man Möbel selbst bauen, wie es Susanne Warlinski und Ekkehard Schruff (Seite 106) beweisen. Man kann aber auch mit den Furnieren, die man dazu braucht, phantasievolle Intarsien arbeiten – das muß nicht immer Kitsch werden! Sogar Kinder können das schon. Wie vielfältig sie mit dem

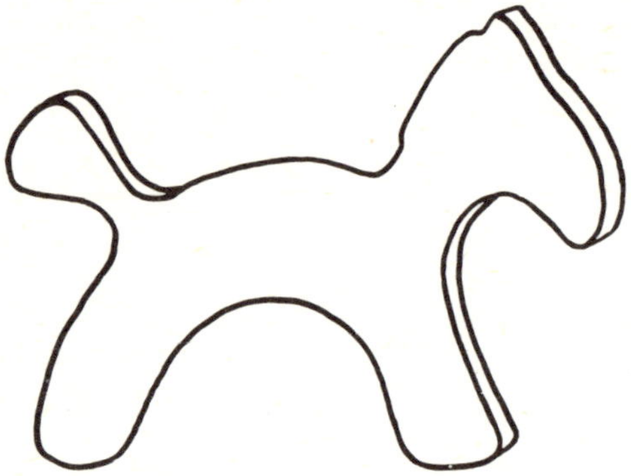

Material in der Holzklasse der Merz-Werkschule verfahren, in der sie keineswegs angeregt werden, irgendwelche Kunstwerke zu gestalten, sondern nur dem Werkstoff Holz gerecht zu werden, kann man auf den Seiten 100 und 101 sehen.

Der 66jährige Frühpensionär Heinrich Brandenburg bearbeitet das Holz zwar mit Hilfe einer Maschine – anders geht es beim Drecheln nicht –, aber die Drehbank und den Mitnehmer zum Einspannen der Werkstücke hat er sich aus alten Metallteilen und einem alten Motor selbst gebaut. Zum Verleimen mehrerer Holzarten richtete er eine alte Weinpresse her. Sogar Spezialwerkzeuge, die bei seinen Arbeiten notwendig wurden, hat er aus alten Stahlpfeifen oder Hobelmessern hergestellt. Das einfachste »Instrument«, einen Kupferdraht, hat er selbst erfunden. Er hält ihn während des Drehens in Rillen der Drehteile, läßt ihn heißlaufen und dadurch schwarzbraune Streifen auf das Holzstück brennen.

Als Werkraum hat Heinrich Brandenburg seine Garage ausgebaut. Obgleich er auch angelt und »gartelt«, bedeutet sie für ihn das halbe Leben. Jeden Morgen betritt er, der ohne Arbeit nicht sein kann, sie voller Erwartung. Am Abend endet der Tag für ihn voller Freude, weil meist gelungen ist, was er sich morgens vorgenommen hat.

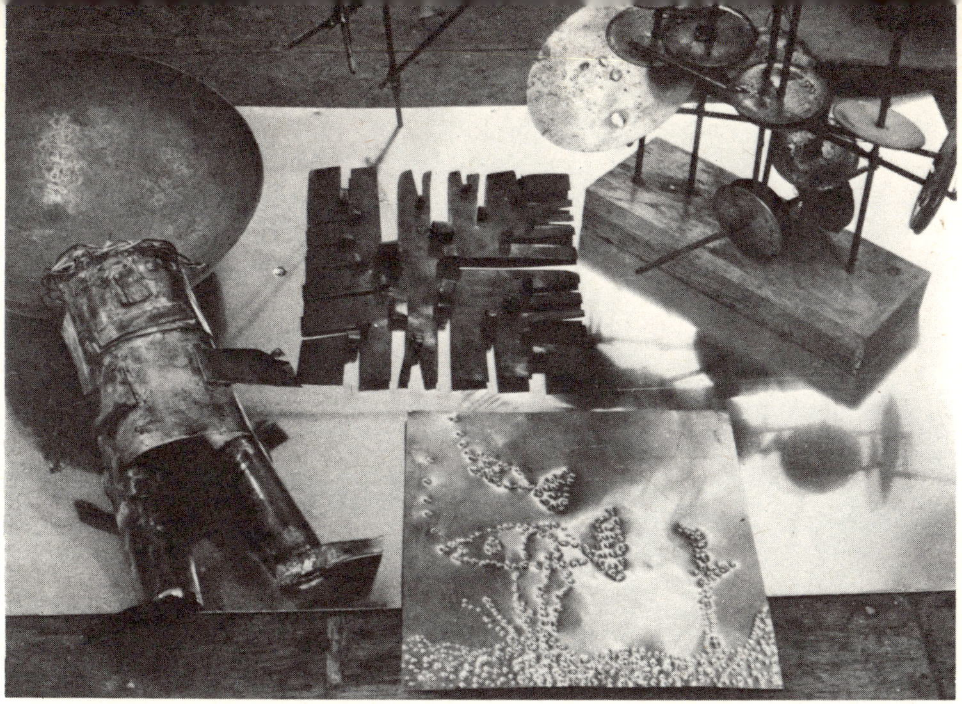

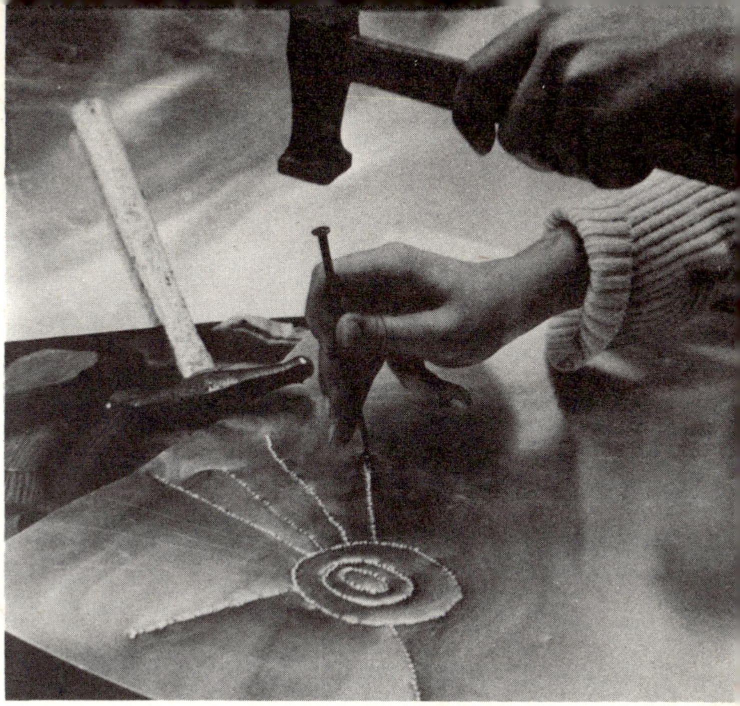

Der härteste Stoff

Metallarbeiten, da denkt man mehr in Richtung Hammer und Amboß und vielleicht an starke Männerfäuste: Das gibt es beim Schmieden und Kunstschmieden auch. Wer seine Kraft erproben oder auf diese faire Art überschüssige Aggressionen abbauen will, der soll es ruhig tun. Daß man indessen keine besondere Gewalt anwenden muß, um diesem Material beizukommen, kann man sich auch von sieben- bis elfjährigen Kindern der Werkschule Merz zeigen lassen. »Gewußt wie« ist hier die Hauptsache, wenn mit leichter Hand vielseitige Gegenstände hergestellt werden sollen.

Metall kann man nämlich sogar **mit der Laubsäge bearbeiten.** Man muß dann nur Sägeblätter für Metall einspannen. Damit durchtrennt man zum Beispiel Kupferrohre, um kleine oder größere Dosen herzustellen, oder man kann Knöpfe und Spangen damit aussägen.

Welche handwerklichen Möglichkeiten man sonst noch hat, zeigen einige Kinderarbeiten auf dem Foto. Sie wurden **getrieben** (die runde Schale), **gelötet** (die Figur), **mit der Metallschere geschnitten** (der Untersetzer), **mit Drähten zusammengebunden** (das Phantasiewerk) und **gepunzt** (das Reliefbild).

Am einfachsten ist das Punzen. Damit hatte *Albrecht Merz* aus Dorfbewohnern die Tafeln von Seite 13 hervorgelockt. Man muß dazu nur die Spitze eines kräftigen, langen Nagels rundfeilen. Die Metalltafel liegt auf einer Lage Zeitungspapier. So weicht sie reliefartig aus, wenn man den Nagel gleichmäßig ein-, aber nicht durchschlägt, wie es oben ein Junge tut.

Besser als ein Tisch eignet sich für Metall-

arbeiten ein Holzklotz (unteres Ende eines Baumstammes), den man sich selbst herrichtet. Er muß festen Stand haben. Oben schneidet man ein paar schüsselartige Vertiefungen ein, damit man darin ein Blech zu runder Form treiben kann. Ein tiefes viereckiges Loch soll den kleinen Amboß tragen können, auf dem man Bleche oder Metallbänder ringartig rundtreibt. Wie man damit umgeht, zeigen uns zwei kleine Mädchen, die die Technik vollkommen beherrschen. Durch das Schlagen wird Metall hart. Daher muß es ab und zu über einem Bunsenbrenner durch Ausglühen wieder weich gemacht werden. Auch das ist nicht schwer, wie man sieht. Der Phantasie und der Überraschung läßt **das Emaillieren** besonders viel Spielraum. Man kann alle die vorher hergestellten Metallteile mit farbigem Email verändern, aber man muß nicht mit Metallarbeiten beginnen, wenn man emaillieren will. Dafür gibt es heute viele Rohlinge zu kaufen – meist aus Kupfer oder Tombak –, vom Knopf über viele Teller- und Schüsselformen bis zu Dosen.

Zum einfachen Emaillieren, wie es uns nebenstehend siebenjährige Kinder zeigen, braucht man nur Emailpulver in verschiedenen Farben, von dem man sich am besten kleine Probeplättchen brennt, weil sie geschmolzen anders aussehen. Mit etwas destilliertem Wasser angefeuchtet, kann man die Farben auf gesäuberte Kupferplatten aufmalen und über dem Bunsenbrenner wie oben brennen. Dabei schmilzt das Pulver zur Glasur. Die farbigen Platten der Schulklasse sind so entstanden. Wird man etwas anspruchsvoller, kauft man sich besser einen der kleinen Emailöfen, die man etwa zum Preis eines billigen Fußballs wie auch eines teuren haben kann.

Zinnfiguren spielen Geschichte

Wie der 70jährige Hans Bittner zum Leiter einer Jugendgruppe von Zinnfigurensammlern wurde, geschah eigentlich folgerichtig. Man sollte meinen, daß viele Großväter oder Väter, die mit dem gelangweilten, uninteressierten Herumhängen ihrer Enkel und Söhne nicht einverstanden sind, auf ähnliche Gedanken kämen. Indessen scheint diese Geschichte hier einmalig zu sein.

Zur 800-Jahr-Feier der Stadt München, als Hans Bittner etwa 50 Jahre alt war, sah er zum erstenmal bewußt bemalte Zinnfiguren. Bis dahin glaubte er, daß es in dieser Form nur Soldaten gäbe, denn die gefielen ihm aus begreiflichen Gründen nicht. Vor der in Zinnfiguren dargestellten Geschichte Münchens gingen dem Sonntagsmaler plötzlich die Augen für ein neues Hobby auf. Er fing selbst an, Zinnfiguren zu bemalen, und trat einem Verein der Zinnfigurensammler bei, in dem er alles Nötige erfuhr, um geschichtliche Dioramen herstellen zu können.

Zinnfigurensammler veranstalten häufig Ausstellungen ihrer Werke. Eines Tages wurde eine solche Ausstellung, an der Hans Bittner teilnahm, völlig ausgeplündert. Man fand die Täter schnell. Es waren Jugendliche, die neben dem Lernen noch nie etwas hergestellt hatten, das ihnen Freude bereitet hätte. Noch ehe man sie ausfindig machte, riet einer der Aussteller, die Kriminalpolizei einzuschalten. Hans Bittner, der bereits an den Vortagen Jugendliche vor den Auslagen beobachtet hatte, bog das Vorhaben ab. Er meinte, so etwas müsse man besser schlichten können. Tatsächlich sammelte er auch alle Ausstellungsstücke bei den vermuteten Tätern ein. Er stellte die jungen Diebe zur Rede und – **gründete eine Jugendgruppe.** »Das war's doch, was die Kerle brauchten: eine sinnvolle, spielerische Tätigkeit«, waren seine abschließenden Worte. Und ganz nebenbei: Der Sohn des scharfen Rufers nach Gerechtigkeit war unter den Tätern.

»Das Bemalen von Zinnfiguren ist allerdings **keine reine Kunst«,** meint er. Hier kann die Phantasie eher geschichtliche Prozesse darstellen. Es können daran viele Menschen beteiligt sein, die kein großes Maltalent, aber vielleicht Geschicklichkeit haben. Die Figuren sind der Realität so gut angepaßt, wie es bei ihrer Kleinheit möglich ist. Das Bemalen und das Zusammenstellen von Dioramen ist zunächst zwar die spielerische Hauptarbeit, aber gerade dieses Hobby greift sehr viel weiter. Man möchte ja die Figuren nicht irgendwie, sondern historisch richtig bemalen. **Begeisterte Sammler** sind daher auch **Besitzer kostümgeschichtlicher oder kulturgeschichtlicher Bücher,** ja ganzer Bibliotheken. Von

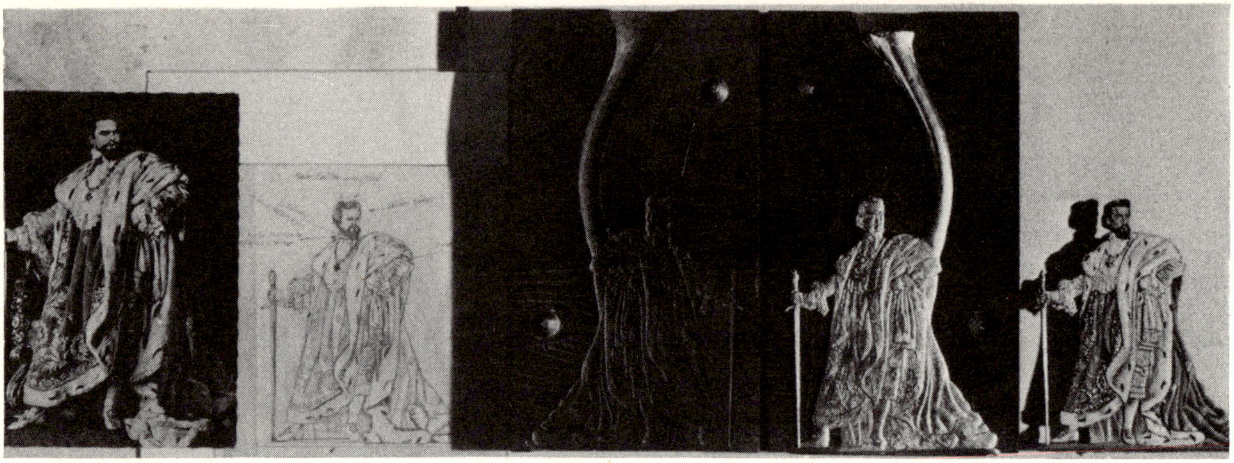

dort aus in die Geschichte ist dann nur ein kleiner Schritt, der aber auf diese Weise spielerisch und interessiert vollzogen wird.
Metallfiguren dieser Art gibt es schon seit mehr als 400 Jahren. Im 16. und 17. Jahrhundert wurde Nürnberg Mittelpunkt der Zinnfigurenherstellung. Dort bestellten auch die Könige – allerdings in Silber gegossen – ganze Armeen als Spielzeug für ihre Kinder. Seit etwa 200 Jahren werden Zinnfiguren schon gesammelt. 1830 entstand für sie das erste **Museum auf der Plassenburg bei Kulmbach,** das seither als **Mekka der Zinnfigurensammler** der ganzen Welt gilt. Sie treffen sich dort alle zwei Jahre, um zu tauschen oder neue Stücke zu erwerben.
Denn inzwischen sind **etwa fünf Millionen Formen** entstanden, die in Spezialbetrieben – sie heißen Offizine – bemalt oder unbemalt zu haben sind. Man kann damit jede historische Szene darstellen. Don Quichotte und Sancho Pansa, Berliner Originale oder Steinzeitmenschen gibt es genauso wie Cowboys und Indiander, die alten Römer, Dichter und Denker und andere Persönlichkeiten, ja sogar schon Astronauten. »Es gibt nichts, was es nicht gibt«, sagt Hans Bittner.

So werden Zinnfiguren hergestellt:

Man kann die Figuren aus einer Legierung von etwa 60% Zinn und 40% Blei selbst gießen. Zur Verflüssigung setzt man am besten 2 bis 4% Wismut bei. Dazu braucht man aber Gußformen, die sehr teuer sind und sich nur lohnen, wenn man von der gleichen Figur große Mengen herstellen will. Geradezu billig sind aber die kleinen unbemalten Flachfiguren von etwa 3 cm Höhe, auf deren Größe man sich in der ganzen Welt geeinigt hat. Will man sie bemalt kaufen, kosten sie gleich das Vielfache. Von diesen kleinen Figuren kann man auch einzelne Gliedmaßen umlöten bzw. austauschen, damit nicht alle in der Bewegung gleich aussehen, was man beispielsweise bei ganzen Armeezügen bevorzugt, aber nicht bei Szenen aus der Geschichte oder dem Alltag.
Die Figuren werden zunächst weiß oder hellgrau grundiert. Erst nach dem Trocknen kann man sie mit Ölfarben oder Plakafarben, die später durchsichtig lackiert werden, möglichst farbenfreudig bemalen. Die einzelnen Farben müssen immer erst trocknen, ehe die nächsten aufgetragen werden können.

Vorlage, Zeichnung, zwei in Schiefer gravierte Formhälften, gegossene und bemalte Figur, das ist der Arbeitsgang bei der Entstehung Ludwigs II. in Zinn, den der Münchner Zinnfigurensammler Hans-Heinz Wenglewski in Auftrag gab.

Stilkunde aus Puppenstuben

70 Jahre der bisher 88 des jugendlichen Samuel Janz waren für ihn ein wundervolles Hobbyleben. Nicht, daß er sich nicht mühte! Das tat er sogar besonders viel, aber alles, was er schuf oder erarbeitete, war für ihn gleichzeitig fortwährende Freude. **Arbeit und Hobby hatten sich** im Laufe der Jahre **glückbringend verzahnt.** Es ergab sich alles entsprechend seinen Anlagen, so daß er sich heute mit Recht für einen glücklichen Menschen und sein Leben für gelungen halten kann. Er hatte zwar nie Zeit genug, aber auch nie Langeweile. Nach dem Schlüssel seines Erfolges gefragt, sagt er, er sei nie müde geworden, auch wenn er täglich zehn bis zwölf Stunden gearbeitet habe.

Samuel Janz kam als Schweizer in Warschau zur Welt, riß dort aber bereits mit 17 Jahren aus. Nach mehreren Jahren als Bildhauer in Graudenz zog es ihn in die Heimat seiner Väter. Erste Arbeit fand er zwar in der bekannten Schuhfabrik Bally. Aber als man dort sah, daß er schnitzen konnte, beschäftigte man ihn beim Aufbau des inzwischen berühmt gewordenen Bally-Museums.

Die Schweiz faszinierte ihn, besonders die vielen schönen und oft gut erhaltenen alten Dinge, die damals, weil sie selbstverständlich waren, kaum jemand beachtete. Wenn irgendwo eine alte Tür oder ein altes Gitter durch etwas Modernes ersetzt wurde, **rettete er die Schlösser, die Beschläge, die Gitter oder Schnitzereien.** Sie waren ihm einfach zu schade, um weggeworfen zu werden. Einmal fand er in einem abbruchreifen Haus auf dem Boden einen großen Haufen Metallteile, den er zum Altmetallpreis kaufen konnte. Es waren hauptsächlich gotische Schlösser und Beschläge.

Nun ist ein gotisches Schloß von innen gesehen für ein Bildhauerauge oft so schön, daß man es wie ein Bildwerk an die Wand hängen kann. Es können auch mehrere solcher Bildwerke sein, und schon hat man eine Sammlung und sucht weiter. Wie mit den Schlössern ging es Samuel Janz mit den Beschlägen. Dann sammelte er **kleine handliche Truhen und Zinngeschirre.** Das Zinn führte ihn mitten in die Puppenstuben. Vor 60 Jahren gab es auf den Hausböden noch Mengen vergessenen Kinderspielzeugs, darunter viele Puppengeschirre aus Zinn, die früher üblich und wohl auch durch ihre Stabilität nicht so leicht umzubringen waren. Diese kleinen Dinge rührten ihn, und so stöberte er sie überall auf und – damit er sie auch hübsch aufstellen konnte – auch noch **die Puppenstuben dazu.**

Der Formenreichtum all dieser Kostbarkeiten

vom gotischen Schloß bis zur Biedermeier-Puppenstube haben auf einen empfänglichen Menschen große Wirkung. Samuel Janz bekam **Stilkunde aller Epochen als Zugabe** mit, ohne daß er sie erst wie ein Kunstgeschichtler hätte studieren müssen. So geistig ausgerüstet und mit der Bildhauerlehre als Basis, konnte er sich als Kunsthändler und Bildhauer selbständig machen. Er war in der Lage, viele Dinge zu kaufen, die andere nicht der Mühe des Restaurierens für wert hielten. In seinen Händen entstanden sie neu. Jetzt bezog er auch **antike Möbel** mit ein und dann sogar die **Restaurierung ganzer alter Häuser.** Schließlich kaufte er sich ein Schloß, brachte wieder die alten Holzbalkons, die Zugbrücke und andere Teile daran an, wie es auf alten Stichen zu sehen war. Er füllte Raum für Raum und machte es sich darin mit seiner Frau gemütlich.
Ein Mann wie Samuel Janz wird auch nach dem sogenannten Rentenalter nicht arbeitslos. Er hatte während seines ganzen Lebens die Gegenstände, die ihm ans Herz gewachsen waren, nicht wieder aus den Händen gegeben. So waren beachtliche geschlossene Sammlungen bei ihm geblieben, die er nun als **Leihgaben für Museen,** zum Beispiel in Aarau und Solothurn, zusammenstellte. Schließlich machte sein Wohnort Suhr ein um 1600 gebautes Untervogthaus frei, das er in den letzten 18 Jahren – also vom 70. Lebensjahr an! – Raum für Raum (insgesamt 14) mit eigenen Händen ausbaute und mit kostbaren Antiquitäten füllte. Dabei schreckte er auch nicht vor reichen Täfelungen und Intarsien zurück, die er nach alten Mustern herstellte. Das Entzückendste ist eine Sammlung von etwa 140 Puppenstuben. Er hat sie alle selbst wieder hergerichtet. Sie wirken wie Märchen. Aber sie erzählen Kulturgeschichte von der Gotik bis ins vorige Jahrhundert.

Links oben eine Renaissance-Puppenstube und rechts eine Barock-Spielapotheke.

Taxichauffeur und Topfexperte

»Mit vierzehn Jahren wird man ja entschieden, man entscheidet doch nicht selber«, antwortet Michael Rauch auf die Frage nach seinem eigentlichen Beruf. »Ich wurde eben Maschinenbauer, obgleich es mich überhaupt nicht interessierte.« Aber weiß man denn in diesem Alter, was einen interessiert? Man kann ja nicht einmal ausdrücken, daß die falsche Wahl getroffen wurde, weil man gar keine Vorstellung vom Beruf hat. Man fühlt sich zunächst nur unbehaglich und schiebt es auf das Arbeiten schlechthin. Daß Arbeiten Spaß macht, hat man in seiner Schule leider nicht gelernt. Nach der Lehre kamen vier Jahre Krieg für ihn. Danach hielt er sich als Straßenbahnschaffner über Wasser. Aber er überlegte bereits, daß das auf die Dauer kein Beruf für ihn ist. Treu und brav machte er die Meisterprüfung als Maschinenbauer.

Da bot ihm eines Tages jemand ein bestehendes Mietwagenunternehmen an. Kunden waren Leute, die selbst keinen Wagen fahren wollten oder nur selten ein Auto brauchten, und Institutionen wie die Kunstakademie, Museen usw. Das war für Michael Rauch aus bestimmten Gründen genau das Richtige. Inzwischen hatte nämlich bei ihm der auslösende Zufall stattgefunden. Einige Jahre zuvor machte er eine kleine Erbschaft. Dabei fand sich ein graublauer Maßkrug mit Deckel, der zufällig seinen Namen trug. Er sollte nicht allein bleiben. So kaufte er einige Maßkrüge dazu, ja er fing sogar an, Maßkrüge zu sammeln. Wenn einem alte, neue, handgedrehte, bemalte, kitschige und sachliche, gute und schlechte angeboten werden, muß man sich ja entscheiden. Die Entscheidungen werden immer schwerer und für den Beurteiler selbst immer wichtiger. Dann entdeckt man plötzlich nicht nur Bierkrüge, sondern auch andere Töpfe, die in ihrer freieren Gestalt viel besser gefallen. Jetzt kauft man sich Bücher über Keramik und Topfwaren und über kunstgeschichtliche Stile. So gehen einem ganz unbeschwert und ohne große Lernanstrengung die Augen auf.

Michael Rauch ist inzwischen 52 Jahre alt geworden, und er sammelt seit etwa 10 bis 15 Jahren. Seine Erkenntnisse drückt er jetzt in seinen eigenen Worten aus: **»Der Umgang mit schönen Dingen formt.** Man kriegt Gefühl für Farben und für Proportionen, und man bekommt einen besseren Geschmack.«

Und schon ist er dabei, seinen Partner davon zu überzeugen, daß die Erfahrungen der Töpfer aus Tausenden von Jahren immer wieder Grundformen hervorgebracht haben, die von der Form, der Farbe und der Funktion

her vollkommen sind. Er selbst kann jetzt beurteilen, in welchen Formen die Schönheit zu finden ist, und er zitiert *Leonardo da Vinci:* »Das Schwierige liegt im Erkennen des Einfachen.«
Gleich darauf räumt er aber ein, daß er selbst etwa **sieben bis acht Jahre gebraucht** hat, **bis er seine Töpfe beurteilen konnte.** Vorher war es mehr oder weniger Liebe auf den ersten Blick, die dann auch entsprechend nur kurze Zeit befriedigte.
Daß er in seinem Taxiunternehmen für tage- und wochenlange Reisen zur Verfügung steht, kommt nun seinem Hobby zugute. Ob er mit Professoren nach Italien oder durch das Elsaß, mit amerikanischen Bischöfen durch Deutschland, mit internationalen Geschäftsleuten durch den Balkan oder mit Marcel Marceau durch Bayern fährt, immer kann er an den Reiseorten, wenn er stundenlang nicht gebraucht wird, nach neuen Töpfen suchen. Und außerdem meint er, daß der Umgang mit all diesen Leuten und die Gespräche, wenn man tagelang aufeinander angewiesen ist, ihn unbewußt mit beeinflußten.
Michael Rauch ist also einer der wenigen, denen es gelungen ist, trotz falscher Weichenstellung in Schule und Elternhaus, **seinen eigenen Veranlagungen entsprechend die ihm gebotenen Chancen zu ergreifen** und sein Leben danach einzurichten. Zur Zeit baut er sein Haus zu einem gemütlichen Topfmuseum um. Im Dachgiebel hat er schon jetzt ein Atelier eingerichtet. Inzwischen malt er nämlich Stilleben und Landschaften, was ihn auch befriedigt. Wer weiß, ob er dazu je gekommen wäre, hätte er nicht durch das Beurteilen der Topfformen ständig sein Sehen geschult.

Mit 300 Tongeschirren leben Michael Rauch und seine Familie, aber er hat sie alle so gut untergebracht, daß man Freude daran haben kann, beispielsweise hier in einem Gartenraum.

Sammeln – Rudiment aus Urzeiten

Ob einer Hausfrau das Herz höher schlägt, wenn selbsteingekochte Marmeladen, Gemüse und Kompotte ihre Regale langsam füllen, ob sich ein Kind über einen Schatz von Muscheln und Steinen vom Ferienstrand freut, ob sich ein alter Herr an seiner Briefmarkensammlung erwärmt oder ob junge Leute die Flohmärkte durchstreifen, um Jagd auf irgend etwas zu machen, was ihnen später ans Herz wachsen wird – es sind alles Erlebnisse aus der gleichen Quelle. Da spüren wir etwas in uns, was uns den Eichhörnchen und Hamstern verwandt macht, was aus Urzeiten in uns steckt und uns doch heute noch befriedigt.

Jahrhunderttausende, als der Mensch noch auf Bäumen und in Höhlen lebte, bewahrte ihn das instinktive Ansammeln vor Hunger und dem Winter. Doch Triebe können weiterleben, auch wenn die Notwendigkeiten wegfallen. *Konrad Lorenz* erklärt uns das bei Katzen und Hunden. Auch wenn sie bereits übermäßig gefüttert wurden, war ihr Trieb, Beute zu machen, nicht befriedigt. Sie jagten scheinbar sinnlos weiter. Wir besitzen mehr als nötig ist, um ohne Hunger über den Winter zu kommen, und trotzdem pirschen und sammeln wir weiter. *Eugen Roth* sagt dazu: »Sehr häufig ist ja nicht der Besitz einer Sache das, was Freude macht, sondern der Erwerb, die Jagd. – Mir ist es jedenfalls immer so ergangen.« Nehmen wir es hin, wie es ist – **Sammeln macht Spaß.**

Wo käme sonst das **Briefmarkensammeln** her? Das Sammeln von bereits gebrauchten bedruckten kleinen Papierstücken, die noch dazu für den Zweck, für den sie hergestellt wurden, meist völlig wertlos sind? Sie erhielten nur wieder Wert, weil viele Menschen an ihnen interessiert waren – weil sie sammelten. Bei weitem wertloser sind **Bieruntersetzer, Zuckerstückchen** oder **Zündholzschachteln,** und doch gibt es in einigen Städten bereits Treffpunkte – Börsen –, wo nichts getan wird, als verschiedene dieser im einzelnen nutzlosen Dinge zu tauschen. Es scheint allerdings, daß das Bemühen um das scheinbar Nutzlose doch Früchte trägt. Die geschlossene Sammlung stellt meist einen bei weitem größeren Wert dar als die Summe vieler kleiner Nichts oder die Summe vieler einzelner Teile von mehr oder weniger Wert. So hatte zum Beispiel ein amerikanischer Professor alle möglichen Schreibgeräte gesammelt. Natürlich fanden sich dann auch antike Stücke ein oder seltene Exemplare aus anderen Ländern. Im ganzen besaß er nach drei Jahrzehnten Sammelns über 50.000 Teile. Geboten wurde ihm dafür weit mehr als eine Million Dollar.

Aber lassen wir den Geldwert einmal weg, bleiben wir beim Spaß an der Sache. Auch die Menschen, die durchaus mit Gütern reich gesegnet sind, wollen auf den Spaß des Sammelns nicht verzichten. Die »Queen« Viktoria, eine der reichsten Frauen ihres Jahrhunderts, sammelte Fingerhüte. Und wie man weiß, haben die englischen Könige Briefmarken zusammengetragen, die heute vielleicht zur bedeutendsten Sammlung dieser Art geworden sind. Der reiche Londoner Bankier Rothschild hatte Spaß an Flöhen und übergab schließlich seine Sammlung von 3000 Stück dem Naturhistorischen Museum in London. Ein Marquis in der Provence sammelte Spinnen. Aus ihm wurde kein Spinner, sondern ein Wissenschaftler mit der bedeutendsten Spinnensammlung der Welt. Henry Ford jun. sammelte — Kinderwagen.
Verrückt? Nein, nicht verrückt, denn auch Menschen von Geist sammeln ausgesprochen gern. Goethe gab dem Sammeln einen breiten Platz unter seinen Beschäftigungen. Als Naturwissenschaftler, der er ja auch war, konnte er mit einer umfassenden Mineralien- und einer Fossiliensammlung aufwarten. Er sammelte Medaillen, Abdrücke von Gemmen, geschnittene Steine, Bronzen, aber auch Handzeichnungen, Kupferstiche, Radierungen, Helldunkelmalerei und Nachbildungen von Kunstwerken. Um seine Majolika-Sammlung, das sind Töpfe, Vasen, Teller aus Ton, meist bemalt, war er zu beneiden. Eckermann erklärt dazu: »Goethe war kein eigentlicher Sammler im allgemeinen Sinn des Wortes; er sammelte nicht des Besitzes wegen, er sammelte, um zu lernen.« Von Goethe selbst wissen wir, daß er leidenschaftlich sammelte.
Im übrigen ist das auch kein Widerspruch — im Gegenteil, je interessanter eine Sache wird, um so mehr lernt man davon und umgekehrt. Wie wir sehen, haben die Sammler in diesem Buch alle auf andere Weise von ihrem Hobby profitiert, als sie anfangs annehmen konnten. Der Puppenstubensammler Janz lernte Stilarten, der Topfsammler Rauch eroberte die Form, der Zinnfigurensammler Bittner die Geschichte, und der Steinsammler Klages wurde darüber selbst zum Wissenschaftler.
Nun wird häufig behauptet, es gäbe schon fast nichts mehr zu sammeln, was noch erschwinglich wäre. Das stimmt jedoch überhaupt nicht. Jede Zeit bietet andere Dinge an, die später nicht mehr zu haben sind. Unsere Zeit ist voll davon. Wir sehen sie nur nicht, weil sie uns selbstverständlich sind. Es gibt zum Beispiel eine ganze Menge technischer oder Haushaltsdinge, die in Zukunft kaum oder gar nicht mehr hergestellt werden. Man muß sich nur Gedanken darüber machen.
Eine Hausfrau sammelte Spielzeug. Daraus wurde *das* **Spielzeugmuseum in Nürnberg,** das ihre Tochter heute als Direktorin leitet. Ein Müllfahrer in Wuppertal sammelte alle noch brauchbaren Gegenstände. Daraus wurde das **Wuppertaler Müllmuseum,** das inzwischen schon wieder Antiquitäten enthält.

Die wieder hervorgeholten Balken im alten Haus von Allen Martin spenden bereits so viel Gemütlichkeit, daß man Möbel kaum vermißt.

Das gemütliche Eßzimmer der Greenshieldsfarm, das die Hausfrau selbst neu gestaltet hat.

Drei alte Häuser

Das Sammeln von Antiquitäten steht heute hoch im Kurs, weil der Wert alter Dinge leider als Wertanlage benutzt wird. Dadurch kommen gerade die Menschen zu kurz, die gefühlsmäßig an alten Dingen hängen – besonders junge und schöpferische Menschen. Jung und schöpferisch deckt sich leider meist mit »wenig Geld«.

Nun gibt es aber etwas Altes, das man erhalten und restaurieren, jedoch nicht so leicht umtauschen kann. Es läßt sich auch nicht so schnell Geld daraus schlagen. Die drei Menschen, die es auf diesen Seiten zeigen, wollten es auch nicht. Sie suchten zunächst eine behagliche Wohnmöglichkeit und waren bereit, ihre freie Zeit und ihrer Hände Arbeit dafür einzusetzen. Zwei taten es in Devon, Südengland, und einer im bayerischen Chiemgau. Hier geht es um alte Häuser, die zum Teil so heruntergekommen waren, daß sie praktisch keinen Wert mehr hatten. Für das im Chiemgau war der Bagger schon bestellt, der es abtragen sollte. In England, das während seiner Geschichte kaum zerstörende Kriege im Lande hatte, gibt es wenig gewaltsamen Ausfall von Häusern. Sie wurden immer wieder überklebt und übermalt, bis ein Teil – nicht mehr komfortabel genug – einfach stehen gelassen wurde.

Der Shakespeare-Schauspieler Allen Martin, dem London zu laut war und dem sein Beruf zuwenig aussichtsreich schien, zog das einfache Leben auf dem Lande vor. Er erwarb ganz billig ein altes Bauernhaus, suchte sich eine Arbeit, die ihn ernährte, und ging sofort daran, Raum für Raum vom aufgepappten Material zu befreien. Er fand ein wundervolles Balkengerüst, dessen Rhythmik jedem der bisher fertigen Zimmer eine anziehende, heimelige Stimmung gab, ohne daß Möbel darin standen. Sicher braucht er viele Jahre und viel Kraft für seinen Umbau, aber in diesen Jahren wird Allen Martin ein ganz anderer Mensch geworden sein. Er ergriff eine ihm entsprechende neue Chance, als Mensch zu wachsen, zu lernen und zu reifen.

In seiner Nachbarschaft hatte ein Farmer eine Hannoveraner Pfarrerstochter geheiratet. Renate Greenshields ist es inzwischen gelungen, aus einem alten Hof eine beinahe museumsreife und doch rundum behagliche Wohnlandschaft zu machen. Ihre fünf Kinder ziehen es vor, statt in Internaten zu leben, wie es üblich ist, auf dem elterlichen Hof zu bleiben und täglich weite Fahrten zur Schule in Kauf zu nehmen. Auch sie hat in jahrelanger Hobbyarbeit die Wände und Zwischenräume eigenhändig abgeklopft und Nischen und Balken herausgeholt. Jeder Raum wurde praktisch neu entdeckt.

Als Tasso Herz 1962 ein abbruchreifes Bauernhaus kaufte, das 40 Jahre lang als Schafstall gedient hatte, da meinten die Chiemgauer, daß es bei diesem »Stadtfrack« nicht ganz stimmen müsse. Ihn aber hatten die kunstvollen Holzaufbauten gedauert, wie er überhaupt nicht zusehen kann, wenn etwas Schönes, Altes verkommt. Er nahm sich vor, den Hof wieder so herzustellen, wie er beim Bau vor 250 Jahren ausgesehen haben könnte. Nach vier Jahren Arbeit hatte der 50-jährige Versicherungsdirektor zwar sein ganzes Vermögen mit dieser Idee verbraucht, aber gleichzeitig etwas eingetauscht, das er nicht wieder hergeben möchte. Er nennt es: »Eine ernsthafte Aufgabe, in der mehrere Berufe zusammenströmen.« Da er früher schon gemalt und geschnitzt hatte, lernte er bei den Restauraturen alle Arten der Wiederherstellung, sei es aus Holz, Metall oder anderen Materialien — angefangen vom handgeschmiedeten Nagel bis zu Keramikarbeiten und Porzellanmalerei. Er wurde Fachmann für Fälschungen, hat selbst ein Buch geschrieben und hält Vorträge im Rahmen der Heimatpflege. Jetzt sind die Chiemgauer stolz auf das schöne Haus, das Tasso Herz zur Besichtigung freigegeben hat. Er selbst schläft in der Gesindekammer. Das tut er gern, weil »das Bewahren doch viel mehr wert ist als ein reines Amüsement. Hier konnte ich ein Denkmal der bäuerlichen Dorfarchitektur setzen, das mich weit überleben wird.«

Altes bewahren – Neues erwecken

Die schönsten Bräuche und Kunstwerke – auch unserer westlichen Kultur – entstanden mehr oder weniger aus der Angst; die der sogenannten Naturvölker verdanken ihre Entstehung noch heute fast ausschließlich derselben Quelle. Sie dienten oder dienen der Abwehr böser Geister oder der Anbetung göttlicher Gestalten, von denen Hilfe erwartet wird.

Aus Tradition, also um alte Bräuche zu erhalten, pflegt man sie bis in unsere Zeit, manchmal in ausgelassenen oder schönen Festen. Man muß dabei an den Spuk nicht mehr glauben und braucht nicht zu verheimlichen, daß er anregend und interessant sein kann oder daß er einfach nur Spaß macht. Auf jeden Fall wäre unsere Welt ärmer, wenn wir alte Bräuche aufgäben. Denken wir nur an den Karneval im Rheinland, die Landshuter Fürstenhochzeit oder die herrlichen, einfallsreichen und farbenfreudigen Gestalten der Baseler Fastnacht.

Der 44jährige Baseler Architekt Sepp Schnyder – aufgewachsen im Kanton Luzern – hat schon als junger Mann bedauert, daß nicht jeder Ort seine Fastnachtsmasken bewahrt hat. Als Kind hatte er sie vermißt. Er ist einer der Menschen, denen immerfort spielend etwas einfällt, die aus Spaß an der Sache auch immer wieder etwas Neues kreieren müssen.

Obgleich Architekt aus Passion mit bestem Abschlußdiplom, genügte ihm der Beruf allein nie. Er ging zu Oskar Kokoschka in die »Schule des Sehens«, studierte ein ganzes Jahr Graphik, malte und schnitzte, stellte seine Arbeiten sogar in Paris aus und veranstaltet jetzt jeden Sommer eine Freilicht-Kunstausstellung für andere Künstler auf seinem Grundstück. Dazwischen gewann er immer wieder Wettbewerbe im Städtebau und bei der Ausschreibung öffentlicher Gebäude. Über alldem vergaß er nicht das Schnitzen neuer Masken für auf diesem Gebiet – wie er meinte – benachteiligte Gemeinden. Dazu setzt er sich mit Gemeindemitgliedern zusammen, läßt sich ihre Vorstellungen erklären oder auch von alten Bräuchen oder Geschehnissen erzählen. Die Verkleidungen sollen oft nicht nur optisch wirken. Da werden auch Geräusche miterdacht, in technisch komplizierten Rasseln, Schellen oder was sonst tönt. Wenn die Masken erst einmal da sind – möglichst so, daß sie jeder leicht nachbasteln kann –, dann darf man damit rechnen, daß es auch in den betreffenden Gemeinden wieder Fastnacht gibt, an der die ganze Bevölkerung teilnimmt.

Sepp Schnyder meint, daß es gar nicht so sehr darauf ankommt, immer nur Altes zu bewahren. Warum soll man nicht **aus Freude Neues erwecken?** Muß uns immer nur die Angst dazu verführen, etwas Originelles zu kreieren? Er setzt sich jedenfalls im oberen Basel-Gebiet dafür ein, und es gibt eine ganze Menge Leute – Bauern und andere Dorfbewohner –, die dafür viel Verständnis haben. Sepp Schnyder ist da auf einem Weg, dem für die Zukunft tiefere Bedeutung zukommt. Grund genug, sie zu erläutern.

Wir alle wissen, daß kleine Kinder, sollen sie als Erwachsene erfüllt leben, Nestwärme und überzeugende Vorbilder brauchen. Sie wollen sich mit ihnen identifizieren – auch in der größeren Gemeinschaft. Daß das häufig nicht gelingt, liegt daran, daß die Erwachsenen – nehmen wir an einer Gemeinde – es nur mangelhaft verstehen, den Kindern das Erlebnis zu schenken, daß sie sich in der Gemeinschaft dazugehörig, eingebettet fühlen können. Das Fremdsein der Erwachsenen wird dann wieder zu dem der Kinder.

Diesen Kreislauf kann man durchbrechen, indem man Gemeinsamkeiten findet, darunter neue Bräuche, die im Ort ab und zu zusammenführen. Sie können in Kindern wieder so etwas wie Heimatgefühl erwecken oder auch nur erhalten. Das lohnt sich fast immer. Denn für das, was einem lieb ist, ist man auch bereit, etwas zu tun.

Das Kinderfest oder das Sommerfest muß nicht nur vom Schützenverein oder Kleingartenverein kommen, das kann auch eine Gemeinde veranstalten. Man kann mit einem neuen Brauch, wie das ja in jeder Zeit geschah, auch auf Probleme der Zeit antworten. Was man sich nicht vorstellen kann, wirkt oft lächerlich. Aber die lächerlichsten Ideen sind schon Brauch geworden, und man empfindet sie als selbstverständlich. Wir schlagen daher zur Erweckung von neuen Bräuchen Feste vor, die alle einen Sinn haben. Sie sollen helfen, sich in der Gemeinschaft wohl zu fühlen.

Ein paar Vorschläge

Das »Fest der guten Aufnahme«, bei dem im Dorf, in der kleinen Stadt oder im Stadtbezirk jährlich die Familien vorgestellt werden, die neu zugezogen sind. Der »Gemeindesonntag«, zu dem alle politischen Parteien gleichzeitig einladen, damit man seine Vertreter nicht nur redenschwingend, sondern privat kennenlernt. Das »Fest der guten Nachbarn«, damit man endlich den »bösen Nachbarn« vergißt. Das »Fest der bunten Balkons«, an dem Bewohner von Wohnblocks teilnehmen. Dazu könnte zwischen den Bauten am Tag gefeiert werden. Abends leuchten von allen Balkons bunte Lampions, und man lädt zu sich ein, wen man am Tag unten kennengelernt hat.

Theaterdirektor ganz privat

Eine Sekretärin, ein Architekt, ein Techniker, ein Theologe und eine Hausfrau spielen »für ihr Leben gern« mit Peter Grassinger und Figuren des Puppenspielmuseums.

Es war das kleine Papiertheater der Großeltern, das vom Speicher geholt worden war und schon ein bißchen ramponiert aussah, was den damals kleinen Peter Grassinger so beeindruckte und beschäftigte, daß er sein ganzes weiteres Leben nicht mehr davon loskam – zu seinem Glück. Ein Stück gefalteten Papiers, das man aufstellen konnte, bei dem Schauspieler wie Kulissen flach waren und aus bedrucktem Papier bestanden, war bestimmend geworden für Beruf und Hobby.
Das zweite Glück, das Peter Grassinger hatte, war dann, daß er während der Schulzeit jahrelang an einem richtigen Puppentheater mitarbeiten durfte, und das dritte, daß dieses Puppentheater zu einem der besten und bekanntesten der Welt wurde. Sein Leiter hatte es verstanden, bekannte Dichter zum Schreiben der Stücke, bekannte Maler zum Entwerfen der Bühnenbilder, berühmte Opernsänger und Schauspieler zum Singen und Sprechen hinter der Bühne und Musiker eines bekannten Orchesters zum Spielen aus Begeisterung heranzuziehen. Sie hatten alle Spaß an diesem winzigen Theaterchen und seinem großartigen Ensemble und erwarteten keine große Gage. Was damals noch unter »Profis« möglich war, kann man heute nur noch unter Hobbyisten erwarten.

»Ich war also nie ein Puppenschnitzer und Bastler. Ich sah im Puppenspiel immer **ein Medium, durch das sich viele Künste vereinen lassen«,** sagt der heute 46jährige Fernsehproduktionsleiter. Obgleich er zunächst als Schauspieler ausgebildet wurde, hat er schließlich doch den für ihn richtigen Beruf gefunden. Aber weil er durch Arbeitsteilung und wirtschaftliches Denken auf anderen Gebieten beruflich mehr gefordert wird als dort, wo er es sich wünschte, gab er sein Hobby nicht auf. Im Gegenteil – er suchte sich eine Gruppe von **Menschen mit heimlicher Liebe zum Theater.** Es sind Hausfrauen, Studenten, Musiker, Architekten, Sekretärinnen, sogar ein Geistlicher. Er fand in ihnen eine Gruppe, die aus reinem Vergnügen Aufführungen erarbeitete – wenn es sein muß auch nachts. Jeder kann dabei alles versuchen und mit Ideen experimentieren, ohne daß es etwas einbringen muß. Es wurde **ein Theater** nach Peter Grassingers Vorstellung, **das man als Ensemble nie bezahlen könnte,** weshalb er auch sein Hobby strikt von seinem Beruf trennt.
Aus Spaß an der Sache fuhr er zum internationalen Puppenspielkongreß nach Bukarest und besuchte darauf das heute größte Puppenspieltheater in Moskau. Den Kontakt

zur Puppentheatersammlung und zum Marionettentheater in München hat er nie aufgegeben. Aus den Ostländern importierte er zudem die Idee des sogenannten »Schwarzen Theaters«, in dem Figuren und Gegenstände sich scheinbar selbständig bewegen, während die Spieler – in schwarze Kutten gehüllt – für die Zuschauer unsichtbar sind. Hierfür füllte er einen Saal zu zwei Dritteln mit komplizierter Technik, während noch ein Drittel für die Zuschauer blieb.

Der Andrang bei den Aufführungen ist immer groß, und er würde es auch sein, wenn die Gruppe fortlaufend spielte. Aber **das Premierenfieber genügt ihnen.** Danach stürzen sie sich stets wieder in etwas Neues. Eine Ausnahme bildeten die Olympischen Spiele. Seine Gruppe gab während dieser Zeit Vorstellungen im für die damalige Bayernausstellung am Münchner Stadtmuseum aufgestellten »Stadel«. Dort ist auch die Puppentheatersammlung untergebracht, deren Puppen durch die Hobbyspieler ab und zu wieder bewegt werden.

Erhaltenswertes

Außer dem Puppentheater dürfte das **Laientheater** oder Bauerntheater besonders geeignet sein, den einzelnen Teilnehmer frei zu machen und mit anderen Kontakt zu finden. Kinder spielen in selbsterdachten Rollen ihre Probleme aus, was sie davon abhalten kann, sie zu verdrängen.

Leider zeigen uns allabendlich weltbekannte Schauspieler auf mehreren Kanälen, wie gut man spielen kann. Das darf nicht davon abhalten, im Laienspiel so mitzutun, wie man es vermag. Aus diesem Grunde hat das Traditions- oder Bauerntheater mehrfache Berechtigung, es zu erhalten oder sogar durch zeitgemäße Stücke zu erneuern.

Ihm ähnliche Bedeutung kommt dem **Volkstanz** in der **Volkstracht** zu, der meist optisch ganz besonders anregend und freudvoll wirkt und ganz nebenbei zu mehr Bewegung herausfordert. Würde nicht beides erhalten sein, könnten auch nicht Modemacher und Schlagerkomponisten ab und zu in dieses Schatzkästlein greifen und von seinem Grund überraschende Anregung für etwas völlig Neues heraufholen.

Beispielsweise singt man neuerdings echte alte **Volkslieder,** die quer durch die Jahrhunderte eine Unmenge an musikalischer Vielfalt zu bieten haben – man muß ja nicht in die »Kunstlied«-Kiste der letzten Vergangenheit fallen.

Ein Vorschlag für ein Fest

Man informiere sich, wie man Tänze des Barocks, des Rokokos usw. tanzte, und lade ein zum Erlernen klassischer Tänze nach klassischer Musik. Man muß dazu nicht Rokoko oder Biedermeier tragen. Aber noch lebende oder wiederzubelebende Trachten tun der Phantasie durchaus gute Dienste.

Bäcker, Künstler und Philosoph

Wenn jemand ein Handwerk erlernt, schafft er sich damit fast immer eine solide Lebensbasis. Die schönsten Dinge, darunter die **Kunstwerke, werden mit den Händen gemacht.** Es kommt nur auf den Geist dessen an, der die Hände besitzt. Seit uns Maschinen rasch, gut und billig Güter bescheren, haben wir fast vergessen, daß Handarbeit häufig nicht durch Maschinen zu ersetzen ist. Maschinen folgen ausschließlich ihren eigenen Gesetzen. Hände können alles gestalten, was die Phantasie von ihnen fordert. Das ist ein guter Trost für den Menschen. Paul Année, 36jähriger Bäcker in Amsterdam, tröstet sich und andere damit.

Obgleich mit hoher Intelligenz, aber auch mit künstlerischem Talent begabt, konnte er die Einengung der Schule nicht ertragen. Er bestand darauf, abzugehen und Bäcker zu werden. Er hat es bis heute keineswegs bereut. Inzwischen fand er für beide Veranlagungen ein Betätigungsfeld. Als er vor sechs Jahren seine erste Brotbäckerei eröffnete, hatte er sich ein hohes Ziel gesetzt. Er wollte **Brot aus garantiert gesunden Zutaten** für vielseitigen Geschmack backen. Er suchte und fand dazu Bauern, die ihm außer den üblichen Getreiden – Roggen, Weizen, Gerste – auch Buchweizen, Mais, Soja usw. auf giftfreien Böden, gedüngt mit biologischen Düngern, anbauten, und einen Müller, der in der Lage war, daraus Vollkornmehl für ihn zu mahlen. Damit hatte er schnell unerwartet großen Erfolg. Nach seinen vielen Brotarten stehen die Kunden heute an. Sie wissen schon, was wann aus dem Ofen kommt. Abends sieht sein Laden nicht mehr wie eine Bäckerei aus. Kein Brot findet sich mehr auf seinen Regalen. Er plant bereits, in anderen großen Städten Europas ähnliche Backstuben zu eröffnen.

Als er genügend Mitarbeiter gefunden hatte, konnte er sich zeitweilig seinen anderen Talenten zuwenden. Der Teig in seinen Knetmaschinen forderte ihn dazu heraus. So entwarf er besonders geformte Brötchen und andere Backwerke, und schließlich wurden daraus richtige Kunstwerke, die diesen Namen wirklich verdienen. Er schmückte damit seine Schaufenster, seinen Laden und – als er selbst mit seinen Werken zufrieden war – seine Wohnung.

Wenn er auch seine Kunstwerke als unverkäuflich bezeichnete, so wurde er doch von Kunden immer öfter gebeten, auch für sie **Bildwerke zu backen.** Ernsthaft, wie er an jede Sache herangeht, beschäftigt er sich dann mit den Menschen, die Sonderwünsche haben. Ihnen fühlt er sich verbunden und gleichzeitig von ihnen verstanden. Brauchen sie nur ein Backwerk zum Schmuck einer besonderen Festtafel, dann bäckt er einfacher und billiger. Weiß er aber, in welchem Raum sein Werk Platz finden soll und für wen es bestimmt ist, dann macht er sich entsprechend den Persönlichkeiten und der Umgebung seiner Kunden die Mühe, ein richtiges Kunstwerk zu gestalten. Dabei **bringt er philosophische Gedanken zum Ausdruck,** wie wir auf Seite 93 sehen können. Sympathisch ist, daß er dann nicht weiß, was er dafür berechnen soll.

Inzwischen hat man ihn aufgefordert, jede Woche einmal einen **Kursus für künstlerisches Backen** zu geben. Er kommt dem sehr gern nach, denn er möchte anderen Menschen dazu verhelfen, auch ihre Talente zu entfalten. Das Honorar dafür spendet er einer kleinen Gruppe von Wissenschaftlern und interessierten jungen Menschen, die auf der Farm »Kleine Erde« bei Boxtel gesundes Leben in natürlicher Umwelt, darunter die Gewinnung von Wind- und Sonnenenergie, erforschen. Außerdem gehört er einer Bürgerinitiative gegen Umweltverschmutzung an. Über seine gebackenen Kunstwerke haben inzwischen Zeitungen berichtet. Daß eine Amsterdamer Kunstgalerie **mit seinen Backwerken eine Ausstellung veranstaltet,** bedeutet für ihn die größte Anerkennung seiner Arbeit. Es könnte nun Menschen geben, die sagen, so ähnlich wie Paul Année haben sich die Anthroposophen verhalten. Paul Année hat man auch schon des öfteren zu ihnen gerechnet. Er antwortet darauf: »Ich bin kein Anthroposoph. **Ich verhalte mich nur so normal, wie ich möchte, daß sich auch andere verhalten.** Wenn es schon eine Gemeinschaft in dieser Art gibt, um so besser! Ich denke, daß wir für die zukünftigen Probleme viele normal denkende Menschen brauchen.«

Aus Zuckerhüten wurden durch Paul Année Skulpturen.

Ein Rat für das Backen von Paul Année

Wenn man Formen backen will, die sich im Ofen wenig verändern sollen, darf man weder Hefe noch sonst ein stark treibendes Mittel verwenden. Am besten, man probiert es mit Brötchen- oder Brotteig selbst aus und reduziert die Treibmittel. Paul Année mischt verschiedene Mehle zusammen, die den meisten Menschen nicht immer zur Verfügung stehen. Zum Dekorieren benutzt er verschiedene Samenkörner, wie Mohn, Hirse oder Leinsamen, Eigelb und Eiweiß.

Der ideenreiche Bäcker Paul Année und seine Backwerke »Das Leersein«, »Krönung«, »Die Weisheit des rundum gereiften Menschen« und »Begeisterung«.

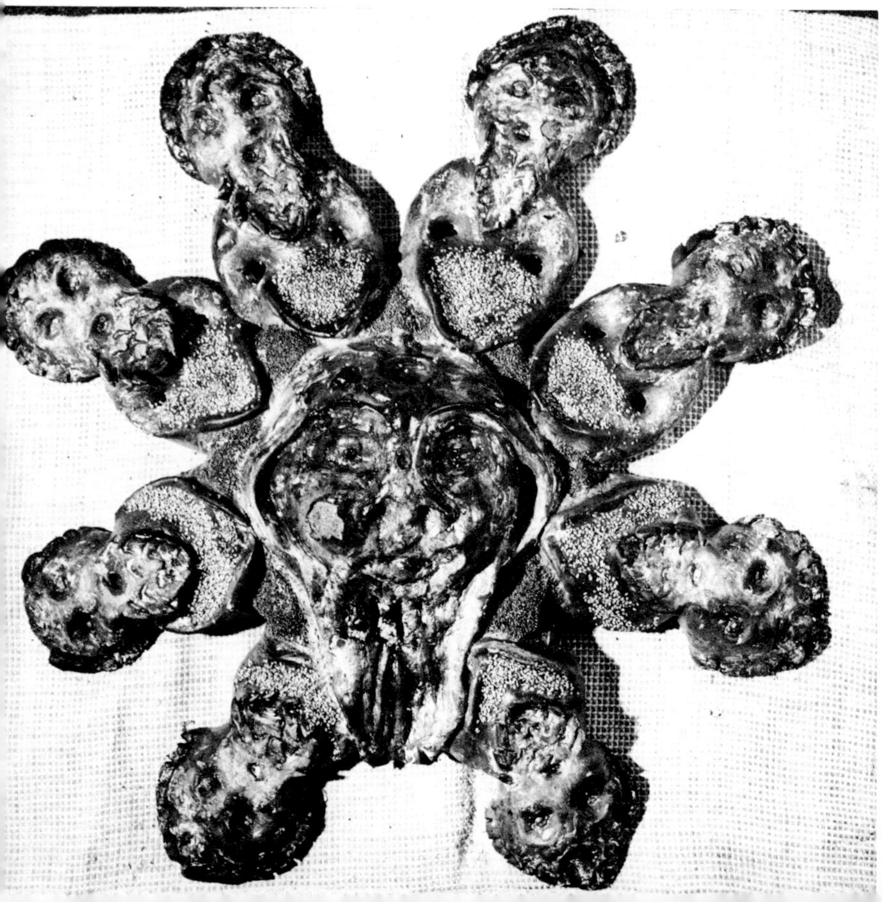

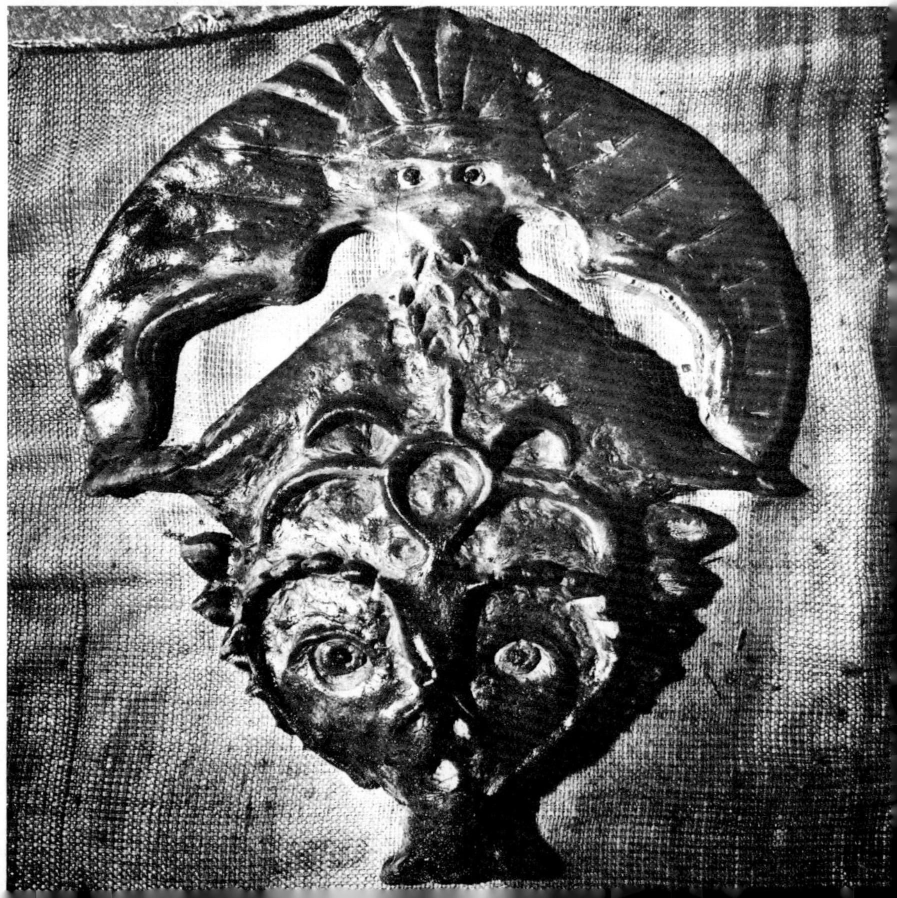

Unter goldenen Hauben

Die lachende Frau mit der Überlinger Goldhaube zählt schon 76 Lenze. Man kann es kaum glauben. Vor über zehn Jahren gab sie zwar ihren Beruf auf, aber sie hat bisher die Hände nicht in den Schoß gelegt. Sie begann **aus ihrem Handwerk auf spielerische Weise ein Hobby** zu machen.
Sophie Merz hatte schneidern gelernt und heiratete einen Postbeamten. Als die Kinder in größerer Zahl kamen, wäre das Gehalt knapp geworden, wenn sie nicht dazuverdient hätte. Ein Mann, fünf Kinder und fünf Angestellte, das war jahrzehntelang ihr Lebensinhalt, in dem keine Minute für sie selbst frei gewesen wäre. Verständlich, daß eine solche Mutter nicht noch ein Steckenpferd reiten kann.
Und doch findet man bei ihr gleich zwei, bei denen sie allerdings ihre erlernten Fähigkeiten verwendet. Überlingen am Bodensee ist eine schöne alte Stadt. Wenn man optisch eingestellt ist und wie Sophie Merz trotz der Arbeit die Augen offenhält, fängt man manche Anregung ein. Sophie Merz regte das Stadtbild jedenfalls an, sich Möbel nach gotischem Vorbild bauen zu lassen. Außerdem trug sie an Festtagen gern die Überlinger Tracht, zu der diese sehr schönen, aus Goldfäden handgestickten Hauben gehören. Obgleich in ihrer Werkstatt immer Mode gemacht wurde, ist sie seit 30 Jahren Mitglied des Trachtenvereins. Sie wollte nicht etwa, daß diese schöne Tracht täglich getragen wurde – sie kleidete sich selbst modern –, aber sie wollte sie **erhalten, wie man ein schönes Möbelstück auch erhält.** Überlingen wäre zu Festzeiten ohne Tracht ärmer gewesen.
Als es aber niemand mehr gab, der aus goldenen Fäden Spitzen stickte, fand Sophie Merz ihr erstes Hobby. Sie kaufte von Stadtbürgern, oder wenn im Antiquitätenhandel etwas auftauchte, alte Hauben, Haubenteile oder Goldspitzen, schickte sie zum Reinigen in die Schweiz und setzte die nun blinkenden Teile auf Golddrähten zu neuen Hauben zusammen.
Das andere Hobby begann sie erst mit 74 Jahren. Es hat einen historischen Hintergrund. Überlingen war im Dreißigjährigen Krieg vor der Zerstörung bewahrt worden. Aus Dankbarkeit gelobten die Überlinger, jährlich zwei Schwedenprozessionen zu machen, die im Laufe der über 300 Jahre verständlicherweise immer weniger Ausdruck des damaligen Gelübdes wurden. Sophie Merz ist ein gläubiger Mensch und wollte die Prozessionen in ihrer alten Bedeutung erhalten. So studierte sie alte Chroniken, aber auch alte Zeitungen,

um ihren Landsleuten zeigen zu können, was bis etwa 1900 noch üblich war. Sie fand auch einen verblüffend einprägsamen Weg, ihre Gedanken zu präsentieren. Sie zog etwa 250 Puppen der Mode von 1900 entsprechend an und baute mit ihnen **eine über zehn Meter lange Puppenprozession** auf. Frauen, Mädchen und Kinder in Tracht und Goldhäubchen sind natürlich auch dabei. Wenn man Sophie Merz fragt, ob sie selbst damit eine religiöse Verpflichtung verbindet, antwortet sie: »O nein, wenn es mir nicht Spaß gemacht hätte, hätte ich nicht jahrelang damit zugebracht. **Der Mensch muß doch etwas zu tun haben.** – Aber es ist nicht nur ein Zeitvertreib! Es gehört zur Geschichte von Überlingen. Ich wünsche mir, daß diese Prozession einmal im Heimatmuseum steht.«

Aus dem Beruf ein Hobby?

Hobby und Beruf müssen nicht Gegensätze sein. Viele Menschen haben ihren Beruf gern und richtig gewählt. Warum sollten erlernte Fähigkeiten nicht genutzt werden? Das gilt besonders dann, wenn man im Alter nicht völlig neu anfangen will. Das Hobby hat dem Beruf trotzdem voraus, daß man alle Freiheit hat, tun zu können, was man mag.

REFA für die Hausfrau

Vielleicht gibt es dieses Hobby. Wir haben merkwürdigerweise erfolglos danach gesucht. Daher war es nötig, es zu erfinden. Voraussetzungen dazu gibt es viele. Außerdem könnte Millionen Menschen damit geholfen werden, das Leben reicher, liebens- und lebenswerter zu gestalten.
Eine gute Hausfrau zu sein, ist gar nicht so einfach, besonders wenn man es nicht gelernt hat – und die meisten Hausfrauen sind Ungelernte. Andererseits haben heute bereits Hunderttausende im Betrieb Refa-Kenntnisse erworben, die überall angewendet werden können, also auch im Haushalt. Beispielsweise könnten Direktricen oder andere Arbeitszeitermittler, die sich zur Ruhe setzen oder heiraten, es sich zur Aufgabe machen, jungen – oder auch alten – Frauen die Hausarbeiten durchzuorganisieren, damit diese mehr freie Zeit gewinnen.
Die Volkshochschulen, denen das Hausfrauendilemma bekannt ist, haben bereits Kurse anzubieten, in denen man speziell Hausfrauenaufgaben lernen kann, angefangen von der Rationierung über Ernährungs- und Kochkünste, handwerkliche Fertigkeiten bis zur Erziehungs- und Ehepsychologie. Wenn man als Refa-Fachfrau – oder auch -Fachmann – diese Kurse belegte, könnte man den Hausfrauen noch viel umfassender Tips geben – und wäre sein Leben lang damit beschäftigt und ausgefüllt.
Wie im Betrieb ist im Haushalt das Know-how (das »Gewußt wie«) das A und O für die Bewertung der Arbeitsgänge und die Einsparung der Zeit.
Nun glaube man nicht, daß durch die Rationierung im Haushalt die Kälte der Industrialisierung an den Herd der Familie vordringt. Das Gegenteil ist richtig. Erst wenn eine Hausfrau in mehr oder weniger kurzer Unterweisung gelernt hat, Zeit zu sparen und die Wichtigkeit ihrer Arbeiten nach vernünftigen und nicht nach traditionellen Anschauungen zu beurteilen, gewinnt sie überhaupt erst Zeit für ihre Familie. Sie wird erkennen, daß eine klare Seele wichtiger ist als eine klare Fensterscheibe. Denn die »gute Hausfrau« ist nicht die, deren Wohnung so vor Sauberkeit blitzt, daß man sich darin nicht mehr zu bewegen wagt. Die wirklich gute Hausfrau fühlt sich verantwortlich für das häusliche Seelenklima und die Aktivität von Kindern und Mann. *Die* Wohnung dient als gemütliche Behausung, die jede Entfaltung zuläßt. Natürlich geht es ohne ein gewisses Maß an Ordnung nicht, aber es muß eine Ordnung sein, die die Freiheit der einzelnen Familienmitglieder garantiert. Das zu lehren wäre doch ein hervorragendes Hobby!

Sonntagskünstler und Wochentagskünstlerin

Sonntagskünstler und Wochentagskünstlerin Maler, Bildhauer, Modellierer sind die Künstler unter den Hobbyisten – zwar oft belächelt, aber doch weit weniger in ihrer Schöpferkraft belastet als derjenige, der sich der Kunst als Berufung verschrieb. Während dieser abhängig ist vom Zeitgeist und dessen Kritik, von Erfolg und Mißerfolg, können Hobbykünstler völlig unabhängig wieder in die Freiheit des künstlerischen Schaffens eintauchen, beinahe, wie sie es als Kind erlebt haben. Damit nutzen sie einen großen Vorteil. Sie haben sich trotz aller unnötigen Einengung etwas in ihr Erwachsenenleben gerettet, das ihnen das Leben lebenswerter macht, sie mehr sehen und mehr erleben läßt.

Merkwürdigerweise fangen häufig sogar ältere Menschen nach einem ausschließlich beruflichen Leben mit 60, 70 oder 80 Jahren wieder zu malen oder zu modellieren an und entdecken auch dann noch zu ihrer Freude, wie die Schöpferkraft sie vorantreibt. Was dabei herauskommt, spielt überhaupt keine Rolle. Grandma Moses begann mit 67 und kümmerte sich auch nicht darum. Trotzdem wurde sie eine weltberühmte Malerin, die noch mit 91 Jahren wöchentlich drei bis vier Bilder malte. Aber darauf zu spekulieren, würde den Erfolg zunichte machen.

Für die Harlemer Hausfrau Alda Strack van Schreindel, die ihren Mann verlor, wurde das Malen sogar zu einer Art Rettungsanker. Ohne zu wissen, daß sie malen konnte, fing sie mit ihren Kindern einfach an und wurde durch schöne Bilder belohnt. Das allein genügte, um Kraft zu schöpfen und ihr Leben von neuem in die Hand zu nehmen. Gleichzeitig konnte sie von ihren Kindern eine Menge lernen, weil ihr die Augen durch die eigene Tätigkeit aufgegangen waren.

Man weiß heute, daß fast jedes Kind gern malt und gestaltet, daß es aber leider häufig davon abgehalten oder nicht ermuntert wird. Zwischen dem dritten Jahr und dem Übergang zum Erwachsenenleben bewältigt es im Malen Probleme, die es nicht mit Worten ausdrücken könnte. Hier hat es die Möglichkeit, sich zu entfalten und zu reifen. Aus diesen Gründen muß es das mit seinen Mitteln tun

und nicht auf vorgeschriebene Art und mit der Belastung von Zensuren, die hier überhaupt nicht hingehören.
Um sich die schöpferische Freiheit zu erhalten, ist es nötig, daß man auch als Erwachsener ohne Anspruch auf Qualität an künstlerisches Tun herangeht – auch wenn man bereits um diese Kriterien weiß. Man darf sich nicht zuviel abverlangen wollen. Besser oder gar gut wird ein Ergebnis immer nur, wenn man lange geübt und sich eindringlich damit auseinandergesetzt hat, ob ernsthaft oder spielerisch oder beides, das ist beim Hobby gleich. Aus all diesen Gründen schlagen wir vor, sich anfangs auch nicht mit schwierigen Techniken zu befassen, die manchmal in der Schule schon Kummer gemacht haben und vom Malen abhielten. Aquarell – bei dem ja »nur« mit Wasser gemalt wird – ist eine der schwierigsten Malarten.

Ein paar Tips für den Beginn

Auf Papier sind für den Anfang Pastellkreiden, besonders aber Ölkreiden sehr leicht zu verwenden, weil man sie jederzeit mit Knetmasse oder fettfreier Brotkrume abtupfen (nicht radieren) kann. Außerdem ist es leicht möglich, durch Über- und Ineinandermalen die Farbtöne zu mischen.
Für **Ölmalerei** braucht man zunächst keine Leinwand; ausreichend ist eine mit Dispersionsfarbe weiß grundierte Hartfaserplatte (4 mm). Um das Bild nicht nur in Umrissen, sondern auch in seiner Farbwirkung anzulegen, bedient man sich der Ölkreiden. Nach der farbigen Skizzierung kann man sie mit dem in reines Terpentin getauchten Pinsel anlösen und breitflächig vermalen. So hat man bereits einen Eindruck der gesamten Komposition und kann sich leichter verbessernd an das Bild herantasten.
Modellieren sollte man gleich mit Töpferton, den es in größeren Mengen billig zu kaufen gibt. Man kann ihn – im Gegensatz zum Plastilin – mit der ganzen Hand formen. Am Anfang möglichst wenig der geschaffenen Bildwerke aufheben, weil man sonst von Fehlern zu stark beeinflußt wird. Jeder ungebrannte Ton kann immer wieder verwendet werden, wenn man ihn in einem Tontopf – mit feuchtem Tuch bedeckt – verwahrt oder neu einsumpft.
Zur spielerischen Anregung gibt es hervorragende Bücher: »Das Spiel mit den bildnerischen Mitteln«: Keramik, Werkstoff Holz u. a. Will man über spezielle Techniken weiter eindringen, steht beispielsweise das Buch »Sonntagskünstler« zur Verfügung.

Eine Spielwiese für Ideen

Wenn man sich von Ideen verlassen fühlt, kann man sich die beiden nächsten Seiten anschauen und über die Unterschiede der Arbeiten nachdenken. Durch diese Anregungen schleichen sich Ideen wieder ein. In der Holzklasse der Werkschule Merz liegen zur Zeit zwei- bis dreihundert solcher Holzarbeiten. Keine zwei ähneln einander!

Möbel im neuen Kleid

Auch beim Hobby läuft nicht immer alles glatt. Marianne Leipprand steht hier stellvertretend für die Ausnahme, die die Regel bestätigt. Sie konnte durch ihr Hobby bisher ihr Selbstbewußtsein nicht stärken. Es gibt manchmal Krisen, in denen die Sinnlosigkeit des eigenen Tuns geradezu überwältigend erscheint. Am wenigsten davor gefeit sind künstlerisch Begabte und diejenigen, die hohe Ansprüche an die Qualität oder den Erfolg ihrer Arbeiten oder ihres Einsatzes stellen. Das ist ganz natürlich. Nach der Überwindung einer solchen Krise beginnt man auf einer – meist höheren – Ebene mit einem neuen Ziel. Marianne Leipprand ist **eine** solche **Hobby-Künstlerin, die malend Möbel verwandelt.** Es sind keine Bauernmöbel mit vorgeschriebenen Mustern. Ihre Bemalung hat einen einmaligen persönlichen Stil. Sie trägt die Handschrift einer kreativ begabten jungen Frau, die noch nicht einmal von ihrem Talent überzeugt ist. In ihrem Fall war das auch sehr schwer.

Marianne Leipprand ist ausgebildete Schauspielerin. Bekanntlich gibt es aber in diesem Beruf nur sehr wenige Engagements. Da sie verheiratet war, mußte sie ihnen nicht unbedingt nachlaufen, aber sie fand dadurch auch keine Möglichkeit, ihr Selbstbewußtsein zu stärken. Wenn man jung und glücklich verheiratet ist, fällt das auch nicht ins Gewicht. Zunächst wich sie also auf ein anderes Gebiet aus.

Das junge Ehepaar hatte wenig Geld und kaum Einrichtungsgegenstände. So wurde sie herausgefordert, **aus** alten, zum Teil schlecht geschnittenen **Möbeln von Verwandten, vom Trödler und vom Sperrmüll** etwas Besseres zu machen. Heraus kamen Möbelstücke, die ihre ganze Wohnung verzauberten. Ihr Gefühl für Gleichgewicht siegte sogar über schlechte Proportionen, weil sie es verstand, durch die Verteilung ihrer Muster auszugleichen. So ermutigt, liebäugelte sie damit, vielleicht wenigstens einen halben Beruf daraus zu machen. Aber wo sie auch anfragte, verwies man sie auf das inzwischen Übliche: Bemalt sind nur Bauernmöbel, asiatische oder andere antike Stücke. Welcher Fachmann auf anderem Gebiet sollte schon ein mit hervorragender Phantasie bemaltes einmaliges Stück erwerben wollen, das origineller aussieht als manche antiken oder bäuerlichen Möbel! Wer hat schon außerhalb seines Berufes zu beurteilen gelernt, was künstlerisch gut ist? Haben wir vor lauter Respekt vor der Vergangenheit und ihrem finanziellen Wert **für Talente unserer Zeit keinen Sinn mehr?** Können wir uns

H B
YOUNG FASHION

wundern, daß ein so begabtes Wesen wie Marianne Leipprand sich unter uns nicht aufgenommen oder bestätigt sieht? Schließlich fühlt sie ja zum zweitenmal, daß ihr Talent ihr nicht zum Durchbruch verholfen hat.
Sicherlich muß man für die persönliche Zukunft eines so begabten jungen Menschen nicht bangen. Junge Begabungen werden nicht immer sofort erkannt und unterstützt. Sie lernen aber oft mit ihrer persönlichen Reifung, ihre eigenen Fähigkeiten zu beurteilen und sich dann objektiver selbst zu bestätigen. Und wir haben außerdem die Hoffnung, **daß** innerhalb unserer Erziehungssysteme doch noch **die wunderbare Eigenschaft, die sich Kreativität nennt, zum Zuge kommt** und daß dann Menschen wie Marianne Leipprand von ihrem Wert und nicht von ihrem Unwert überzeugt sein dürfen.
Damit man die Vielfalt der Muster Marianne Leipprands besser sehen kann, haben wir sie mit bemalten Holzkästen gezeigt. Das Buch hat leider nicht mehr Farbseiten. Daher müssen wir die Farben der folgenden schwarzweiß abgebildeten Möbel erklären und hoffen, daß trotzdem sehr viel Anregung von ihnen ausgeht. Marianne Leipprand macht zudem auf Sperrmüll und Bodenkammern aufmerksam, in denen man Millionen alter Möbel vermuten kann, die als völlig wertlos gelten. Es gibt nach ihrer Meinung kein Stück, das so schlecht ist, daß man ihm nicht mit Hilfe einer gut verteilten Bemalung zu besseren Proportionen verhelfen kann. **Was man daraus macht, darauf kommt es an!** Vielleicht wird es für kommende Generationen einmal das wertvollste Möbelstück ihrer Ahnen?

So sehen die Möbel aus

Ein Jugendstilrahmen vom Sperrmüll ist mattsilber bronziert, der Spiegel dazu mit einer Ranke bemalt.
Ein alter Schrank wurde grün gestrichen und aus freier Hand mit Kanten und zehn verschiedenen Blumenrosetten in grünen, hellblauen und elfenbeinfarbenen Tönen bemalt.
Die große Arbeitsplatte ruht auf weiß gestrichenen Bausteinen. Die Fahnenstangenspitze dient zum Aufhängen von Ketten.
Auf einem weiß gestrichenen Kleiderschrank zeichnete Marianne Leipprand mit dem schwarzen Filzschreiber. So wurde ein unförmiges Möbelstück wieder reizvoll. Der pompöse Lampenständer und die Möbel sind rot lackiert. Die Lampe bekam einen neuen Kopf. Der Teppich ist rot-weiß-schwarz gemustert.
Die Farben des kleinen Sekretärs sind mit Grau gemischt und wirken zart pastellfarben auf dunkelgrauem Grund; oben elfenbeinfarben und hellblau, die Kästchen jedes in einer anderen Farbe von Rosa bis Lavendel, unten moosgrün, hellblau, lavendel und elfenbeinfarben.
Gemalt wurde mit Plakafarben, die mit einem farblosen Lack haltbar gemacht werden.

Die eigene Umgebung

Sie ist die Höhle, in die wir uns zurückziehen, das Nest, in dem wir – besonders als Kinder – Zuflucht und Wärme suchen, und das äußere Fundament, auf dem unser eigentliches Leben abläuft. Wichtig genug, es unter die Lupe zu nehmen, um es optimal zu nutzen und – auch Hobbys daraus zu machen!

In den nordischen Ländern, in denen es länger dunkel ist, die weniger durch Gewalttaten in ihrer Entwicklung unterbrochen wurden, hat man eher und mit besonderem Erfolg gelernt, über Behausungen nachzudenken und die Erkenntnisse des Bauhauses praktisch zu verwerten. Daher sind skandinavische Gebrauchsgegenstände meist gut durchdacht, die Möbel angenehm und brauchbar und vor allen Dingen nicht aufdringlich. Die Farben leuchten, aber sie sind so gekonnt abgestimmt, daß sie einen nicht überfahren. Man merkt ihnen an, da hat sich jemand Gedanken gemacht, ehe er sich liebevoll der Form und der Farbe annahm. Auch wenn wir das nicht bewußt wahrnehmen, tut es uns wohl.

Wie wichtig im Industriezeitalter die eigene Umgebung ist, kennzeichnet eine Tatsache: In Schweden ist Einrichten Schulfach – Kochen übrigens auch. Der Erfolg ist so groß, daß ältere Leute, die diese Fächer noch nicht in der Schule lernen konnten, benachteiligt erschienen. So gibt es seit kurzem im schwedischen Seniorenprogramm **Kurse für Einrichten und Kochen** – speziell **für ältere Herren.**

Diese Kurse haben natürlich nicht den Zweck, Menschen an den heimischen Herd zu binden und nur noch um sich herum denken zu lassen. Man soll vielmehr seine Umgebung durchdacht gestalten, damit man als Belohnung viel mehr freie Zeit erhält, um erlebend auszufliegen und um so zufriedener wieder zu Hause aufgenommen zu werden.

Im allgemeinen belasten wir uns mit zu vielen Dingen, die diesen Bestrebungen zuwiderlaufen. Wir sammeln zuviel an, und wir trennen uns auch kaum wieder von zu vielen und zu großen Möbelstücken, die wir gar nicht mehr brauchen, wenn die Familie kleiner geworden ist. Möbel müssen unbedingt funktionieren, das heißt, sie müssen das aufnehmen und das bieten, was für den täglichen Lebensablauf nötig ist. Wenn sie in der Linie einfach sind und nicht modisch aufdringlich, kann man im Laufe der Zeit durch Zubehör wie Stoffe, Geräte, Lampen und Gebrauchsgegenstände die Wohnlandschaft verwandeln, ohne das Zuhause zu zerstören, was Karl Ketterle als Kind auf die Nerven ging (Seite 156). Man kann trotzdem mal hier, mal dort ein gemütliches Zentrum gestalten, denn man hat damit mehr Freiheit, umzubauen oder auch umzudekorieren und die schönen kleinen Wohn-

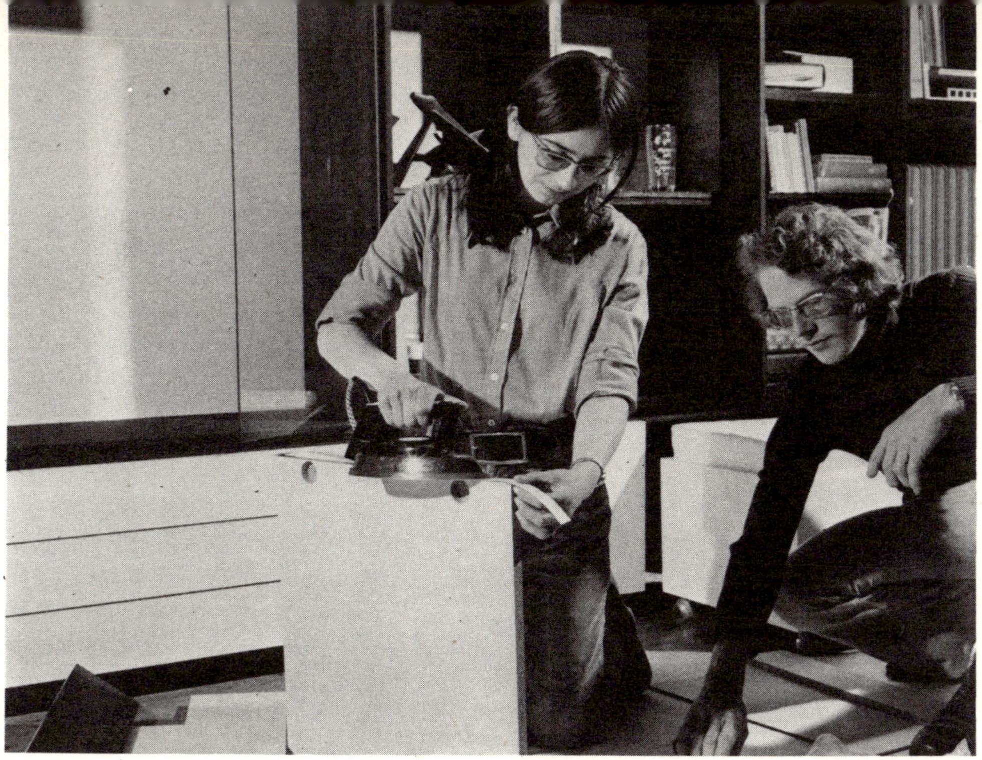

details, die wir beispielsweise getöpfert, emailliert, geschnitzt, gebatikt, gesammelt oder sonstwie erworben haben, gut unterzubringen. Nur nicht zuviel! Und nur soweit sie uns nicht belasten und wir sie brauchen. Beim Gebrauch sind die Augen eingeschlossen. Sie möchten ab und zu auf etwas ausruhen oder etwas umspielen, was ihnen gefällt. Oft werden sie früher oder später einer Sache müde und sehen gar nicht mehr hin. Das ist der Augenblick, den Nur-Augen-Gegenstand auszuwechseln oder neu herzustellen.
Mehr Freiheit zu Hause gewinnt man auch durch Ordnung. Ordnung kann man nur halten, wenn für jeden Gegenstand ein Platz zum Verstauen vorhanden ist. Diese Plätze kann man vermehren, indem man sich viele Behälter schafft – Schachteln, Dosen, Kästchen –, die man in Schubladen auch übereinanderstellen kann. Teile, die in Schränken herumliegen, brauchen viel Platz und verbrauchen viel Zeit beim Suchen.
Nie darf aber die Ordnung so weit gehen, daß ein Wohnraum steril wie eine Möbelhandlung wirkt, in der sogar die Kissen vor uns Männchen machen. Ein Wohnraum ist für Menschen da, die möglichst aktiv darin beschäftigt sind, ja der Raum sollte zur Aktivität ermuntern und nicht einengen. Wo aber gearbeitet, gespielt und gebastelt wird, kann es nicht »ordentlich« sein. Die Grenze liegt da, wo andere Menschen behindert werden.
Außer Maschinen kann man im Haushalt praktisch alles selbst herstellen. Susanne Warlinski und ihr Verlobter, Ekkehard Schruff, haben sogar die Möbel selbst gebaut, nachdem sie monatelang Zeitschriften und Schaufenster durchsucht hatten. Was ihnen gefiel, war zu teuer. Sie wünschten die Teile auf ihren individuellen Gebrauch abgestimmt.
Für Türen und Schubladen wählten sie Platten, die beidseitig mit weißem Kunststoff furniert waren, deren Schnittkanten sie statt zu streichen mit einer weißen Plastikfolie verbügelten. Für ihr Werkmaterial konstruierten sie einen hockerhohen fahrbaren Kubus mit hohem Schaumstoffpolster, der seinen Platz in der Schrankwand hat und als Sitz herausgerollt werden kann.
Solche besonderen Wünsche hat fast jede Familie. Es lohnt sich immer, die passenden Lösungen zu finden.

Ich verschenke Museen

Das könnte der »steinreiche« Mann Otto Klages aus Königslutter sagen. Aber er sagt es nicht – er ist zu bescheiden –, dafür tut er es tatsächlich.

In Königslutter kennt ihn jeder, denn mehrmals jeden Tag fragt irgendein Fremder nach ihm und wird auf die Textilwarenhandlung in der Hauptgeschäftsstraße verwiesen, die ihm gehört.

Otto Klages hat **ein Hobby, das er so ernsthaft betreibt, daß ihn Wissenschaftler seines Gebietes auf der ganzen Welt kennen und als Privatgelehrten anerkennen.** Er sammelt Steine und Versteinerungen. Schon als Siebenjähriger fand er die ersten Abdrücke, die ihn so tief beeindruckten, daß er heute, mit 70 Jahren, noch genauso von innen glüht wie als Kind, wenn er von seinen Steinen erzählt – und das tut er täglich, mehrmals täglich.

Gefördert wurde seine Leidenschaft durch die Umgebung seiner Heimat, die als »klassische Quadratmeile der Geologie« gilt. Dort treten Versteinerungen aus fast allen Erdzeitaltern zutage. Seine Sammelleidenschaft beeindruckte seine Eltern so sehr, daß der Vater mit ihm sammelnd durch die Welt fuhr und die Mutter derweil für den Verkauf von Bettwäsche, Schürzen und Bändern sorgte.

»Insofern hatte ich Glück mit meinen Eltern«, erzählt er. **»Natürlich wurden wir früher nicht erzogen, wir wurden dressiert.** Und so blieb es nicht aus, daß trotz allen Verständnisses meiner Eltern mein Wunsch, Chemiker zu werden, nicht in Erfüllung ging. Ich wurde zum Erben des Textilgeschäftes bestimmt.«

Auf der Textilschule machte dann der Textilfachmann Klages den entscheidenden Fund. Er fand eine Textilfachfrau, die sich so sehr für sein Hobby interessierte, daß sie seitdem **fast jeden Sonntag** mit ihm **in die Steinbrüche** wandert und ihn im Geschäft voll ersetzt, wenn er mehrmals täglich durch Wissenschaftler oder Sammler unterbrochen wird. »Ohne meine Frau hätte ich das nie erreicht, was ich gelernt und aufgebaut habe!« Damit verrät er, was für ein Hobby von größter Bedeutung ist: **der richtige Partner,** der unterstützt oder liebevoll gewähren läßt. Erna Klages konnte mit ansehen, wie sich Waschküche, Gartenhaus, Wohn- und Geschäftsräume langsam mit Tausenden von Steinen füllten. Frau und Hobby haben ihn im Leben lauter schöne Unwichtigkeiten verpassen lassen, meint er lächelnd: das Rauchen, das Trinken, eine Geliebte und das Häuserbauen. **»Und die Achtung vor dem Geld habe ich verloren.«** Dafür gewann Otto Klages die Achtung seiner

Dieses Museum hat die Stadt Königslutter ausgebaut, und Otto Klages hat es mit Kostbarkeiten gefüllt, die interessant genug sind, internationale Wissenschaftler nach Königslutter zu locken.

Umgebung. Für die geologische Tätigkeit erhielt er mehrere Auszeichnungen, die aber für ihn nur äußere Zeichen sind. Den wahren Gewinn, den Otto Klages aus seinem Hobby zog, findet man in seinen Worten: **»Nicht das einzelne Objekt meiner Sammlung ist wichtig, sondern das Eindringen in den historischen Entwicklungsvorgang.«** Das heißt, aus dem zunächst reinen Sammelhobby hat er Erkenntnisse gezogen, die ihn bereicherten und die ihn dazu führten, ohne Universitätsstudium selbst 75 wissenschaftliche Beiträge zu veröffentlichen. Er steht zum Doktor honoris causa an.

Etwa 50 000 Steine und Versteinerungen hat Otto Klages im Laufe seines Lebens selbst gesammelt oder gegen selbstgesammelte eingetauscht. Er ist etwas traurig, daß viele Sammler heute in ein Geschäft gehen und sich Stücke kaufen. **»Schließlich kann jeder die Freude des Suchens und Findens erleben. Die Erde ist voll von Schätzen.«** Allein im Elm, meint Otto Klages, liegen unter der Erde Tausende von Seelilien seit 200 Millionen Jahren. Er selbst besitzt die umfangreichste Seeliliensammlung der Erde. (Seelilien sind Tiere in der Form von Blumen. Sie fangen die Nahrung in ihren blütenkelchartigen Kronen und saugen sich an langen »Stengeln« am Gestein fest.) Aber auch von den sehr seltenen, 45 Millionen Jahre alten Seekrebsversteinerungen (Coeloma Helmstedtense) haben Erna und Otto Klages schon mehrere gefunden.

Nun macht es Otto Klages und seiner Frau keinen Spaß, allein auf ihren Schätzen zu sitzen. Im Laufe der Jahre stellte er Sammlungen zusammen, mit denen er das Interesse anderer Menschen entzünden will. Er **verschenkte etwa 25 000 Versteinerungen und Steine.** Sie füllen Räume **in zehn Museen, sechs Universitäten** und **sechs Schulen.** Die schönste Sammlung, die ihrer Qualität wegen von Fachleuten der ganzen Welt besucht wird, erhielt sein Heimatort Königslutter. Für sie baute die Sadt ein schönes mittelalterliches Haus um. Diese Sammlung und Otto Klages waren Grund genug, einen internationalen Fachkongreß in Königslutter zu veranstalten.

Sein Ausspruch: **»Ich sehe den Fortbestand des ewigen Lebens in meiner Arbeit«**, provoziert die Frage, ob er ein glücklicher Mensch ist. Er denkt nicht lange nach: »Natürlich hat man im Leben auch Kummer, aber – ja, ich glaube, ich bin ein glücklicher Mensch.«

Otto Klages hat nie Langeweile. In einer Ecke seines Textilgeschäftes liegen immer Werkzeuge und Abdrücke bereit, mit denen er sich beschäftigt, wenn mal keine Kunden im Laden sind. Hier legt er mit einer Grammophonnadel vorsichtig eine versteinerte Seelilie frei.

Der Denkmalschützer

Auch Michael Eckstein gräbt in der Erde, nur sucht er nicht nach erdgeschichtlichen Abdrücken und Steinen wie Otto Klages. Ihn interessieren Gegenstände, die Menschen hergestellt haben, und verschüttete Bauten, die von der Geschichte der Menschheit Kunde geben. Während geologische und paläontologische Funde noch überall, wo die Erde aufgebrochen wird, zum Beispiel in Steinbrüchen, an Felshängen und Baugruben, gesammelt werden dürfen, unterliegen die Fundstücke der Archäologen der Meldepflicht. **Dabei ist es durchaus möglich, daß man die Teile behalten kann.** Das aber entscheidet ein Amt für Denkmalspflege, in dem Fachleute schnell erkennen, ob es sich um einmalige oder um häufig wiederkehrende Funde handelt. Gleichzeitig wird die Fundstelle registriert und eingeordnet.

Michael Eckstein war Lehrer in Neuburg an der Donau, einer geschichtsträchtigen kleinen ehemaligen Residenzstadt, als ihm 1935 mitgeteilt wurde, daß ein Bauer auf eine Fundstelle gestoßen sei, den Fund gemeldet, aber zur Sicherstellung keinen Besuch aus der bayerischen Hauptstadt bekommen habe. Das Verantwortungsgefühl des damals jungen Lehrers ließ ihm keine Ruhe. So tat er, was er ohne Anleitung unter »Sicherung« verstand. Er grub vorsichtig, fotografierte, maß die Stelle aus, zeichnete die Lage und die Teile in einen Plan ein und hob die Funde sorgfältig auf.

Jetzt reagierte die Behörde wie üblich – nicht mit Anerkennung, sondern mit Zurechtweisung und Strafandrohung. Michael Eckstein schickte als Antwort seine Aufzeichnungen ein. Was dann passierte, hat ihn mit den Verwaltungsfachleuten für lange Zeit versöhnt. Ein unbürokratischer Beamter schrieb ihm einen Anerkennungsbrief, legte einen Zwanzigmarkschein bei und fragte an, ob er sich nicht als Heimat- oder Denkmalpfleger zur Verfügung stellen wolle. Michael Eckstein wollte, denn **diese erste Grabung hatte sein ganzes Leben verändert.** Noch heute, er ist inzwischen pensioniert und hat seinen 70. Geburtstag gefeiert, arbeitet er von morgens sieben Uhr bis abends in die Dämmerung. Er meint, das Herrliche an der Vorgeschichte sei, daß sie einen mehr erfüllen könne als jede andere Wissenschaft. Man wühle kaum mal in Akten und habe **jeden Tag die Möglichkeit, etwas Schönes zu finden** oder zu erhalten.

Ohne Spezialkenntnisse hatte er 1935 begonnen. Heute steht er mit international bekannten Wissenschaftlern in Verbindung. Durch

seine interessante Freizeittätigkeit wurde er Fachmann, der sich bei Tagungen, Vorträgen und natürlich auch durch Lesen vervollkommnet hat.
Zunächst einmal grub er in allen alten Chroniken und Fachbüchern Angaben über Fundstellen um Neuburg aus und zeichnete sie in Karten ein. Zu seinem Erstaunen fand er, daß ganze Gebiete seiner Heimat davon übersät sind. Heute weiß er, daß die Altstadt von Neuburg schon seit Salomos Zeiten existiert. Er weist die fast lückenlose Geschichte aller Zeitalter nach, allein vier Volksgruppen der Jungsteinzeit. Aus den vielen zufälligen Funden weiß er auch: Wenn man systematisch graben würde, fände man ein Vielfaches von dem, was man bisher entdeckt hat. Dabei können sich Zahl und Qualität seiner Funde sehen lassen.
Als man ihm das Heimatmuseum anvertraute, lagen dort etwa 300 Stücke aus. Seither registrierte er 1900 Fundorte, wobei zu einem Fundort von einem bis zu etwa 1500 Fundstücke gehören. Das Museum muß umziehen. Die Stadtväter haben es schon genehmigt.
An diesem Museum nimmt die Bevölkerung tätigen Anteil. Mehrmals am Tag kommt irgend jemand und bringt, was er auf Acker, Hof oder Dachboden gefunden hat. Michael Eckstein schreibt über den Fund in der Lokalzeitung unter Würdigung der Fundstelle und des Spenders. In der Vitrine des Museums kann man dann auch die Namen der Finder neben den Teilen sehen – sehr häufig sind es Bauern.

So wird man Denkmalschützer

Als Denkmalschützer oder Heimatpfleger kann sich jeder melden, der Interesse hat an Ausgrabungen, historischen Bauten, Epochestilen, Kunstwerken, Trachten, Volkstänzen und Volksmusik. Denkmalpflegeämter, aber auch Museen sind für jeden freiwilligen Helfer dankbar und halten Ausbildungstagungen ab.

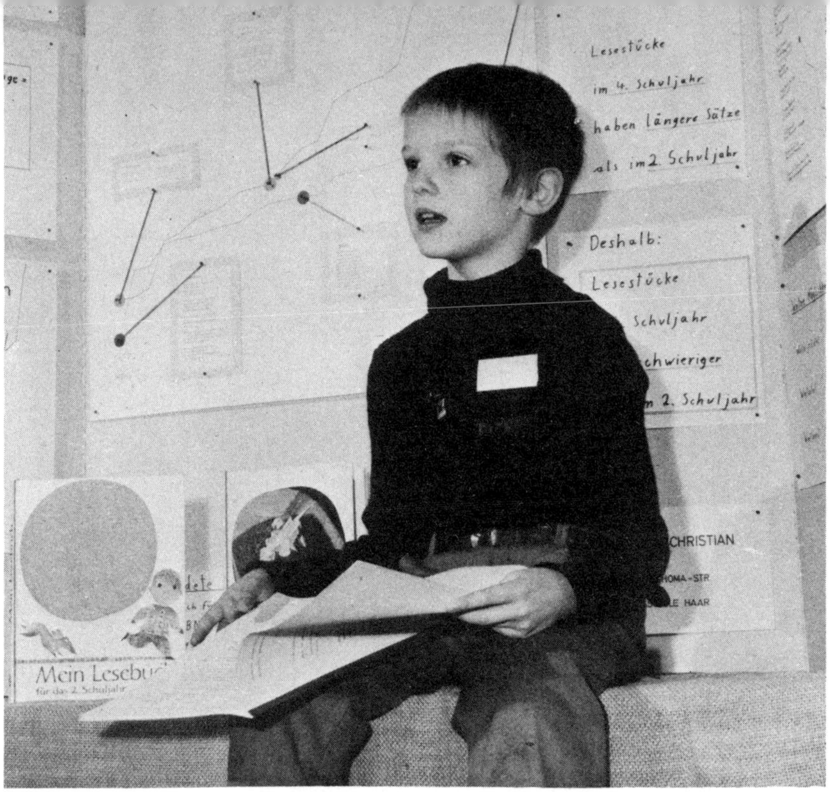

Das Abc als Hobby

Man sieht den Wald vor lauter Bäumen nicht. Daraus sollte man schließen, daß man Probleme oder Geschehnisse etwas mehr überdenken muß, wenn sie nicht gleich ins Auge fallen. So und nur so kommen wir auf die uns interessierenden Ideen. Das Abc lernen zum Beispiel alle kennen. Aber ein kleiner Junge und ein älterer Mann haben jeder auf eine andere Art ein Hobby daraus gemacht.

Der neunjährige Christian Immler wollte wissen, **ob** die **Lesestücke im Schulbuch für das vierte Schuljahr** wirklich **schwieriger sind als die für das zweite.** Er wählte als Maß die Satzlänge, zählte die Worte pro Satz aus und meldete sich mit der statistischen Darstellung seines Ergebnisses zum **Wettbewerb »Jugend forscht«.** Dort erhielt er als jüngster Teilnehmer die Beurteilung: »Ein für das Alter des Schülers sehr anspruchsvolles Thema. – Im Hinblick auf sein Alter beste Leistung auf seinem Gebiet.«

Der 73jährige Ludwig Krafft **sammelt Fibeln,** die ersten Schulbücher der Kinder in aller Welt und aus allen Zeiten. Man kann daraus auf die Regierungsformen der jeweils Herrschenden, aber auch auf die Erwartungen der jeweiligen Erziehungsinstitutionen schließen. Wie es scheint, dürfte diese Sammlung außer dem Interesse, das Ludwig Krafft an ihr gefunden hat, eine **Fundgrube für Erziehungspsychologen** sein. Manche Fibeln sehen so ärmlich aus, sind ohne Farbe gedruckt und scheinen nicht die geringste Voraussetzung dafür zu haben, daß kleine Kinder zum Lernen angeregt werden. Wenn die Kinder dieser Welt aber nicht freudvoll das Lernen lernen, dürfen wir auch nicht erwarten, daß die Erwachsenen, die aus ihnen hervorgehen, den neuen Weltproblemen entsprechend mit Leichtigkeit umlernen können. Das bedeutet für uns alle eine Gefahr. Sich zu **überlegen, wie man die Schul- und Lesebuchnot für die Kinder verschiedener Länder beheben kann,** wären das nicht gleich mehrere Hobbys?

Wie übrigens Hobby und Beruf immer wieder glücklich ineinandergreifen, kann man bereits am knappen Lebenslauf Ludwig Kraffts able-

sen. Er hat trotz seiner Ausbildung als Beamter für den mittleren Staats- und Gemeindedienst eigentlich nie Beamtenarbeit geleistet. In den ersten zehn Jahren seiner Laufbahn, als Leiter der Ausleihe der Münchner Stadtbibliothek, versuchte er, durch Buchberatungen die Leser zu begeistern und aus diesen Erfahrungen eine Bildungsbibliothek – »ein Mittelding zwischen Staatsbibliothek und Volksbücherei« – zu machen. Durch sein Engagement berief man ihn in die Kulturverwaltung und gab ihm den Auftrag, Ausstellungen und Festsommer zu veranstalten. Für eine Puppenspielausstellung reiste er zu den besten und bekanntesten Puppenspielern der Welt und entdeckte, daß viele wundervolle Puppen in Truhen und Kästen ungenutzt verkümmerten. So entstand **das Münchner Puppenspielmuseum,** dessen Direktor er später wurde.

Seine Arbeitszeit der letzten 30 Dienstjahre von täglich 14 bis 16 Stunden erklärt er so: »Ein leitender Museumsmann feiert das ganze Jahr Weihnachten oder Geburtstag. Man hat ja zu jedem einzelnen Gegenstand ein persönliches Verhältnis. Jeder Kauf hat eine Erwerbsgeschichte, und die Summe dieser Geschichten macht die Summe eines Museums aus.«

Weil es ihm wichtig ist, daß Kulturschätze nicht untergehen, arbeitet er heute, acht Jahre nach seiner Pensionierung, immer noch von früh bis nachts, jetzt aber freiwillig. Er ist Vizepräsident der »Union internationale de la Marionette«, der 58 Staaten angeschlossen sind. In der deutschen Sektion wurde er ihr Vorsitzender. Außerdem hat er den Vorsitz in der »Gesellschaft zur Förderung des Puppenspiels« und den zweiten Vorsitz des Münchner Altertumsvereins inne. Nebenher **organisierte er Kulturfahrten in verschiedene Länder,** wobei er sich für jede Fahrt wochenlang nicht nur auf Kulturgüter, sondern auch auf Landschaften, Gebräuche, Städte, Pflanzen und Tiere vorbereitete, ein Programm für die Mitreisenden, das kaum zu übertreffen ist. Alles, was er anfaßt, ob beruflich oder freiwillig, kann als Vorschlag für Hobbys gelten, weshalb er auch für dieses Buch eine Fundgrube für gute Hobbyisten war, wofür wir ihm besonders danken.

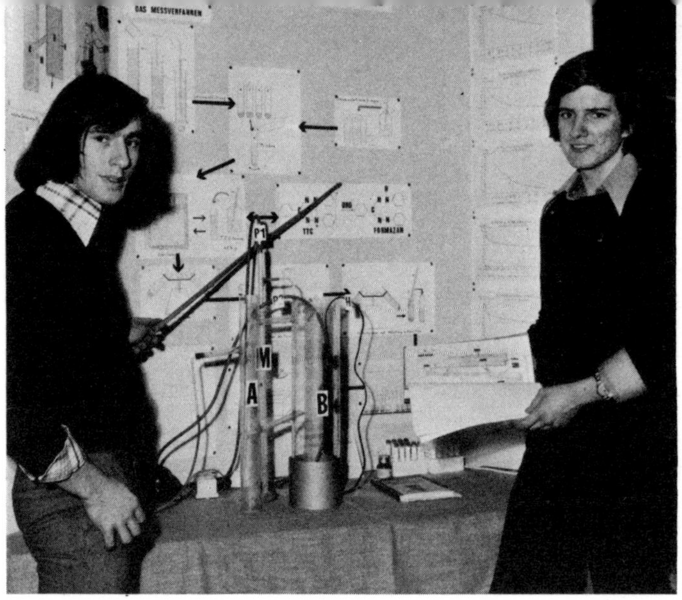

Alle Achtung den Jufos!

Sie sind völlig ungefährlich – wenn sie nicht gerade mit irgendwelchen Explosivstoffen experimentieren! Aber das kam, soviel bekannt wurde, bisher überhaupt nicht vor! Manchen Jufos – wie die Jungforscher genannt werden – könnte man es sogar noch nicht einmal verdenken, denn elf Prozent von ihnen geben an, daß sie mit ihren Arbeiten bei Eltern, Lehrern und manchmal sogar bei Freunden auf Widerstand stoßen. Das aber ist nicht zu fassen, denn eigentlich sollten doch Eltern und Lehrer von Glück sagen, wenn ihre Kinder oder Schüler aus lauter wissenschaftlicher Neugier – eine augenscheinlich völlig verkannte positive Eigenschaft – bereit sind, durchschnittlich 450 Stunden ihrer freien Zeit einzusetzen, um einem Problem auf die Spur zu kommen.

Immerhin wären das schon 450 Stunden ohne Krimi und Western, ohne Hasch und andere Dummheiten, wenn man nicht anerkennt, daß ein Jungforscher allein forschend bereits ein positives Mitglied der Menschheit ist.

Seit mehr als zehn Jahren versuchen sich – ausgehend von Amerika – junge Menschen in 15 Ländern im Förderungswerk für den naturwissenschaftlichen Nachwuchs »Jugend forscht«. Sie haben dabei schon Dinge gefunden, die von der Industrie weiterentwickelt wurden. Einige unter ihnen, beispielsweise eine neunjährige Spinnenforscherin, traten mit Wissenschaftlern auf ihrem Gebiet in Verbindung, und einige fanden Forschungsneuland.

So haben die beiden Regensburger Schüler Dieter Rieß und Hans Lechner – sie zeigen oben ihre Arbeit – herausgefunden, daß verschiedene Schwermetallionen (beispielsweise von Chrom, Cadmium, Quecksilber, Nickel und Kobalt), wie sie bei der Gewässerverschmutzung durch Industrieabfälle vorkommen, die Bakterien des Klärschlammes vergiften und damit die Kläranlage lahmlegen können. Mit Hilfe einer biochemischen Farbreaktion haben sie ein Verfahren gefunden, das die Stärke der Vergiftung fotometrisch messen kann.

Es sind für wenige Sieger Preise ausgesetzt, und es winken Reisen, aber 90 Prozent dieser Jufos erwarten sie überhaupt nicht. Sie haben einfach Spaß an der Wissenschaft, aber (so die Zeitschrift *stern*): »Sie trauen sich das in einer . . . zunehmend desorientierten Öffentlichkeit nicht so recht zu sagen.«

Der Pilzschöpfer

Schöpfer gleich Urheber und Schöpfer gleich Flüssigkeitsaufnehmer: Das gilt für Gymnasialprofessor Norbert Sing aus Dillingen an der Donau. Wenn er nämlich nicht **während seines Chemie-, Biologie- und Erdkundestudiums** ein dreiviertel Jahr **als Bildhauer gearbeitet** hätte, wäre er wahrscheinlich nicht auf sein originelles und reizvolles Hobby gekommen, das ihm jetzt, nach der Pensionierung, soviel Freude macht.

Er wollte im Beruf von vornherein nicht einseitig als Fachlehrer und Fachmensch festgelegt werden. So hat er während seines ganzen Lebens seine schöpferische Tätigkeit in der Freizeit genauso ernsthaft betrieben wie seine Arbeit. Seine Ferien fing er sozusagen immer in Aquarell- und Ölbildern ein und brachte sie mit nach Hause. Jetzt hängen alle Wände seiner Wohnung voll davon und machen keineswegs einen Sonntagsmaler-Eindruck. Seine gestalterischen Fähigkeiten kamen ihm und seinen Schülern, aber auch dem Unterricht zugute. Er modellierte Tiere, die es gar nicht mehr gibt, nach entsprechenden versteinerten Abdrücken – zum Beispiel Saurier – und half so der Vorstellungskraft der Kinder nach.

Nun liegt Dillingen in einem Gebiet, in dem der Knollenblätterpilz zu Hause ist und Schaden anrichtet. So kam er auf die Idee, Giftpilze möglichst täuschend ähnlich herzustellen. Als guter Lehrer sagte er sich: Es gibt 2800 Großpilze, da ist es richtiger und leichter, **die 12 gefährlichen Giftpilze** erst einmal **sicher kennenzulernen** und Vergiftungen zu vermeiden, als die Kinder mit den vielen Speisepilzen unnütz zu belasten und zu verwirren.

Nur war das leider nicht gesagt – getan. Ein jeder weiß ja, daß Giftpilze ganz feine Häutchen und Lamellen haben, an denen man sie gerade erkennt. Werden diese massiv ausgestaltet, sieht der Pilz nicht mehr ähnlich aus, und die Wirkung ist dahin.

Diesmal experimentierte der Chemiker in ihm. Eine Masse, so fest wie Gips oder Ton, konnte er für Abdrücke nicht verwenden. Sie hätte die zarten Lamellen einfach zur Seite gedrückt. Er mußte also **ein Modelliermittel** finden, **das sich fast verflüssigen ließ,** das nach dem Auftrocknen möglichst elastisch blieb, das natürliche Farbstoffe aufnehmen konnte und das die Pilze vertrugen. Hier muß gesagt werden, daß er lange experimentierte und daß ihm diese Versuche mehr Geduld abgefordert haben als das sehr zeitraubende Herstellen der Pilze. Sie sind allerdings so gut ausgefallen, daß man **wie Trimm-dich-Pfade** auch **Pilz-Lehrpfade anlegen** könnte. Sie sehen täuschend ähnlich aus, fas-

sen sich weich wie Pilze an und sind licht-luft-wetterecht, durch und durch mit Naturfarben eingefärbt.
Geld kann man damit nicht verdienen, meint Norbert Sing, denn ein Museum, ein Naturschutzbund oder eine ähnliche Institution könnte diese Arbeit kaum bezahlen. Es ist eben ein echtes Hobby. Trotzdem stehen inzwischen Pilze von ihm in Schulen und Museen – zu Vorzugspreisen.
Hier aber liegt eine Möglichkeit für viele Hobbyisten, die ihr Einkommen durch Gehalt, Lohn, Rente oder Pension bereits gesichert haben: **Schulen brauchen Anschauungsmittel vieler Art** – nicht nur Pilze – und haben immer zuwenig Geld. Jeder aufgeschlossene Rektor wird sich freuen, wenn jemand ernsthaft und fast kostenlos Dinge herstellt, die sonst unbezahlbar sind oder von der Industrie nicht hergestellt werden.

So wird es gemacht

Ehe man mit der Arbeit beginnen kann, muß man sich natürlich ein Originalstück besorgen, eine Frucht, einen Zweig (eventuell mit Befall), eine Pflanze oder, wie in Norbert Sings Fall, einen Pilz, von dem man die Form abnehmen kann. Dazu wird der Kopf vom Stiel getrennt und mit den Lamellen oder Röhrchen nach oben in eine dickflüssige Siliconpaste gelegt. Die verflüssigte Paste gießt man in vier Arbeitsgängen in den Lamellenteil und läßt sie jeweils antrocknen. Obenauf wird dann wieder festere Paste gestrichen. Nach vier Tagen ist die Form trocken, aber sie bleibt weich, beweglich. Man kann sie nun mit einem scharfen Messer aufschneiden und erhält zwei Gußformen.
Um naturgetreu einfärben zu können, braucht man einen frischen Pilz. Jetzt wird die Kopfform mit der gleichen Paste, aber bereits mit Naturpigmentfarben eingefärbt, in die mit Vaseline eingeriebene Gußform gestrichen. Beim Fliegenpilz zum Beispiel kommt zuerst die weiße Paste in die vorstehenden Löcher, dann erst werden die Rottöne genau wie beim natürlichen Vorbild verteilt. Die weißen Lamellen entstehen nun auch wieder durch flüssige Paste, die nach und nach aufgefüllt wird, damit von ihrer Zartheit nichts verlorengeht. Mit dem Stiel geschieht das gleiche. Beim Aufstellen werden Laub, Borke, Steine und Moose verwendet.

Hier ist kein Pilz »echt«, obgleich sie alle bis auf die Beschädigungen so aussehen. Norbert Sing hat sie selbst hergestellt. Sie fassen sich genauso weich wie Pilze an, aber keiner hinterläßt Flecken.

GELBER KNOLLEN BLÄTTER PILZ

Bauen+Wohnen

Der Urbanitäter

Was macht eine Stadt wohnlich und gemütlich – und wie hat man das früher erreicht? Im »Alten Hof« von München geben die Mauern Antwort.

Das Maß der Stadtzerstörung war für den Münchner Karl Klühspies voll, als man einen Autotunnel unter dem Prinz-Carl-Palais durchführen und mitten im Finanz-Garten auftauchen lassen wollte. Eine andere Ausfahrt sollte mit den Treppen des Hauses der Kunst bezahlt werden. Nachdem bereits aus ganzen Reihen alter Häuser, die Wohnungen, kleine Läden und Gaststätten beherbergt hatten, lange Repräsentationsblocks, Bankgebäude und Kaufhäuser entstanden und Bäume straßenweise abgeholzt worden waren, gründete Karl Klühspies mit fünf Freunden eine Bürgerinitiative. Sie riefen die Bevölkerung Münchens auf, sich für den Schutz ihrer Stadt einzusetzen.

Er war **einer** der ersten, **der durch sein Eingreifen zum Nachdenken über städtisches Wohnen aufforderte,** aber auch einer der ersten, der damit Erfolg hatte. Hans Jochen Vogel, der Bürgermeister, der die Olympischen Spiele vorbereitete, zog daraus den Schluß: »Ich werde künftig keine Pläne meiner Verwaltung mehr unterschreiben, die nicht öffentlich diskutiert worden sind.«

Wie wichtig die Einhaltung dieser These für alle Bürgervertreter ist, hat Karl Klühspies selbst erfahren. Er war von Jugend an ein engagierter Mensch, aufgeschlossen für die Probleme der Zukunft. Als er daher mit seiner Ausbildung zum Ingenieur fertig war, erkannte er, daß man – so wertvoll diese Kenntnisse sind – damit keine Probleme lösen kann. Er lernte von neuem, diesmal Architektur und Städtebau. Nach Studienabschluß und Arbeit auch in staatlichen Planungsbüros mußte er eine neue, für ihn unerwartet bittere Erfahrung machen: »Weder als Architekt noch als Städtebauer vermag man irgend etwas in einem behördlichen Amt zu ändern. Man kann ja bisherige Falschentscheidungen und Mißstände von dieser Stelle aus nicht an die Öffentlichkeit bringen. Es sei denn, man scheidet aus.« Diese Entscheidung traf Karl Klühspies.

So kam es, daß aus seiner eigentlichen Arbeit zu überwiegenden Teilen ein nichtbezahltes Hobby wurde. Immerhin war die zukünftige Stadtverwüstung von ihm und seinen Architektenfreunden so augenfällig gemacht worden, daß die Münchner Stadtverwaltung selbst die Gefahr erkannte und eine außerbehördliche Informations- und Diskussionsstelle – das »Münchner Forum«, hervorgegangen aus der Bürgerinitiative – schuf und finanziell unterstützte.

Ihm verdankt München mehr, als der einzelne im allgemeinen weiß. Karl Klühspies fand zum

Beispiel den Gesetzesparagraphen, der es der Stadt ermöglichte, die Wiederherstellung des historischen und beliebten Café Annast – bereits von einer Bank aufgekauft – dem jetzigen Besitzer zur Auflage zu machen. München soll wieder eine Wohnstadt werden. Die Fußgängerzonen sind bereits erste Anzeichen. Bei der offiziellen Planung beginnt man umzudenken.

Aber gerade darin liegen viele weitere Probleme. Es genügt ja nicht, eine Straße zur Fußgängerzone und die dahinterliegende kleine Straße zum undurchdringlichen Zulieferchaos zu machen. Auch reicht es nicht aus, auf bereits bestehende Mißstände zu reagieren. Karl Klühspies ist einer der wenigen, die **Folgen übersehen, mit kritischen Methoden prüfen** und **in die Zukunft denken** können.

Das Wort »Urbanität«, das für unser zukünftiges Wohlbehagen eines der wichtigsten werden wird, führte noch vor etwa zehn Jahren kaum jemand im Munde. In den Lexika kann man etwa lesen: urban = 1. umgänglich, fein, gebildet, höflich, weltmännisch. 2. städtisch. Die Erfahrungen unserer Zeit findet man unter diesen Wörtern nicht. Karl Klühspies stellt uns daher seine Erfahrungen für hoffentlich viele Bürgerinitiativen zur Verfügung:

Urbanität ist die Form einer künstlichen Umwelt, die mit einem Minimum an Aufwand und Einschränkung ein Maximum an persönlicher Entfaltung, Kommunikationsmöglichkeit und Wohlbefinden, ein optimales Angebot an Bildungs- und Arbeitsmöglichkeiten, an Unterhaltung und Freizeitgestaltung, an Kunst und Kultur gewährleistet – ein Organismus mit Zonen der Hektik ebenso wie Bereichen der Ruhe und Beschaulichkeit, ein Gebilde vielfältigster Erscheinungsformen und Aktivitäten und – der Möglichkeit, dem allen in eine relativ unberührte Natur in zumutbarer Entfernung zu entfliehen.

Das Wort Urbanitäter ergab sich als Wortspiel aus Urbanität. Dabei merkten wir, daß in unserer Sprache dem »Täter«, also dem, der aktiv wird, etwas tut, nur eine ungute Tat zugetraut wird.

Auf bestehende »Vorurteile« aufmerksam zu machen, das ist wieder eine Möglichkeit für ein Hobby.

Was man für die Gemütlichkeit unserer Städte tun kann

Gemeinden legen über ihre Vorhaben meist Vorschläge in Gestalt von Plänen aus oder veranstalten Architektenwettbewerbe, über die Stadt- oder Gemeinderäte entscheiden (meist Nicht-Fachleute). Wer sich auch in Zukunft in seiner Gemeinde wohl fühlen will, muß sich dafür interessieren.

Man kann der Gemeinde auch bereits durchdachte Vorschläge unterbreiten. Nicht abhalten lassen! Der gute Bürger ist der interessierte Bürger, der sich verantwortungsbewußt aus der »schweigenden Mehrheit« löst.

Der Film vom Ameisenheger

Die beiden Freunde Horst Langer und Heinz Doppelbauer gehören der Organisation der Naturfreunde an. Auf die Frage: »Was ist ein Naturfreund?« antwortet Heinz Doppelbauer: »Das ist in erster Linie eine Haltung. Sie drückt sich aus im einfühlsamen Denken und fängt zum Beispiel damit an, daß man den Motor abschaltet, wenn der Wagen steht.« Darüber hinaus wandert man zusammen, setzt sich für gesunde Umweltverhältnisse ein – beispielsweise für Naturparks –, bringt an Wochenenden Kinder in die Berge oder aufs Land und lehrt sie die Schönheit der Landschaft, ihrer Pflanzen und Tiere und deren biologische Zusammenhänge, und man hört naturwissenschaftliche **Vorträge, bei denen man selbst eine ganze Menge lernt.«**

Der 36jährige Horst Langer erfuhr auf diese Weise von der **kleinen roten Waldameise,** die dunkelbraun aussieht und etwa 8 mm lang ist. Um zu erkennen, von welcher Wichtigkeit sein Hobby für uns alle ist, muß man wissen, was es gerade mit der kleinen Roten auf sich hat.

Vier Haufen der kleinen roten Waldameise schützen im Umkreis von etwa 100 bis 150 m einen Hektar Wald vor dem Borkenkäfer, der Buschhornblattwespe und den Schmetterlingen Nonne und Eichenwickler. Das sind Schädlinge, gegen die – besonders wenn Stürme Waldteile umlegen – tonnenweise mit Insektiziden vorgegangen werden muß. Diese Gifte bleiben nicht nur im Wald hängen. Sie kommen durch Regen ins Grundwasser.

Die kleine rote Waldameise ist auch in der Lage. aus der Nadelstreu unserer durch einseitigen Fichtenanbau sauer gewordenen Waldböden gute Humuserde zu machen. Wo sie ist, stellt sich auf gesunde Weise das biologische Gleichgewicht wieder her, was für uns wichtiger ist als je zuvor. Aus unseren Wäldern beziehen wir 60 Prozent unseres Wassers. Sind diese Wälder gesund, ist es das Wasser auch.

Noch eine dritte erkennbar gute Eigenschaft hat die kleine rote Waldameise. In ihren warmen Haufen überwintert sie ihre eigenen Haustiere, die Blattläuse, die sie im Sommer auf die Almen – die Bäume – bringt, um sie dort zu melken. Auf Tannen und Fichten, denen sie nicht schaden, sondern diese einen süßen Saft ab, der auch von Bienen und nach diesen von Menschen als würziger Tannenhonig geschätzt wird. Wo die kleine rote Waldameise in der Nähe ist, ernten Imker unabhängig von der Witterung, die Blüten stark schaden kann, regelmäßig jährlich pro Stock etwa einen Zentner Tannenhonig.

Hier muß vermerkt werden, daß es sich bei den Ameisen, die auf Terrassen und in Gärten auftreten, nicht um die kleine rote Waldameise handelt. Es gibt auch Ameisen, die Schaden anrichten, auch im Wald. Daher ist es **wichtig, daß für die kleine Rote ein Aufklärungsfeldzug geführt wird** – wieder ein Hobby.

Große Schäden an Ameisenhaufen verursachen »naturliebende« Väter, die mit dem Stock hineinhauen, um ihren Kindern zu zeigen, welches wunderbare Kunstwerk ein Ameisenhaufen ist und wie schnell die Ameisen nach bestimmten Gesetzen handeln. Danach finden in den nun freiliegenden Eiern Fasane, Spechte, Füchse und Dachse eine kostbare Nahrung. Meist ist dann der Schaden bis zum nächsten Regen nicht wieder behoben, und das Wasser leistet den Rest. Es gibt sogar Jagdpächter, die zur Fütterung ihrer Fasane solche Haufen extra aufbrechen, und es gibt Tierliebhaber, die Ameiseneier für die Fütterung in Aquarien und Vogelhandlungen ohne Rücksicht auf Verluste sammeln.

Gehen durch solche gedankenlosen Gewalttaten Ameisenhaufen ein, droht den anderen Gefahr. Um den Fortbestand zu sichern, müssen mindestens vier gesunde Haufen in der Nähe liegen.

Als er erkannte, wie schwer dieses Problem wiegt, beschloß der Elektromonteur Horst Langer, sich für den Schutz der kleinen roten Waldameise einzusetzen. Zweimal nahm er schon an Kursen für Imker und Forstleute, je eine Woche lang, teil. Sie werden zwar vom Staat abgehalten, aber die Unterbringung in Hotels einer Großstadt wie Würzburg muß von den Teilnehmern selbst bezahlt werden. Bereits das war für einen Arbeiter und Familienvater ein Opfer. Dabei lernte er aber, wie und in welchen ganz bestimmten Zeiten man einem Ameisenhaufen Teile zum Verpflanzen entnehmen kann und wie man die neuen Haufen ansetzt und schützt. Für das Material zahlte er aber jährlich etwa 1500 bis 2000 D-Mark aus eigener Tasche. Mit sechs Haufen hat er die Versuche begonnen. Inzwischen sind innerhalb von sieben Jahren über 300 daraus geworden. Metalltafeln mit der Aufschrift »Versuchsanlagen der ges. geschützten Waldameisen« halten Jäger und Frevler dennoch nicht davon ab, immer wieder in großen Mengen Ameisenhaufen zu zerstören.

Horst Langer, vor dem man nur den Hut ziehen kann, ist fast am Resignieren.

Um den Verpflanzungsversuchen zu helfen und seinen Freund zu unterstützen und zu ermutigen, dreht der 30jährige Schrotthändler Heinz Doppelbauer einen **Film über die kleine rote Waldameise.** Er will ihn gemeisam mit Horst Langer vorführen, wo Menschen interessiert und bereit sind zu lernen. Dazu hat er seine sämtlichen Filmgeräte – und das ist auch nicht billig – auf die Ameisenfilmerei umgestellt. Er schreibt bereits als Mitredakteur einer privaten Umweltzeitschrift darüber.

Wohnungsnot bei Eulen

»Was macht denn der da?« fragte ein alter Herr, der im Nymphenburger Schloßpark bei München spazierenging und dabei zusah, wie ein Mann mit einem riesigen Kasten auf einen Baum kletterte. »Er hängt einen Eulenkasten auf.« – »Wozu muß man denn diesen Schreckgespenstern noch das Leben erleichtern?« – »Erstens sind Eulen keine Schreckgespenster, sonder nützliche Vögel, auch wenn man sie in manchen Gegenden aus Unkenntnis noch abschießt und damit ausrottet. Und zweitens finden sie keinen Nistplatz mehr, weil es keine alten Gemäuer oder alten Bäume mehr gibt.« – »Und warum müssen sie überhaupt dasein?«

Diese Frage kann uns am besten Rainer Greulich beantworten. Er hat sich die Mühe gemacht, schon 36 Eulenkästen zu bauen: **Eulen fressen Mäuse und kranke Vögel.** Wir haben zur Zeit Vogelepidemien, weil zu viele schwache Vögel, die ringsum in den Gärten im Winter mit durchgefüttert werden, nicht eingehen und – weil ihre natürlichen Feinde keine Unterkunft finden. So stecken sich auch gesunde Vögel an, und der Verlust an Singvögeln ist dann viel größer. **Singvögel brauchen wir** aber **für die Erhaltung des biologischen Gleichgewichtes** in Wald und Garten. Sie treiben auf gesunde Weise biologische Schädlingsbekämpfung. Durch ihre Mithilfe braucht man weniger Gifte zu verstreuen oder zu verspritzen.

Rainer Greulich ist Industriekaufmann, 31 Jahre alt, und hat sich von Kindheit an für Vögel interessiert. Er liebte die Natur und wanderte gern, weshalb er sich der Ornithologischen Gesellschaft anschloß. Dort traf er mit vielen Fachleuten zusammen. Rainer Greulich geriet so an eine Gruppe von Vogelforschern, las selbst ornithologische Bücher und kam dann bald darauf, daß die Eulen in unserer perfekten Welt keinen Platz mehr finden. Da die Industrie sich nur um Großmengen kümmert und man aus diesem Grund nur Nistkästen für die gängigsten Vogelarten kaufen kann, blieb ihm nichts übrig, als selbst Eulenkästen zu bauen. Inzwischen hat er schon viel Erfolg mit Waldkauzfamilien gehabt, die ihn zu kennen scheinen. In einigen Gebieten streichen sie nicht mehr ab, wenn er sie beobachtet.

Wie jeder engagierte Mensch ist Rainer Greulich daran interessiert, daß viele Menschen mithelfen, **unsere Vogelwelt wieder zu bevölkern.** Deswegen zeigt er uns, wie Eulenkästen gebaut werden. Natürlich muß man anderen nützlichen Vogelarten andere Kästen anbieten. Aber er rät sehr ernsthaft: »In der

Natur regelt sich vieles von selbst, und da sollte der Mensch nicht eingreifen! **Steuerung ist nur da nötig, wo etwas aus dem Gleichgewicht geraten ist.**« Um das herauszufinden, muß man mit Fachleuten sprechen und möglichst Fachbücher lesen.

Rainer Greulich hat aus seiner Anschauung die Konsequenzen gezogen. Als erstes suchte er sich eine Wohnung im Wald. Jetzt ist er dabei, den elterlichen Betrieb aufzulösen und mit seiner Frau zwei Jahre in Süd- und Nordamerika Vögel zu erforschen und zu zeichnen (seine Frau ist Malerin, er selbst will sich im Zeichnen vervollkommnen). So hofft er, aus seinem Hobby schließlich eine lebenserfüllende berufliche Tätigkeit zu machen.

Wo findet man Vogelfachleute?

Die Ornithologen sind in der Deutschen Ornithologen-Gesellschaft, Möggingen bei Radolfzell, organisiert.

Die Nachfolgerin der Vogelwarte Rossitten ist die Deutsche Vogelwarte Radolfzell des Max-Planck-Instituts, die »Vogelwarte Helgoland« arbeitet jetzt in Wilhelmshaven. Staatliche Vogelschutzwarten gibt es in Garmisch-Partenkirchen, Ludwigsburg, Essen, Frankfurt und Hamburg.

Das von Ornithologen für Vogelfreunde besonders empfohlene Buch ist »Pareys Vogelbuch«, die Übersetzung von »The Birds of Britain and Europe«.

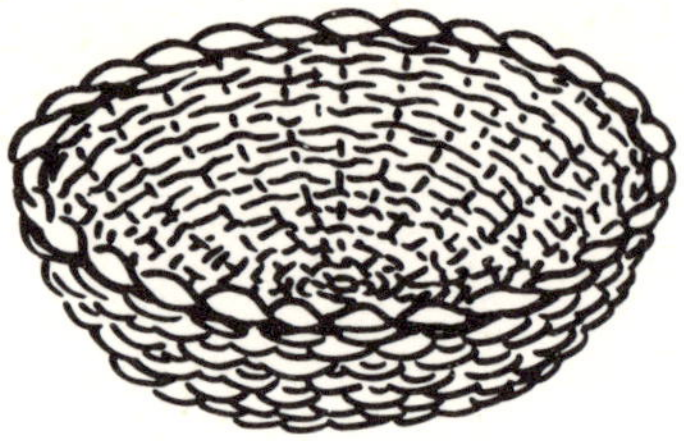

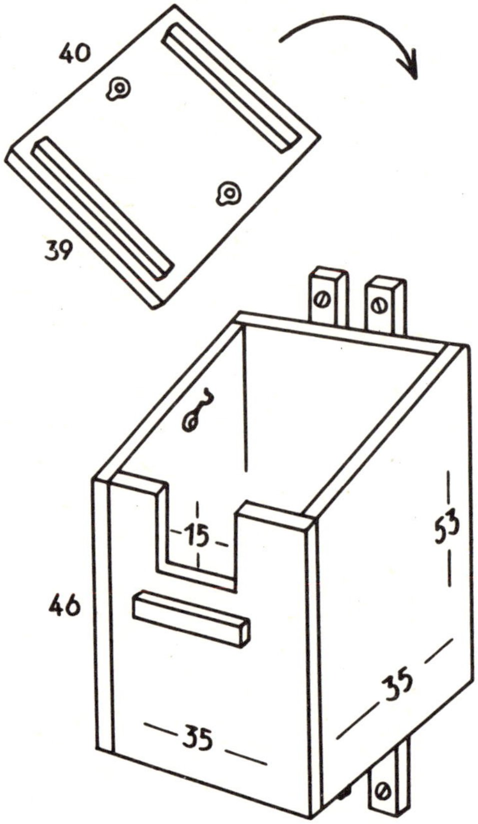

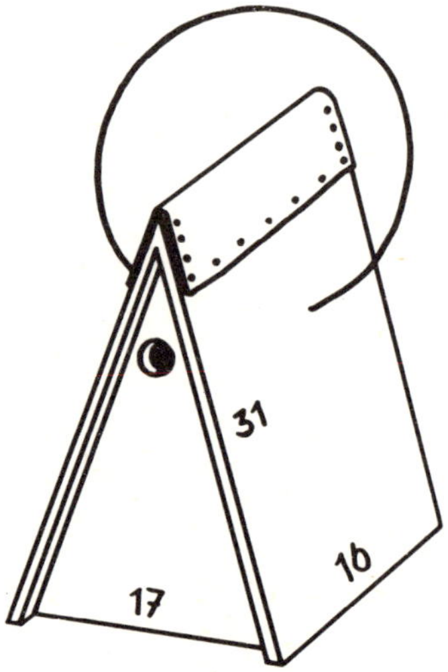

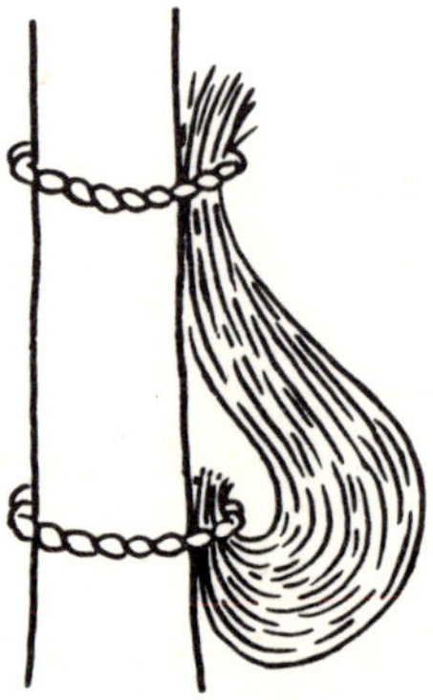

Nistmöglichkeiten

Auch Turmfalken sind Mäusevertilger. Sie nehmen gern Körbe an (Durchmesser 35 cm, Höhe 15 cm). Für Höhlenbrüter sind Dreiecksnistkästen, für Freibrüter angebundene Ginster- und Reisigzweige bestimmt. Die Maße für den Eulenkasten stellt Rainer Greulich zur Verfügung.

Der Bankerl-Simmerl

Der 74jährige Simon Widauer aus Maria-Alm in Österreich hat das Glück, so richtig mit sich und der Welt zufrieden zu sein. Jeder mag ihn, und er mag jeden.
Als Sohn eines Bauern hatte er vom Vater den Hof übernommen und ihn bereits vor 18 Jahren der Tochter übergeben, weil sie ihm einen Schwiegersohn ins Haus brachte, mit dem er heute noch einverstanden ist. Dieser hätte sich sonst einem anderen Vorhaben zugewendet, aber der lebenstüchtige Menschenkenner Simon Widauer wollte ihn seinem Hof erhalten.
Das war aber kein Grund für ihn, die Hände in den Schoß zu legen. Abgesehen davon, daß er in Arbeitsspitzen auf dem Hof hilft, wurde er Obmann des Gartenbauvereins. Er berät bei Obstbaumschnitt und organisiert den Blumenschmuck im Ort. In der Musikkapelle von Maria-Alm spielt er seit 56 Jahren Trompete. Seit 40 Jahren singt er im Kirchenchor. Das Beste aber, was der Menschenfreund tut: **Er stellt** überall, wo man einen Blick auf Ort oder Berge hat, **Sitzbänke auf.** Daher sein Name Bankerl-Simmerl.

Wie man eine »Simmerl-Bank« aufstellt

Man muß vorher zuschneiden: je zwei Rundhölzer, Durchmesser 8 bis 10 cm, 130 und 80 Zentimeter lang, die an einer Seite angespitzt werden, drei 24-mm-Bretter, 150 bis 170 cm lang, etwa 18 cm breit und zwei 50 cm lange, 6 cm breite Querleisten.
Im Abstand von 90 bis 100 cm schlägt man die großen Rundhölzer und 25 cm davor die zwei kleinen so schräg ein, daß ihre Mitten in Sitzhöhe 35 cm Abstand haben. Sitzhöhe ist vorn 42 cm, hinten 40,5 cm. In entsprechender Höhe werden die zwei Querleisten angeschlagen und die überstehenden Teile abgesägt. Nun braucht man nur noch die zwei Sitzbretter und das eine Lehnenbrett anzuschlagen. Die 70 mm langen Nägel sollten nicht rosten!
Für Nicht-Maria-Almer: Vor dem Bau von Bänken muß man sich mit den Gemeinderäten, dem Verschönerungsverein oder den Bodenbesitzern besprechen. Der Bankerl-Simmerl tut das auch, aber die Maria-Almer sind einverstanden.

Der Wettermacher

Der Gärtner Rudolf Lammel ist einer der wenigen, der zu seinem Hobby kam, ohne es vorher zu kennen und ohne daß er etwas dazu tat.
Er leitet die Gärtnerei eines Sanatoriums im Taunus. Eines Tages fand der Deutsche Wetterdienst, daß sich dieser Punkt besonders gut für eine Wetterbeobachtungsstation eigne, und fragte bei Rudolf Lammel an, ob er nicht **Beobachter für den Wetterdienst,** also **Hobby-Meteorologe** werden wolle. Rudolf Lammel schlägt nicht gern eine Bitte ab. Aber dann kamen Instrumente und kluge Leute, die ihn lehrten, mit diesen Dingen richtig umzugehen – da bedauerte er seine Zusage. »Als sie weg waren, brummte mir der Kopf. Ich dachte, das lernst du nie!«
Heute lacht er darüber. Er nahm sich damals noch einmal in aller Ruhe die Anweisungen vor, und in wenigen Tagen wußte er, was er zu tun hatte. Heute sind wir es, dem seine Kenntnisse nicht gleich in den Kopf gehen. Er redet von Dampfdruck und Trockentemperatur und wie der Taupunkt errechnet wird, wie man den Schnee auf einem Brett bestimmter Größe mißt, die Regenmenge kontrolliert oder den Sonnenschreiber auswechselt, was man jeden Tag einmal durchsagen muß und was man einmal im Monat, eingetragen in eine Tabelle, abschickt.

Inzwischen ist Rudolf Lammel sehr zufrieden mit seinem ständigen Hobby. Er hat gelernt, Wind und Wolkenbilder zu beurteilen oder die Sichtweite zu bestimmen. Er ist, wie er sagt, eigentlich damit noch **viel stärker in das Naturgeschehen eingedrungen.**
»Manchmal komme ich mir vor wie so ein alter Schäfer, der früher vielleicht das Wetter genauer voraussagen konnte, als wir das mit allen technischen Raffinessen tun. Man muß seinen Tageslauf natürlich darauf einstellen. 7.30 Uhr, 14.30 Uhr und 21 Uhr wird abgelesen.« Rudolf Lammel meint, daß das sein Gutes hat. **Man packt** so **viel mehr in seinen Tag hinein,** und **man nimmt** auch **intensiver am Tag teil.**

Das Wetteramt meldet

Außer den **Hobby-Meteorologen** sucht der Deutsche Wetterdienst in Offenbach für die ganze BRD sogenannte **Hobby-Phänologen,** das sind Mitarbeiter, die beim Spazierengehen das Wachstum der Pflanzen beobachten und darüber Buch führen.

Medizin gegen die Einsamkeit

Zu bestimmten Zeiten braucht jeder Ruhe und Abgeschiedenheit, weil sie entweder produktive Tätigkeiten fordern oder weil wir nach Stunden des Beisammenseins mit anderen wieder zu uns selbst finden wollen. Ständige Trennung von anderen brauchen wir nicht, auch nicht, wenn wir vorgeben, lieber Einsiedler zu sein. Wir werden dadurch eher krank.

Wir kommen auf die Welt mit einer Fülle von Signalen, die wir bereits als Baby aussenden, damit man sie beantwortet. Babys möchten gestreichelt werden. Sie wollen festgehalten sein. Sie wollen unsere Nähe spüren. Sie möchten, daß wir ihr Lächeln beantworten. Sie suchen Möglichkeiten, mit uns zusammen zu jauchzen, zu plappern und zu reden und auf jede Weise zu spielen. Sind Mütter durch Zeitknappheit oder Abwesenheit nicht in der Lage, diese Signale zu beantworten, dann werden sie nicht nur, wie es zur normalen Entwicklung gehört, nicht weiterentwickelt, sondern sie verkümmern. Dasselbe geschieht, wenn Eltern ablehnend oder kühl dem Kind gegenüberstehen.

Bereits das Baby fühlt sich nicht in die Gemeinschaft aufgenommen, es lernt das »Urvertrauen« kaum oder gar nicht kennen. Wen wundert es, wenn der erwachsene Mensch sich auch nicht aufgenommen fühlt, Hemmungen hat, mit anderen Kontakt aufzunehmen, und zwischen Zutrauen und Mißtrauen nicht unterscheiden kann.

Diesen Tatsachen ins Auge zu sehen ist nötig, wenn man abhelfen will. Es nützt nichts, Eltern, die ihrer Familie wirtschaftlich helfen wollten, vorzuwerfen, daß sie für ihre Kinder keine Zeit hatten. Sie waren nicht auf die Auswirkungen hingewiesen worden. Nun gibt es ja Möglichkeiten, Scheu und Mißtrauen abzubauen.

Erster Helfer wären der Kindergarten der kleinen Gruppen und die Schule der kleinen Klassen, in denen es nicht stört, wenn man untereinander spricht, sich gegenseitig hilft und, wenn es sein muß, abschreibt – die also Kontakte fördern und nicht unterbinden. Wenn man auf diese Hilfe nicht rechnen konnte, muß man selbst versuchen zu lernen, was bisher vernachlässigt wurde.

Auch wenn es anfangs schwerfällt – Kontakte müssen gesucht werden. Gelingen sie nicht gleich, sollte man sich überlegen, was man den anderen bieten kann, damit sie gern zuhören und erwidern.

Die Vereinigung, in der gemeinsam etwas erarbeitet wird, ganz gleich ob mit Hand oder Kopf, ist die beste Möglichkeit. Vielleicht hat man Fertigkeiten anzubieten. Was man sicher beherrscht, macht auch sicherer. Wenn man erst dazugehört, ist das nicht mehr so wichtig. Fortschritte kommen durch das Mittun von allein. Ob es die Volkshochschule ist, der Verein, eine Bastler-, Sammler-, Initiativ- oder Hilfsgruppe, jede Gemeinschaft ist nützlich.

Der Zauberer

»Es gibt ein paar Leute unter uns, die glauben, daß sie die Zauberei nur für sich selbst unternehmen. Ich glaube, daß wir zaubern, weil wir durch die Verblüffung der Zuschauer Anerkennung finden. Es macht Spaß, etwas zu können, was nicht jeder kann. Eigentlich sind wir ja abhängig vom Erfolg.«
Damit spricht der wahrheitsliebende 50jährige Zauberer Heinz Lurz, der im Beruf Konstruktionsingenieur ist, eine Tatsache klar aus, die man keineswegs schamvoll verhüllen muß. Anerkennung gehört zum Glücklichsein. Gerade die mehr als 1100 Mitglieder, die im »Magischen Zirkel von Deutschland« zusammengeschlossen sind, beweisen in ihrer Organisation, wie sie sich gegenseitig brauchen und welche Vorteile sie davon haben.
In regelmäßigen Abständen kommen in größeren Städten die Magier zusammen. Diese festen Vereinsabende und die einzelnen Mitglieder stehen in einem Adressenbuch, das jeder besitzt. Verreist ein Mitglied, ist es **in einer anderen Stadt nie allein.** Es meldet sich bei einem der dortigen Magier oder geht zu einer der Versammlungen. Das ist für alle Teile interessant, weil man die Tricks im eigenen Verein bald kennt. Der fremde, aber ihnen allen bekannte Vereinsbruder bringt meist etwas Neues mit und ist selbst gern Zuschauer für ihm noch unbekannte Tricks. Die einzelnen Vereine organisieren auch Vorstellungsabende für Gäste, für Altenheime, Krankenhäuser und ähnliche Institutionen.
»Mit der weißen oder schwarzen Magie (Zukunftsvorhersage und Okkultismus) haben wir überhaupt nichts zu tun! Wir leben von liebenswürdiger Täuschung«, stellt Heinz Lurz einer Zauberei voran. Das glaubt man ihm aufs Wort, und man läßt sich gern von ihm täuschen. Man weiß ja, es geschieht im Einverständnis von Zauberer und Zuschauer.
Um selbst Zauberer zu werden, braucht man **»eine gute Portion Menschenkenntnis, Ausdauer** beim Üben (manchmal monatelang, bis ein Trick sitzt), natürlich **Geschicklichkeit** und einigermaßen **gesunden Menschenverstand«.**

Geschäftsstelle des Magischen Zirkels
(mit Zauberer-Bibliothek)
Triberg im Schwarzwald

Für Zauberer gibt es viele Bastelmöglichkeiten. Das »Kunststück« mit ägyptischen Figuren stellte ein Magier selbst her, andere sammeln Zauberrequisiten.

Fräulein Sterngucker

Mit dem Hobby ist es wie mit der Liebe: Was man schwer erkämpfen muß, erfüllt dann um so mehr. Die 19jährige Margit Zinner hat diese Erfahrung schon mehrmals gemacht.

Eigentlich wollte sie studieren, aber die begründeten Einwände der Eltern, die für ihre Töchter möglichst krisenfeste Berufe wünschten, konnten sie nicht erschüttern. Schließlich hatte sie mit ihnen erlebt, wie schwierig es ist, wenn eine Familie beruflichen Schwankungen ausgesetzt ist. Ihr Vater ist freier Filmaufnahmeleiter. Hinzu kamen die Beschränkung der Studienplätze und der Einwurf der Eltern, daß ja Mädchen doch meist heiraten und daß das Studium für sie dann »umsonst« sei.

Das stimmt zwar nie, aber es ist die übliche Anschauung. **Man setzt voraus, daß Studium zu nichts als zur Berufsausbildung führt.** Daß ein Mensch daran reift, erfüllter lebt und gleichzeitig eine vollwertigere Kraft unserer Gesellschaft ist, zählt noch nicht. Wie soll sich ein junges, liebenswürdiges Mädchen von 16 Jahren gegen solche Allgemeinurteile durchsetzen können? Margit Zinner ging vom Gymnasium ab und lernte drei Jahre als kaufmännische Angestellte – und auch als Mensch. Ihr naturwissenschaftliches Interesse konnte sie einfach nicht aufgeben. Sie las Bücher, hörte Vorträge, kaufte sich ein Mikroskop, begann damit Versuche zu machen, und kam schließlich zur Münchner Volkssternwarte.

Dort sitzt ein Mann mit Namen Oberndorfer, der auch einmal ein Hobby-Sterngucker war und es versteht, junge Menschen zu begeistern. Doch auch die Astronomie schien zunächst nach Meinung von Margit Zinners Eltern keine Sache für junge Mädchen zu sein. Aber jetzt war Margit Zinners Überzeugungskraft bereits so weit gewachsen, daß sie selbst ihre Eltern begeistern konnte. Zur Münchner Volkssternwarte gehören etwa 160 Mitglieder, die ihre Erfahrungen austauschen und Vorträge hören. 20 bis 25 davon machen je einmal in der Woche abends Führungsdienst mit Besuchern. Margit Zinner gehört natürlich dazu. Außerdem lernt man, **wie man selbst Fernrohre bauen kann und bis zu 50 Prozent einspart.** Die ganze Sternwarte ist auf diese Weise entstanden.

Den Kohoutek hat Margit Zinner natürlich beobachtet und andere interessante Himmelserscheinungen auch. Sie kennt sich gut am Himmel aus, und sie fühlt sich in der großen Gemeinschaft von Menschen mit gleichen Interessen, die wissenschaftlich aktiv arbeiten, sehr wohl. Schließlich sind nicht umsonst die meisten Neuentdeckungen von sogenannten Amateurastronomen gemacht worden.

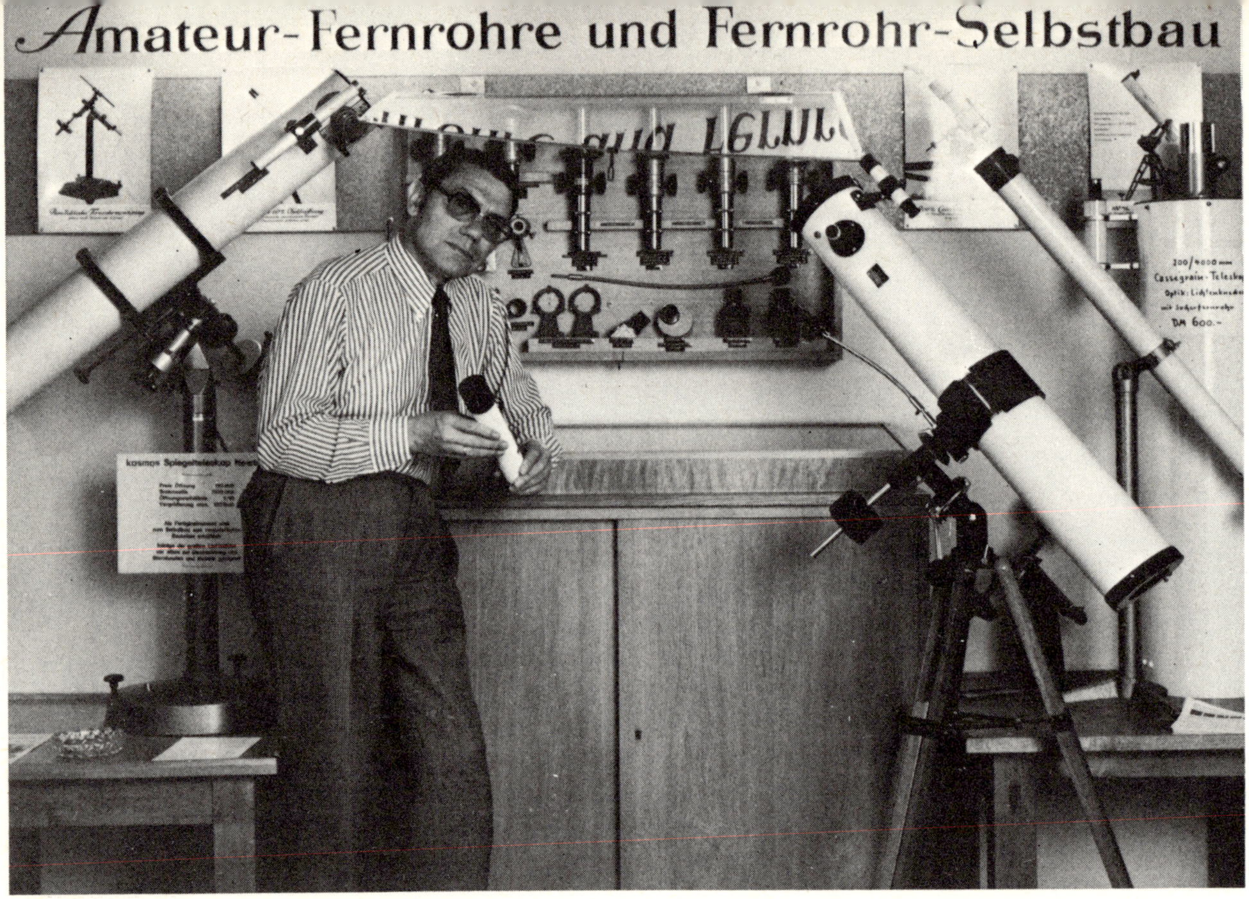

In der Volkssternwarte München berät Hans Oberndorfer Kursusteilnehmer der Volkshochschule, aber auch andere Interessierte, wie man ein Fernglas selbst bauen kann.

In jedem Land gibt es astronomische Gesellschaften oder Vereine, die einem sagen, wo man Sterngucken oder Astronomie erlernen kann. In der Schweiz **bei Lugano** steht sogar **eine Sternwarte für Ferienlehrkurse** bereit. Selbstverständlich sind die Sterngucker über die Grenzen miteinander verbunden. Margit Zinner liest die englische astronomische Zeitung »Sky and Telescop«, die auf diesem Gebiet als beste Zeitschrift der Welt gilt und viele Nachrichten für Sterngucker enthält. Für Margit Zinner fällt dabei ab, daß ihre **englischen Sprachkenntnisse spielend vollkommener** werden. Neue Wörter ihrer Lieblingsgebiete muß sie nicht erst auswendig lernen. Sie sitzen gleich fest und werden kaum wieder vergessen.

Außer der Beschäftigung mit Astronomie und Mikroskopie zeichnet oder malt Margit in ihrer freien Zeit, und sie verdient sich zusätzlich noch etwas Geld beim Babysitting. Gerade durch ihre intensive Beschäftigung mit den Hobbys hat sie lernen können, wie schön es ist, wenn man *gern* lernt. Demnächst beginnt sie mit dem Abendgymnasium, um über den zweiten Bildungsweg das Abitur nachzumachen und dann doch noch zu studieren: Naturwissenschaften und Pädagogik. Das ist gewiß ein anstrengender Weg. Margit Zinner weiß es. Sie freut sich trotzdem darauf.

Durch das Fernrohr, das Margit Zinner selbst gebaut hat, dürfen die Kinder, die sie manchmal hütet, den Himmel von ihrem Balkon aus studieren.

DK 3 LP

Im Äther fischen gehen

Haben Sie sich schon mal mit König Hussein freundschaftlich unterhalten? Philipp Lessig tat es – sogar schon mehrmals, ohne daß er je in Jordanien gewesen wäre –, einfach hier von diesem Schreibtisch aus, an dem er und seine Frau gerade im Äther fischen. Die Bestätigung eines Gespräches – von Hussein persönlich mit Grüßen versehen – folgte auf einer Funkverkehrs-Bestätigungskarte an DK3 LP, die Radioadresse von Philipp Lessig. Von solchen oder ähnlichen Karten gehen jährlich beinahe 100 Millionen über die Vermittlungsstellen der Amateur-Radio-Clubs zu den Funkamateuren. Philipp und Tilly Lessig sammeln ihre in Plastiktaschen an der Wand hinter ihnen. Ein paar davon mit interessanten Funkpartnern sieht man auf der folgenden Seite. Sie stammen außer vom Freizeitfunker Hussein von Amateurfunkern der Roten Khmer Republic Cambodia, vom Enivetok-Atoll, den Osterinseln und einer Insel der Südchinesischen See.

Damit wird auch gleich gekennzeichnet, daß es **im Funkverkehr keinerlei Grenze** gibt, außer der Fairneß und natürlich einer Sendegenehmigung, die die Deutsche Bundespost für die BRD erteilt, nachdem man eine Fachprüfung erfolgreich abgelegt hat. Ohne diese Erlaubnis macht man sich strafbar.

Hat man aber die Prüfung abgelegt, dann kann man sich bereits aus Teilen beispielsweise alter Fernsehgeräte **selbst ein Funkgerät basteln,** wie es technisch interessierte Lehrlinge und Studenten tun oder wer sonst Spaß am Selbstherstellen hat. Es gibt im Deutschen Amateur-Radio-Club Jugendgruppen und Jugendlehrgänge und sogar einen Morselehrgang auf Schallplatten, die alle der Ausbildung dienen. Natürlich kann man Funkgeräte in verschiedensten Preislagen kaufen. Dabei ist es immer besser, klein anzufangen, weil man sich damit freier prüfen kann, ob der Amateurfunk auch das richtige Hobby ist.

Diese Frage kann der begeisterte Amateurfunker gar nicht mehr verstehen, denn ihm hat sein Hobby so viel gebracht, daß er davon vollkommen befriedigt ist. Bei Philipp Lessig hat die Begeisterung auf seine zunächst technisch gar nicht bewanderte Frau übergegriffen. Sie lernte die funktechnischen Begriffe und Formeln wie Vokabeln. Als sie saßen, konnte sie sich ihrer bedienen. Zunächst machte sie die Prüfung der Klasse C. Diese bietet die Möglichkeit, **ohne Ablegung der Morseprüfung im UKW-Amateurbereich zu senden** und zu empfangen. Es dauerte allerdings keinen Monat, und die Hausfrau Tilly Lessig lernte im Lehrbuch »Fragen und Antworten zur fachlichen Prüfung für Funkamateure« weiter. Dabei ent-

deckte sie sich selbst neu. In der Schule hatte sie nämlich nie gern gelernt, aber dieses Lernen, das sich ihr aus Spaß und Interesse bot, hat sie so gepackt, daß sie das Lehrbuch mit ins Bett nahm. Wenige Wochen später durfte sie, wie ihr Mann, über die ganze Erde Funkverbindungen suchen.

Das gemeinsame Hobby empfinden sie als Bereicherung ihrer Lebensgemeinschaft. Tilly Lessig erzählt: »Bei uns wird es nie langweilig. Wir haben im Beruf immer zusammen gearbeitet, und in der Freizeit tun wir es auch. Sogar wenn wir räumlich getrennt sind, sind wir durch Funk fast immer miteinander verbunden. Ich stelle das Gerät ein, wenn mein Mann im Auto unterwegs ist. Schaltet er sich ein, höre ich seinen Ruf.«

Das wichtigste Ergebnis scheint aber die **weltweite Befreundung** zu sein. Häufig nimmt man nicht nur Kontakt auf. Man vertieft die Gespräche und verabredet sich wieder, so daß richtige Freundschaften entstehen. Die Gesprächspartner, die sich im Äther treffen, wissen manchmal mehr voneinander als Familienmitglieder. Einsamkeit gibt es bei Funkamateuren meist nicht mehr.

»Funkamateur ist, wer sich lediglich aus persönlicher Neigung und nicht in Verfolgung anderer, zum Beispiel wirtschaftlicher oder politischer Zwecke mit Funktechnik und Funkbetrieb befaßt«, erklärt der Deutsche Amateur-Radio-Club. Er ist Teil der Internationalen Amateur-Radio-Union mit etwa einer halben Million Mitglieder, 25 000 davon in der Bundesrepublik und in Berlin. Alle Amateure der Welt stehen in einem Buch, das wie ein Telefonbuch aussieht.

Der einzelne Funkamateur strahlt seinen Ruf in alle Richtungen aus. Er kann sicher sein, daß ihn in wenigen Sekunden irgendwo auf der Welt ein Amateur auffängt. Spricht man Englisch, Französisch und Spanisch, kann man sich meist direkt unterhalten und **vervollkommnet dabei seine Sprachkenntnisse.** Sonst findet das Gespräch über international festgesetzte Abkürzungen statt. Wenn man auf diese Weise mit 100 Ländern gearbeitet hat, erhält man ein vom amerikanischen Radioclub gestiftetes Diplom. Bei über 312 Ländern kommt man in die »Honor Roll«.

Die Mitgliedschaft im DARC kostet DM 50,– jährlich und schließt Versicherung und eine Zeitschrift ein. Die Bundespost kassiert DM 3,– monatlich. Dafür sind **alle Gespräche kostenlos.** Ob man drei Minuten spricht oder 24 Stunden, ist gleich. Anfragen beantwortet: DARC Amateurfunk-Zentrum, D-3501 Baunatal 1, Lindenallee 6.

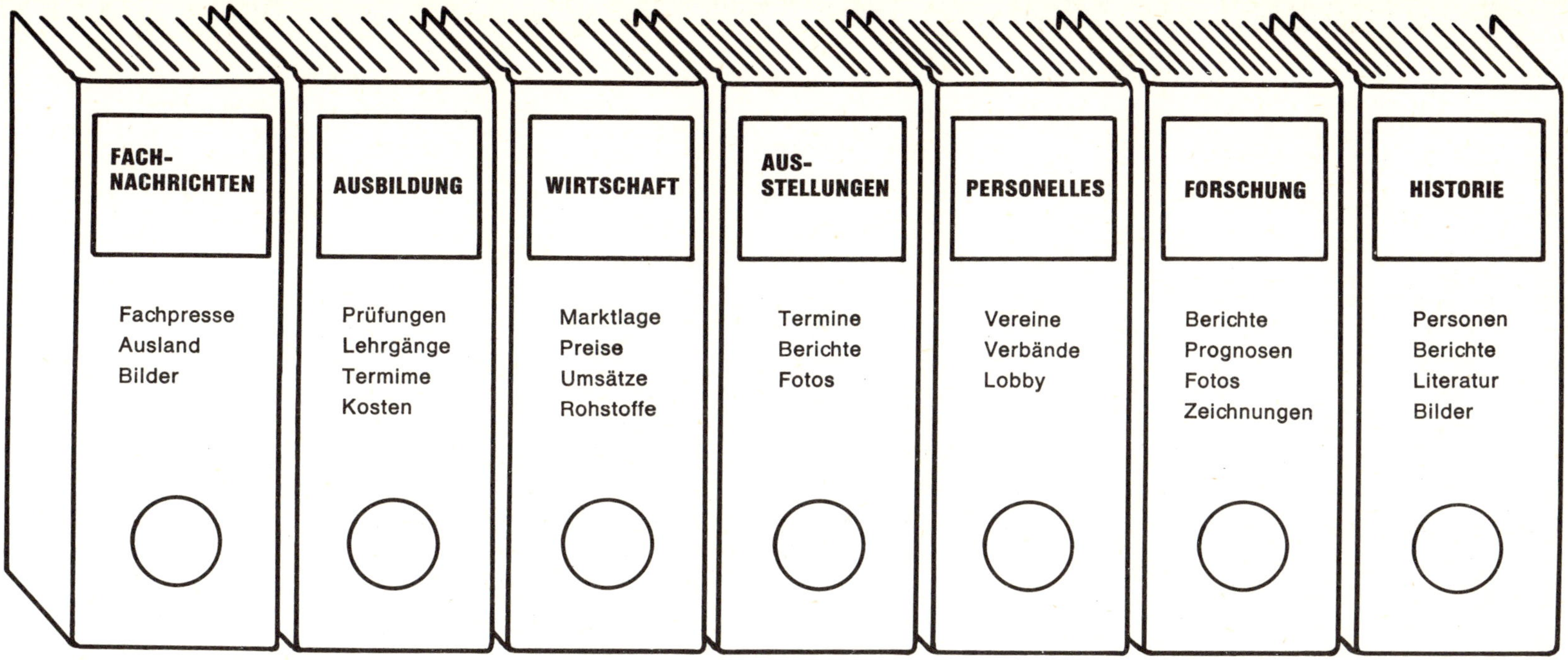

Brücke zwischen den Generationen

Zu diesem Hobby haben wir keinen Ausführenden zu zeigen. Wir haben es – der Realität begegnend – erfunden.
Gerade die Generation, die das Wort Kommunikation in die Diskussion geworfen hat, bricht fast alle Zelte zu den Älteren ab. Frustration auf beiden Seiten. Auch Eltern, nicht nur Kinder, müssen sich verlassen, ja geradezu ausgestoßen fühlen. Moderne Erkenntnisse und neue Lebenseinstellungen, berufliche Belastungen, nicht zuletzt perfekt programmierte Medien, vernichten das persönliche Gespräch. Es muß sich bei einigem guten Willen lohnen, wenn man etwas dagegen tut. Daher der Vorschlag für die Elterngeneration: eine Sammlung von Zeitungsausschnitten, Bildern und Katalogen speziell für das Berufsgebiet von Tochter oder Sohn.
Bei diesem Versuch wäre es besonders wichtig, wenn der oder die Bedachte den guten Willen anerkennen und mitziehen würde. Anregungen für das Grundschema und vor allen Dingen das Verständnis sollten von seiner oder ihrer Seite kommen.
So lernt die ältere Generation außer Fachkenntnissen, die ja immer eine Bereicherung sind, auch die beruflichen Sorgen und Schwierigkeiten der Kinder kennen und kann dabei auf Neuerungen und Gefahren hinweisen, die der im Streß des täglichen Berufes Stehende kaum noch wahrnehmen kann.
Wenn dann beide Seiten nicht unbedingt Wert darauf legen, es besser zu wissen, sondern zu lernen, werden sogar die Gespräche beim Sonntagskaffee gehaltvoller und interessanter. Beste Investition: Geduld und Toleranz.

Reden lernen

Denken und seine Gedanken vor anderen ausdrücken ist zweierlei. Daher sind gute Denker manchmal dennoch unterlegen. Sie wagen meist nicht, ihre Ideen bei irgendeiner Veranstaltung zu formulieren. Die besten Einwürfe kommen ihnen auf dem Nachhauseweg, wenn sie nur einen oder zwei Partner neben sich wissen.
Aber gerade das ist der Grund, daß einzelne Großsprecher ganze Gruppen überfahren können, die sich nicht wehren. Dabei kommen in der Politik häufig Leute zum Ziel, die nur gewitzt oder auch dumm reden können, denen Charakter und Weisheit fehlen. Sie werden für ihr Mundwerk bewundert. Auf diese Weise gerät Politik in Verruf. Dabei gibt es nichts Wichtigeres für die Zukunft als von Gruppeninteressen freie Entscheidungen.
In der Jugend werden wir leider nicht zum freien Reden ausgebildet. Noch immer ist die Annahme verbreitet, daß das brave, folgsame Kind als gut erzogen gilt und daß sich mit dem aus ihm hervorgehenden ruhigen Bürger besser vorankommen läßt. Das aber dürfte eine gefährliche Fehlspekulation sein. Wir brauchen für die Zukunft viele Menschen mit brauchbaren Ideen. Der »Urbanitäter« Karl Klühspies liefert bereits den Beweis. Aber was nützen gute Ideen, wenn sie nicht lautstark vertreten werden können?

Patrick Fields, ein junger Londoner Lehrer, benutzte die Rednerecke (Speaker's Corner) im Londoner Hydepark, um Menschen zum Sprechen herauszufordern. Seine Thesen waren oft provozierend, so daß zwischen ihm und den Zuhörern scharfe Wortgefechte ausgetragen wurden. Auf diese Weise lernten beide Seiten, öffentlich rasch Stellung zu nehmen und klar zu formulieren.
Rednerecken in anderen Städten Europas **einzurichten,** wäre wieder eine Möglichkeit für ein Hobby. In einigen Städten gibt es sie schon! Außerdem kann man **an Kursen in Rednerschulen teilnehmen.** Am wichtigsten scheint aber die **Teilnahme an Bürgerinitiativen oder in politischen Parteien** zu sein. Dort lernt man bereits in kleinen Kreisen, seinen Gedanken Nachdruck zu verleihen.
Hier werden besonders engagierte Hobbyisten gebraucht, denn insgesamt sind wir politisch fehlorientiert. Drei Millionen Mitgliedern von Fußballklubs und eineinhalb Millionen Mitgliedern von Gesangvereinen stehen nur eine Million Mitglieder politischer Parteien gegenüber. Man hat die Wahl zwischen den Möglichkeiten, am Rande eines Fußballfeldes mitzubrüllen, im Verein mitzusingen oder seine eigenen Gedanken über unser aller Zukunft auszusprechen. Das eine schließt dabei das andere nicht aus.

Doktor aus Spaß

Daß Lernen Spaß macht, haben die meisten Menschen in der Schule leider nicht erfahren. Das ist der Grund, warum sich viele bereits nach der Ausbildung geistig zur Ruhe setzten. Daß sie damit ihrem eigenen Glück im Wege stehen, weiß die Wissenschaft, aber leider steht das noch in keinem Schulbuch.

Lernen muß also auch **gelernt werden.** Menschen mit vielseitigen Interessen fällt es leichter, weil es ihnen Spaß macht, Neues, Interessantes zu erfahren. Weniger Interessierte sollten sich überlegen, auf welchem Gebiet sie gern etwas Neues kennenlernen würden oder wobei sie gern mitreden möchten. Es fällt allein schon viel leichter, sich freiwillig etwas vom Tisch der Weisheit zu nehmen, als wenn man gezwungen wird zuzugreifen. Beispielsweise haben viele von denen, die Ausländer heirateten, im Schulsprachunterricht versagt. Aus Liebe zum Partner lernten sie leicht und schnell.

In Schweden, wo bereits die Erfahrung gemacht wurde, daß ältere Menschen durch Lernen aktiviert werden, bietet man den Pensionären Studienkurse an, in denen das Ziel sogar der Doktorgrad ist. Er hebt nicht nur das Selbstbewußtsein, sondern er spornt an, sich von neuem – diesmal freiwillig – in den Kreis der Tätigen einzureihen. Zu Flugreisen, die bewußt für ältere Menschen zusammengestellt werden, bietet man Sprachkurse an, die gern besucht werden, weil neue, unbekannte Erlebnisse winken.

Nun muß man ja nicht auf Angebote warten. Auch wenn Studienplatzbeschränkungen bestehen, kann man **als Gasthörer** auf verschiedensten Gebieten **Vorlesungen besuchen.** Um die Wege zum Spätstudium herauszufinden, muß man sich an die Universitätsverwaltung oder direkt an die Dekanate wenden. Es gibt in mehreren europäischen Staaten Menschen, die ihre Doktorarbeit mit über 70, ja sogar 80 Jahren geschrieben haben.

Die 73jährige Oberstudienrätin Erna Heslenfeld und die 69jährige Hausfrau Maria Grusewitz (nebenstehendes Foto) lernen schon seit Jahren im Italienischen Kulturinstitut in München Italienisch. Sie fanden dort nicht nur Sprachkenntnisse, sondern einen großen Kreis Gleichaltriger, die sich um die Lehrerin Dr. Giuseppina Lorenz scharen. Für Erna Heslenfeld wurde Italien das Reiseland. Maria Grusewitz stellt sich jedes Jahr eine neue Aufgabe. In dreiwöchigen Studienreisen besuchte sie bisher Ägypten, Marokko, den Libanon und Jordanien, Nepal und Nordindien, Südafrika, Japan, Mexiko, Burma und Thailand. Darauf bereitet sie sich durch Besuche von Ausstellungen und das Studium einschlägiger Fachbücher monatelang vor.

Sich selbst kennenlernen

Eines der Kuriosa in der Geschichte der Menschheit ist die Tatsache, daß sich der Mensch erst seit Ende des letzten Jahrhunderts wissenschaftlich, nicht nur philosophisch, für sich interessiert – zwei Millionen Jahre nach seiner Entstehung. Erst wenige Jahrzehnte Forschung stehen uns auf diesem Gebiet zur Verfügung. Diese kurze Zeit hat aber doch so viel gesichertes Material zu Tage gefördert, daß es zum ersten Male möglich wäre, **menschliche Fehlerquellen,** die uns alle belasten, mehr oder weniger **auszuschalten.**
Noch kurioser dürfte daher sein, daß man die Kenntnisse dort, wo sie hingehörten, nicht verwendet. Der Mensch lernt in der Schule nicht den Menschen kennen. Immerhin ist zu den meisten Eltern – wie Umfragen ergeben haben – durchgedrungen, daß die Erziehung in den ersten Lebensjahren das Wichtigste ist, was man den Kindern mitgeben kann.
Drittes Kuriosum: Nur ein verschwindend kleiner Teil der Eltern hat sich durch ein Erziehungsbuch genau informiert. Die meisten **Eltern erziehen als Ungelernte.**
Dabei hat die Psychologie, die Wissenschaft, die der Erziehung zugrunde liegt, nicht nur Kenntnisse zu vermitteln, die allein schon interessant genug für ein Hobby wären. Sie kann in vieler Hinsicht helfen. Es ist ein weitverbreiteter Irrtum, daß man, ohne sich gründlich zu informieren, Bescheid weiß. Anzunehmen, daß richtig ist, was »allgemein bekannt« ist, hat der Psychologie und damit der Erziehung mehr geschadet als genützt.
Informierte Eltern legen nicht nur den Grundstein für ein glücklicheres Leben ihrer Kinder, sie profitieren selbst davon. Sie haben beim Erziehen im allgemeinen weniger Schwierigkeiten, und sie lernen mit den Kindern auch sich selbst und andere Menschen besser kennen. Mißtrauen würde abgebaut und Kinder und junge Leute könnten sich unter Erwachsenen besser verstanden fühlen und würden nicht verzweifelt auf Gebiete wie Drogensucht, Kriminalität und Brutalität oder in seelische wie körperliche Krankheit ausweichen.
Da in jedes Menschen Entwicklung die Kinderjahre die wichtigste Quelle für die Entfaltung sind, dürfte die **Beschäftigung mit Kindern und Kindererziehungsbüchern** den Einstieg in die sonst etwas komplizierte Wissenschaft jedermann erleichtern.
Vielleicht ist es auch kein Zufall, daß das umfassendste allgemeinverständliche psychologische Werk von einer Kinderpsychologin und Mutter, der auf den ersten Seiten bereits zitierten *Charlotte Bühler,* geschrieben wurde: »Psychologie im Leben unserer Zeit«, und ein etwas einfacheres: »Wenn das Leben gelingen soll.« Kindererziehungsbücher gibt es dagegen in großer Zahl.

Einsatz für Kinder

Weil wir Menschen uns untereinander nicht kennen, entstand das Hobby der medizinisch-technischen Assistentin Sigrid Meimberg zwangsläufig.

Durch den Beruf ihres Mannes mußte ihre Familie mit zwei Kindern mehrmals umziehen. Sie erlebte so vier verschiedene Lebenskreise: das Dorf, die mittlere Stadt, die größere Stadt und die Großstadt. Nirgends gab es in ihrer Nähe Spielmöglichkeiten und Kontakte für ihre kleinen Kinder. So annoncierte sie jeweils nach jungen Müttern und Freunden für Sohn und Tochter. Es hatte kaum Erfolg. Sie mußte überall **Spielmöglichkeiten allein organisieren,** weil sie Angst bekam, daß ihre Kinder isoliert aufwuchsen.

»Das war wie ein Lebenswerk«, sagt sie. »Man wollte mich von Amts wegen überall auflaufen lassen. Wenn man weiter mit der gegenwärtigen blanken Unkenntnis rechnen muß, braucht man zu solchen, eigentlich selbstverständlichen Aktionen erstens viel Glück, zweitens Spürsinn, um herauszufinden, wo ein aufgeschlossener Mensch sitzt, der auf diesem Gebiet etwas weiß und hilft, und drittens großes Durchsetzungsvermögen.«

Daher organisierte Sigrid Meimberg 1970 eine **»Aktion Kindergarten«.** Durch ihre Initiative gelang es auch, das **Telekolleg für Erzieher** einzuführen, in dem sich Hausfrauen und andere an Kindern Interessierte zu Kindergärtnerinnen und -gärtnern oder auch nur zu ihrer eigenen Information ausbilden lassen können.

Da die Gleichgültigkeit gegenüber leidenden Kindern sehr groß ist, wurde Sigrid Meimberg nicht nur Mitglied, sondern bald Vorsitzende des **Kinderschutzbundes.** Wie groß die Möglichkeit ist, auf diesem Gebiet ein engagiertes, selbstbestätigendes Hobby zu finden, sollen nur ein paar Daten und Zahlen darstellen: Das Strafmaß für Tierquälerei ist höher als das für Kindesmißhandlung.

Tierschutzvereine gab es bereits Anfang des vorigen Jahrhunderts; der Deutsche Tier-Schutzbund hat 750 000 Mitglieder.

Kinderschutzbünde gab es erst hundert Jahre später. Sie wurden von den Nationalsozialisten verboten, entstanden 1953 in Hamburg neu und brauchten zwanzig Jahre, um sich von Norddeutschland bis Süddeutschland durchzusetzen. Im Deutschen Kinderschutzbund sind derzeit 15 000 Mitglieder vereint.

Telefon – »Seelsorgerin« und »Besucher«

»Je mehr man über Soziales redet, um so weniger wird etwas getan«, sagt der Leiter des »Deutschen Lebensschutzes«, eines Vereins für psycho-soziale Hilfe, der durch Spendenaktionen 1968 ins Leben gerufen wurde. »Die offene Hilfe leidet darunter, daß der Staat nicht richtig eingreift. Die Hilfesuchenden nehmen zu, und die Hilfeleistungen nehmen ab.« Das könnte irgendein junger »Gesellschaftsveränderer« gesagt haben. Aber es sind die Worte des Theologen Dr. Ulrich Osterhues, der die Realität kennt und daher die Organisation bewußt überkonfessionell aufgebaut hat. Er gehört seit 15 Jahren dem Arbeitskreis zur Abwehr der Suchtgefahren an und baut klinische Heime für Drogenabhängige auf. Da er weiß, daß ein unheilbar Abhängiger den Staat etwa 1,5 Millionen DM kosten wird, kann er nicht verstehen, daß seine Sofortprogramme, die Sparprogramme wären, nicht wie notwendig unterstützt werden. Einen Teil der Arbeit leisten bei ihm freiwillige Helfer kostenlos.

Der 36jährige Werbeassistent Horst Novak meldete sich bei ihm vor zwei Jahren auf ein Inserat. Nach zehn Unterweisungsabenden wurde er Gesprächspartner für Hilfesuchende, die keinen Ausweg mehr finden. Abends oder an Wochenenden gab er Hilfestellung am Telefon. Weil er jedem, der angerufen hatte, das Gefühl geben wollte, nicht sitzengelassen zu werden, kümmerte er sich auch noch um diejenigen persönlich, die nach Genesung oder Beratung nicht wieder in neue Bedrängnis geraten sollten. Er besuchte sie, **brachte sie in Vereine, Klubs oder Freundeskreise,** bis sie seelisch wieder gestärkt waren oder bis sich ihre Probleme gelöst hatten.

Zeitweilig ging er mit einer Gruppe hilfsbereiter Menschen in eine Strafanstalt, um besonders junge **Strafgefangene auf die Freiheit vorzubereiten** und **sie vor Rückfällen zu**

bewahren. Das aber kostet fast jeden freien Abend, wenn er in seiner Freizeit vier Schützlinge betreut. Sein Platz am Telefon kann neu besetzt werden!

Die 28jährige Rosemarie Bork kam als Sekretärin zum Deutschen Lebensschutz. Als sie merkte, wie dort jeder Mensch gebraucht wird, ließ sie sich auch unterweisen und ist nun **abends oder an freien Tagen Telefonseelsorgerin,** die gleichzeitig für diesen sozialen Dienst wirbt.

»Die Gruppe der Einsamen ist wohl am größten«, sagt sie. »Wenn man einsam ist, erträgt sich das Leben augenscheinlich sehr viel schwerer. Am Telefon kann man natürlich zunächst nur durch Gespräche beruhigen, gleichzeitig aber Soforthilfe vermitteln.« Ehe- und Erziehungsprobleme gehören in Ehe- und Erziehungsberatung, Alkoholiker finden Hilfe im Kreis anonymer Alkoholiker, und Menschen mit psychischen Depressionen kommen in die Hände eines Psychiaters, meist im Max-Planck-Institut, ohne daß sie Monate warten müssen. Drogensüchtige werden nach Möglichkeit in eigenen Heimen aufgenommen.

Man packt die Probleme von allen Seiten an und versucht, ohne Vorurteile Lösungen zu finden, beispielsweise einsame Rentner in Kommunen unterzubringen. Die Voreingenommenheit der Allgemeinheit ist aber oft ein Hemmschuh. Dabei könnte mit wenig Geld, frühzeitig ausgegeben, später viel Geld des Staates gespart werden.

Rosemarie Bork arbeitet so manchen Tag 14 bis 16 Stunden. Sowohl sie als auch Horst Novak sagen, daß trotz der traurigen Tatsachen, mit denen sie ständig konfrontiert werden, ihre **Hilfsbereitschaft Spaß macht,** eben weil man dabei beobachten kann, daß Menschen geholfen wird. **Das erfüllt sie beide.**

Telefonseelsorge und andere psycho-soziale Hilfseinrichtungen suchen ständig freiwillige Mitarbeiter. Es müssen natürlich Menschen sein, die zu dieser Freizeittätigkeit Neigung verspüren und keine eigenen schwerwiegenden Probleme haben. Wenn sie sie früher hatten, kann diese Erfahrung nicht schaden.

Helfer gegen den Herzinfarkt

Kreislauferkrankungen, unter ihnen der gefürchtete Herzinfarkt, sind als Todesursache an erste Stelle gerückt. Grund genug für einen, der weiß, daß man dagegen etwas tun kann, ein Hobby mit vollem Engagement daraus zu machen.
Dr. Wolfgang Pohl von Elbwehr hat sich vorgenommen, Infarktgeschädigte oder -bedrohte zu Fachleuten ihrer Krankheit werden zu lassen. Er will ihnen wieder Mut geben, ein gesünderes und längeres Leben anzusteuern.
Dazu hatte er selbst an einem Hobbylehrkursus teilgenommen, in dem Nichtfachleute – also nicht nur Mediziner, sondern jeder, der Interesse hat, anderen zu helfen – dieses Hobby erlernen können.
Meist sind es die äußeren Lebensumstände, die zu der Krankheit führen, die ein Arzt, dessen Ratschläge oft nicht befolgt werden, auch nicht ändern kann. Der Patient selbst ist nach der Behandlung – allein gelassen und verängstigt – meist nicht mehr in der Lage, sein Verhalten richtig zu sehen. Außerdem wagt er auch nicht, sich sportlich zu betätigen, aber gerade Bewegung verschafft ihm Heilung.
Aus diesem Grund haben die Hobbykurse mit vernünftiger seelisch-körperlicher Lebenseinstellung zu tun, deren Erkenntnisse auch den Teilnehmern nicht schaden können. Doktor Pohl selbst, ein ungewöhnlich jugendlicher 52jähriger, der gesund und vernünftig lebt, haben seine eigenen Erfahrungen überzeugt, die er um so lieber weitergibt.
Zunächst treibt er mit seinen Schützlingen leichten Sport, um durch Pulskontrollen die körperliche Belastbarkeitsgrenze festzustellen. So gibt er dem Patienten wieder Sicherheit. Zur seelischen Entlastung setzt er Gruppentherapie ein und knüpft – oft auf gemeinsamen Wanderungen – Einzelgespräche an, um zur Änderung der Lebensweise des einzelnen beizutragen.
Gesunde Ernährung gehört auch zum Lehrprogramm. Viele Teilnehmer seiner Kurse, die er im Schutz des olympischen Zeltdaches in München abhält, brachten ihre Ehepartner mit. Aus ihnen ist eine einander freundschaftlich verbundene Gruppe geworden, der der Kursus fehlt, wenn er einmal ausfällt.

Der »Spieliothekar«

Die Erfindung ist Gemeinschaftswerk. Daß die gute Idee in die Wirklichkeit umgesetzt wurde, dafür sorgte am drängendsten Dieter Meiners, ein junger Lehrer der Volksschule Quickborn bei Hamburg. Ohne die freiwillige Mithilfe interessierter Mütter – zur Zeit sind es neun – wäre diese jetzt ständige Einrichtung nicht möglich gewesen.
Einer Lehrerin war aufgefallen, daß in der Schulbibliothek fast nur die Kinder Bücher ausleihen, die bereits Bücher besitzen. Aber gerade diejenigen, deren Phantasie und Denkvermögen zu Hause weder durch konstruktives Spielzeug noch durch Bücher angeregt werden, die also auf Anregungen geradezu angewiesen sind, machen von der Bibliothek fast keinen Gebrauch. Spielzeug, meinte sie, würde wohl attraktiver sein als Bücher. So kam man auf die »Spieliothek«. Man sammelte Spielzeug und schrieb Herstellerfirmen an, daß man Spielzeug, das kostenlos zur Verfügung gestellt wird, **auf seine Beliebtheit, Haltbarkeit, Beständigkeit der Anziehung** und **Reparaturleichtigkeit oder -fähigkeit testen** würde. Eine Bürgerinitiative, zu der die Idee ausgewachsen war, erkämpfte Räume, die schließlich im Keller der Schule ausgebaut wurden. Ständige »Spieliothekare« übernehmen abwechselnd **täglich kostenlos Ausleih- und Reparaturdienst,** machten also die gute Tat zu ihrem Hobby. Jetzt stehen den 4- bis 14jährigen Kindern etwa 3000 Spielzeuge und Spiele zur Verfügung. Täglich eine Stunde lang kann jedes Kind ausleihen, umtauschen oder zurückbringen. Das Spielzeug wird natürlich in einer Kartothek geführt. Ausgeliehen wird für höchstens einen Monat und höchstens drei Stück auf einmal. Aber es besteht immer die Möglichkeit, was nicht gefällt, bereits am nächsten Tag umzutauschen. Ein Raum ist zur Beratung der Eltern über das als empfehlenswert erwiesene Spielzeug vorbehalten.
Dieter Meiners plädiert **für kreatives Spielzeug, für Spiele, die Übung und Konzentration erfordern,** und **für Gesellschaftsspiele,** die lehren, den anderen zu verstehen. Darin ist eingeschlossen, daß man auch lernen muß, den anderen gewinnen zu lassen, ohne sich darüber zu ärgern.
Der Erfolg der zwei bis drei Jahre alten »Spieliothek« ist so groß, daß er eigentlich in jedem Ort Nachahmer finden müßte. Täglich machen 30 bis 50 Kinder von ihr Gebrauch. In Quickborn muß also kein Kind unbeschäftigte, langweilige oder unsinnige Nachmittage verbringen. Täglich wird es herausgefordert, sich selbst Anregungen zu

holen. Schließlich führt man es **über diese Brücke auch zum Buch.** Nun machen ja Kindergärtnerinnen und Lehrer immer wieder die Erfahrung, daß es am schwierigsten ist, mit den Kindern in Ruhe und ernsthaft zu sprechen, die zu Hause gar keine Freiheit haben. Irgendwo muß ihr Tätigkeitsdrang heraus. Das geschieht dann meistens unter Mitspielern und Mitschülern, von denen sie sich dann die Anerkennung in negativer Weise holen, die ihnen zu Hause auf normalem Wege nicht zuteil wird. Es sind meist dieselben, die nicht in die Bibliotheken kommen, für die die »Spieliothek« aber Anreiz sein sollte. Da kam den »Spieliothekaren« der »Kugelsand« – gestiftet von einer dänischen Herstellerfirma – sehr zugute. In ihn können sich Kinder hineinwerfen wie in Wasser; in ihm dürfen sie ohne Schaden untertauchen, herumrudern, ihre Kräfte verbrauchen und Aggressionen abladen. Nach anfangs ohrenbetäubendem Lärm wird es in der »Spieliothek« nach einiger Zeit so ruhig, daß man zu vernünftigen Gesprächen kommt. **Das Modell der »Spieliothek«** wurde **als Modell der offenen Jugendarbeit** vom Land Schleswig-Holstein **anerkannt.** Es sucht engagierte Nachahmer!

Das Glück der Erde ...

... liegt auf dem Rücken der Pferde, sagt man in Arabien. Aber auch in Europa scheint eine ganze Menge Menschen dieser Meinung zu sein. Für die 52jährige Arzthelferin Gisela Müller war das Reiten schon Kindheitstraum gewesen. Sie hat dann auch ihr ganzes Leben lang den Wunsch nicht aufgegeben, selbst ein Pferd zu besitzen und zu pflegen. Für eine Mutter von vier Söhnen wurde das aber niemals möglich, und als sie eines Tages auch noch ohne Mann dastand, schien es aussichtslos zu sein.

Trotzdem begannen sich in ihr langsam Träume zu Wirklichkeiten zu ordnen. Bei persönlichen Entscheidungen verhielt sie sich immer so, daß für die Erfüllung ihrer Sehnsucht noch ein Hoffnungsschimmer übrigbleiben konnte. Sie ging zwar kein Risiko ein, aber **das Ziel behielt sie** – bewußt oder unbewußt – **immer im Auge.** Zunächst einmal lernte sie zwei Jahre lang bei einem guten Lehrer reiten und pflegte während dieser Zeit täglich fremde Pferde. Dann zog sie mit ihren Kindern in ein Landhaus, in dem sich ein ebenerdiger Raum auf Hof und Wiese öffnete. So stand sie auf jeden Fall – man kann nie wissen – ihrem Glück nicht im Weg. Und richtig, eines Tages wurde ihr ein Freizeitpferd aus Jugoslawien für erschwingliches Geld angeboten.

Ihre Kinder waren genauso an Pferden interessiert wie sie, so daß sie sich freuten, als eine Bekannte ein Fohlen und später ein Reitpferd dazu in Pension gab. Danach konnte man sich noch ein zweites Pferd und ein Pony leisten. Die Tiere leben dort so frei, daß sie Sommer wie Winter, je nach Bedürfnis, drinnen und draußen sein können. Das hat den Vorteil, daß man sie nicht extra bewegen muß, wenn man keine Zeit dazu hat. Für das Füttern und Pflegen sorgen Kinder und Mutter gemeinsam. Wo Kinder sind, ziehen sie andere Kinder hin. Wo Pferde mit Kindern groß werden, besteht doppelte Anziehungskraft. Der Hof war an Wochenenden immer voller Tiere und Kinder.

Als aber ihre eigenen Kinder hinausheirateten, machte Gisela Müller zum erstenmal den Versuch, **Ferienkinder auf den Hof zu nehmen.** Das Experiment erwies sich als hervorragend für beide Teile. Sie zelteten und grillten auf dem bewaldeten Grundstück miteinander, ritten zusammen aus und nahmen die Kinder, die noch nicht reiten konnten, in einer kleinen Kutsche mit.

So entstand langsam wieder ein Traum, der durchaus die Möglichkeit in sich birgt, Realität zu werden. Gisela Müller hat nicht vor, als einsame alte Frau auf einem einsamen Hof zu verkümmern. Wenn sie eines Tages ihren

Arzthelferberuf aufgibt – für ihre eigenen Kinder hat sie kaum noch zu sorgen –, möchte sie **aus ihrem Hobby ihren persönlichen Idealberuf machen.** Haus und Hof sollen als Pferdefarm dienen, in die Stadtkinder während der Ferien und an Wochenenden in Pension genommen werden und dabei reiten lernen können. Das wird sozusagen **eine Abenteuerfarm mit Pferden.** Sie hat den Zweck, daß Kinder lernen, mit aller Behutsamkeit und Rücksicht auf Pferde einzugehen. Damit würde Gisela Müller nicht nur ihren eigenen Traum verwirklichen, sondern Träume von vielen Kindern.

Reiten muß gelernt sein

Als Gisela Müller noch träumte, hat sie sich nicht träumen lassen, daß Pferdesport inzwischen einen fragwürdigen Platz im Freizeitgeschehen eingenommen hat. Reiten ist sozusagen »in«. Was aber »in« ist, wird ohne Nachdenken einfach anerkannt und mitgemacht, ohne Rücksicht auf Verluste, in diesem Fall Verluste an Pferden. Heute hat die Kinderpferdefarm in spe geradezu aufklärenden und erzieherischen Wert.
Von den beinahe zehn Millionen Bundesbürgern, die gern reiten würden, tut es noch keine halbe Million tatsächlich. Da es weniger Pferde als Reiter gibt, ist ein großer Teil – auch aus finanziellen Gründen – auf Leihpferde angewiesen. Reiten setzt aber keine Reitprüfung voraus, was leider zu inzwischen unerträglichem Pferdemißbrauch geführt hat.

Wenn man wirklich Pferdefreund ist, muß man wissen

Ehe man durchs Gelände galoppieren kann, sollte man **etwa 50 Stunden Unterricht** unter Aufsicht eines guten Reitlehrers bekommen und möglichst Pferde gepflegt haben. Das ist für das Erlernen der Reitkunst nicht einmal viel. Die Hohe Schule beherrscht man erst nach etwa zehn Jahren bei täglichen Reitübungen.
Pferde sind keine Elefanten. Das Reiten Schwergewichtiger ab etwa zwei Zentner Gewicht ist für Pferde eine Tortur. Derartige »Sportler« müssen durch eigene Bewegung erst einmal ihre Pfunde loswerden. Durch Reiten nimmt meist nur das Pferd ab.
Kein Pferd darf täglich länger als vier Stunden geritten werden.
Kein Pferd sollte naß von Schweiß aus dem Stall geholt (weil es dann bereits vorher überbeansprucht wurde) und schweißnaß abgeliefert werden (weil man es dann selbst überfordert hat).
Wenn ein Pferd zu lahmen beginnt, muß der Reiter absitzen und es führen.
Berücksichtigt man diese Punkte nicht, kann man sich zu den Tierschindern zählen.

Sport um des Sportes willen

Bis zu einem gewissen Grad ist Sport nicht nur Hobby, er gehört zur Körperpflege und wird mit der Zunahme der Bewegungsarmut für jeden einzelnen immer wichtiger.
Anderseits kann gerade das sportliche Hobby viel Spaß, Spiel und vergnügtes Beisammensein vermitteln. Es liegt an der körperlichen oder seelischen Veranlagung des einzelnen, wozu er sich entschließt. Man kann nur jedem raten, den Sport nicht hintanzustellen.
Der 38jährige selbständige Handwerker Herbert Kraft schlägt mit seinem Sport drei Fliegen mit einer Klappe. Daß er Fallschirmspringer wurde, hat er nicht gewollt, es ergab sich. Er rät weder zu noch ab.
Als junger Mann, der gern durch die Wiesen läuft »zum Blumenanschauen und Tierebeobachten«, der das Skifahren liebt und das Bergsteigen, erlebte er einen Unfall, der ihm vor Augen führte, daß er nur schlecht helfen konnte. Spontan ließ er sich als **Bergwachtmann** ausbilden. Als das Rote Kreuz den **Luftrettungsdienst** einrichtete, wurde ihm die Bergausbildung der Teilnehmer übertragen. Er nahm an ihren Vorübungen zum Fallschirmspringen teil, und ehe er es sich versah, sprang er mit ab, um nicht Spielverderber zu sein. Ehrlich bekennt er, daß er sonst wahrscheinlich zuviel Angst gehabt hätte. Heute ist er seiner selbst dabei so sicher, daß es ihm Spaß macht. Er erlebt die Natur, mißt seine körperlichen Kräfte und seine Präzision, die – in Notfällen eingesetzt – notwendig ist, und kann anderen Menschen helfen.
Im Zielspringen und in der Kombination war er sogar schon bayerischer Meister und im Para-Ski-Weltcup 7. im Zielspringen, 11. in der Kombination und 3. in der Mannschaftskombination. Er ist stolz darauf, es mitfinanziert zu haben. Vom Hochleistungssport, der krank machen kann, hält er nicht viel, besonders nicht, wenn man, unter seinem Namen bekannt geworden, Sport- und andere Artikel verkauft.

Auf den Spuren verlorener Techniken

Für den Ingenieur Karl Ketterle haben technische Probleme und Raffinessen schon von Jugend an große Anziehungskraft. Gleichzeitig bewahrte ihn aber augenscheinlich eine musische Veranlagung davor, ausschließlich in der Technik den Sinn seines Lebens zu sehen und einseitig zu werden.

Schon als Kind hatte er sensibel reagiert, als sich seine Eltern mehrmals neu einrichteten, weil sie nicht in veralteten Möbeln wohnen wollten. Er überlegte damals, daß es doch viel besser sein müßte, Möbel zu haben, die hundert Jahre alt sind, weil sie nie mehr aus der Mode kommen können. So begann der Zwölfjährige sich bereits für Antiquitäten zu interessieren und seine Eltern dafür zu erwärmen. Als Jugendlicher kaufte er sich dann sein erstes »antikes« Zimmer, das heißt, er zahlte es nur an. »Und das war gut so«, sagt er dabei heute lachend. »Es war nämlich ›Schweinemetzger-Renaissance‹ von 1880, und ich konnte das noch nicht erkennen. Ich kaufte mir also Bücher über Stilkunde und befreundete mich mit vertrauenswürdigen Antiquitätenhändlern.«

Dieses Hobby aus der Jugendzeit hat ihn bis ins »Ruhe«alter – er ist jetzt 67 – ständig stärker interessiert. Heute füllt es – zu seinem Glück – seine ganze Zeit. Während des Krieges stieß er einmal auf alte Bauernuhren, die wertlos geworden waren, weil es keine Ersatzteile für sie gab. Da regte sich der Techniker in ihm. Er stellte die Teile selbst her und hatte schöne alte Uhren gerettet.

Als seine Freunde und Bekannten – die sich zum Teil im Münchner Altertumsverein zusammenfinden – seine Fähigkeiten erkannten, kamen viele **Uhre**n auf ihn zu, **die heute kein Uhrmacher mehr repariert.** Für Karl Ketterle aber sind gerade die ältesten Einzelstücke am interessantesten, weil sie nach den verschiedensten, zum Teil nicht mehr bekannten Prinzipien hergestellt wurden. Er muß sie sich erst wieder erarbeiten. Auch **astronomische Uhren, Spieluhren, mechanische Spielwerke** von besonderer handwerklicher Raffinesse sind für ihn heute **ein Vergnügen.** Er sammelt auch Uhrenteile, die kaum noch von Interesse sein können, und setzt daraus wieder neue alte Uhren zusammen. Da er auch künstlerische Fähigkeiten besitzt, ist er in der Lage, Gehäuseteile und Zifferblätter zu restaurieren.

Hier liegt aber eine Hobby-Möglichkeit für viele technisch und handwerklich begabte Leute. Es gibt viele defekte erhaltenswerte Dinge – es müssen nicht nur Uhren sein –, deren Reparatur, gemessen an normalen Arbeitsstunden, unerschwinglich teuer würde. Als Liebhaber zählt man die Stunden nicht. So kann man **manches schöne Stück und manche alte Technik retten.**

MUTZH

2
Wermelskirchen
120

7
120 A

Spiele mit der Straßenbahn

Wenn man von einem Menschen hört, der einfach aus Spaß eine oder sogar mehrere Straßenbahnen neben seinem Bungalow im Garten spazierenfahren läßt, dann denkt man sicher so von ihm, daß man es ihm nicht gern selbst sagen möchte. Einzelgänger oder Sonderling wäre wahrscheinlich noch die positivste Bezeichnung.

Heinz Johann, Elektroingenieur mit eigener Firma für elektrische Industrieteile, hat uns eines Besseren belehrt. Er fand in den Straßenbahnen ein ernsthaftes Hobby und inspiriert dazu noch andere Menschen. Wie gern sich Erwachsene männlichen Geschlechts zu diesem Hobby bereit finden, erklärt die Tatsache, **daß es Tausende von Männern gibt, die alte Dampfloks oder Straßenbahnen besitzen, mitbesitzen oder in Vereinen mitunterhalten.** Für dieses Gebiet gibt es sogar eine Zeitschrift. Es muß also Faszination von solchen Ungetümen ausgehen. Heinz Johann erklärt das etwa so: Die Wurzel für sein Interesse an der Straßenbahn, wahrscheinlich auch für seinen Beruf, glaubt er in seiner frühesten Kindheit zu finden. Er wuchs in einem Viertel Wuppertals auf, das ringsherum von der Straßenbahn umfahren wurde. Seither ließ sie ihn nicht mehr los. Bereits als Vierjähriger lief er sieben Kilometer der Straßenbahn nach, weil er wissen wollte, wo sie hinfuhr. Entlang ihrer Gleise fand er die sieben Kilometer wieder zurück. Er liebte diese Straßenbahn und war todtraurig, als die letzte eingestellt und verschrottet werden sollte – und das gerade zu einer Zeit, wo er knapp bei Kasse war.

Heinz Johann hat **das große Glück, für sein Hobby die verständnisvolle Partnerin zu haben.** Sie fand, wenn ihm die Straßenbahn so viel wert ist, daß er darüber traurig wird, müsse man doch einen Weg finden, sie zu kaufen. So überbot man den Schrotthändler um DM 100,– und zahlte 2500,–. Weil nirgends sonst Platz gewesen wäre, landete sie im Garten. Dort hat sie bald Gesellschaft gefunden. Inzwischen sind es vier Straßenbahnen und eine kleine rote Diesellok auf 131 m Gleisen. Das hat sein Gutes. Jeden Sonntag besuchen ihn mehr Leute, die einen Beruf haben, in dem eine Straßenbahn keine Rolle spielt. Mit ihnen wurden Gleise verlegt und Weichen gebaut. Eine Oberleitung war natürlich auch nötig.

Das Interesse der Männer erklärt uns der Student Hermann Rieth. Er hat überhaupt erst 1969 durch Heinz Johann seine Liebe zur Straßenbahn entdeckt. »Ich bin ein Kind des Stadtrandes. Wir haben in Gärten herrlich

gespielt und unsere Entdeckungen gemacht, und wir waren sehr kreativ. Aber mein Interesse an technischen Dingen, zum Beispiel an einer Schieneneisenbahn, wurde dabei nicht ausgespielt. Jetzt studiere ich Mathematik und Physik, zwei ziemlich trockene Fächer. Eine Straßenbahn bietet mir dazu sehr vielseitige **technische Probleme, an die ich durch die begeisterte Arbeit von Heinz Johann spielend herankomme.«**

Heinz Johanns Straßenbahnen sehen natürlich wie neu aus. Von Schrott keine Spur. Jedes Teil wird auseinandergenommen, gereinigt, eventuell lackiert und wieder zusammengesetzt oder erneuert. Aus der einen hat er inzwischen einen Kinosaal gemacht, in dem er eigene Filme vorführt. Hauptthema: letzte Fahrten von einzustellenden Straßenbahnen. Eine andere Bahn wurde zur Partybahn.

Seit der dritten oder vierten eigenen Bahn trägt sich Heinz Johann mit dem Gedanken, auf ein »Straßenbahnmuseum« hinzuarbeiten. Demnächst werden neue Gleise im Garten verlegt. Zwei Straßenbahnen eines Freundes sollen dort Platz finden. Dann fahren **neben dem Bungalow sechs Straßenbahnen und eine Diesellok.** »In zehn bis zwanzig Jahren wird kein Kind mehr wissen, wie die Straßenbahnen aussahen«, sagt Heinz Johann. »Bei uns dürfen sie dann sogar noch damit fahren. So können wir ihnen vielleicht einmal etwas bieten, was uns überdauert.«

Es gibt folgende Organisationen

Verband deutscher Verkehrsamateure, Essen
Bundesverband deutscher Eisenbahnfreunde, Hannover

Die Museumseisenbahn von Bruchhausen-Vilsen fährt jeden Sonntag auf einer Ausflugsstrecke mit Kaffeewagen hin und her. Der Hobby-Lokführer ist im Beruf bei der Bundesbahn, der Mann vom Postwagen bei der Post – das ist Vorschrift. Alle anderen »Zugbegleiter« und Reparateure haben nur Spaß an der Sache und spielen alte Zeiten.

Flugzeug im Eigenbau

Jeder kann sein Flugzeug selbst bauen – vorausgesetzt, daß er das Rezept dazu kennt. Das heißt, er muß technische Kenntnisse haben, um den Plan zu Papier zu bringen. Die Konstruktionszeichnung wird dann von einer Gruppe von Fachleuten, die in der »Oskar-Ursinus-Vereinigung« zusammengeschlossen sind und die Zulassung beim Luftfahrt-Bundesamt vorbereiten, geprüft und genehmigt – oder verworfen. **Nach Erteilung der Genehmigung kann man mit dem Eigenbau beginnen.** Die nächste Prüfung erfolgt durch dasselbe Kollegium nach Fertigstellung. Wenn dann keine Einwände bestehen, kann man fliegen. Flugschein wird vorausgesetzt – wer sollte auch sonst ein Flugzeug bauen wollen. So einfach ist das.

Manch einer wird jetzt einwenden: Einfach – ist ein Flugzeug zu konstruieren wirklich einfach? Es gibt eben doch eine große Gruppe von Menschen, denen technische Kenntnisse zufliegen. Sie gehen damit um wie mit einem Kinderspielzeug. Geben diese ihrer Lust an technischem Tüfteln freien Lauf, dann erreichen sie oft mehr als ein Fachmann, für den Technik häufig nur der erlernte und notwendige Beruf ist. In Österreich fliegt ein Bauer und Reparaturwerkstattbesitzer über seine Felder, in Deutschland bauen neben Technikern und Ingenieuren auch ein Arzt, ein Architekt, ein Bäcker und ein Kaufmann. Inzwischen gab es sogar Flugtage, auf denen selbstgebaute Flugzeuge vorgeführt wurden. Zur Zeit sind 40 bis 50 fertig und 20 bis 30 im Bau. Die Materialkosten lagen zwischen 6000 und 10 000 DM, also niedriger als bei einem normalen Mittelklassewagen. Die Arbeit darf man natürlich nicht rechnen. Bei einem Hobby tut man das ja sowieso nicht. Daß Carl Johansen, der auf dem Foto aus seinem Flugboot steigt, in Deutschland lebt, verdankt er der Tatsache, daß es in seinem Heimatland Dänemark noch keine Regelung für Hobbyflugzeugbauer gibt. Der 60jährige Diplomingenieur, der in vielen Ländern der Erde Industrieanlagen baute, zum Beispiel eine Dieselmotorfabrik in Afrika, hatte sich gerade für sein Inselland einen Flugzeugtyp ausgedacht, von dem er glaubte, das Wasser zwischen den dänischen Provinzen überspringen zu können.

Vor über zehn Jahren hatte er **sein Flugzeug mit seinen beiden Kindern und seiner Frau** zu Hause **in seinem Keller gebaut.** Dabei war die ganze Familie von Zukunftsplänen verzaubert wie Nils Holgersson, den Selma Lagerlöf in einer wunderbaren Reise mit den Wildgänsen über Schweden fliegen ließ. Das

Amphibienflugzeug braucht keine große Start- und Landebahn, es kann auf dem Wasser und auf dem Lande in die Luft gehen und herunterkommen, und es ist so sicher gebaut, daß es auch noch mit einem Motor fliegen kann. Vielleicht hätte es sich sogar als Verkehrsmittel in einem Inselstaat ausbauen lassen. Nur leider gilt der Prophet in seinem Vaterlande nichts, und der ideenreiche Techniker konnte niemals von Insel zu Insel hüpfen. Er darf es noch nicht einmal mit einer Zulassung vom Ausland her. – Hierzu muß man einfügen, daß man inzwischen daran ist, international anerkennenswerte Regelungen zu erarbeiten. – Das ist es, was sich auch Carl Johansen wünscht, denn er und seine Frau reisen gern und viel und natürlich immer im eigenen Flugzeug.
An jedem schönen Sommersonntag kann man sie auf einem kleinen bayerischen Sportflugplatz finden. Wenn man sich bei Frau Johansen erkundigt, ob sie nicht Angst beim Fliegen hat, fragt sie zurück: »In einem Flugzeug, das mein Mann gebaut hat? – Da hätte ich viel eher Angst in einer Linienmaschine. Wenn bei uns mal ein Motor ausfällt, kommen wir auch mit einem herunter. Und auf dem Wasser gehen wir nicht unter. Der ganze Boden ist mit Styropor ausgefüllt!« Sie schwimmen auf dem Wasser wie eine Ente. Man braucht sich nicht zu wundern, daß sie sich mit dem selbstgebauten Flugzeug sicherer fühlen als bei einer Fahrt auf der Autobahn.

Wie baue ich ein Sportflugzeug?

Unter diesem Titel veröffentlicht die »Flugrevue«, Stuttgart, eine Anleitung in zweijähriger Folge, die auch später noch zu haben sein soll. Durchschnittliche Baudauer bei Hobby-Bauern etwa vier bis fünf Jahre.

Oskar Ursinus Vereinigung, Koblenz

Deutscher Aeroclub, Frankfurt, zuständig für die Unterabteilungen **Motorflug, Segelflug, Fallschirmspringen, Ballonfahrt** und **Modellflug.**

Der Erfinder

Als der Schriftsteller Walter Thiele einmal nicht mehr weiterwußte, verlegte er sich auf das Nachdenken. »Erfinder wie Edison müßte man sein«, sinnierte er. Und er erfand – zunächst einmal, wie es ihm besser gehen könnte. Damals war er vom Pech verfolgt. Nicht einmal sein Arzt erreichte ihn, weil er keinen Parkplatz fand. In diesem Augenblick erfand Walter Thiele die Arztplakette, die dann in der ganzen Welt verwendet wurde und als Beigabe dafür sorgte, daß Walter Thiele wieder lachen konnte.
Auch daraus machte er eine Erfindung. Die halbe Welt freut sich heute über seinen Lachsack und ein kleinerer Teil über sein Lachspray. Damit die Hausfrau nicht mehr weint, erfand er die Zwiebelbrille, damit der Papagei sprechen lernt, das Vogelsprechgerät. Als seine Frau und er ein Baby bekamen, war das Babyflaschen-Thermometer fällig und das Rotlicht, wenn die Windeln naß sind. Und als kleinen Ulk versandte er Berliner Luft in Dosen.
Aus dem Ulk ist Ernst geworden. Walter Thiele denkt in Lücken hinein. Er überlegt, wenn er einen Menschen arbeiten sieht, wie man was verbessern kann. Beispielsweise ließ er im Stiel des Hammers oder der Axt Gewichte laufen, die sich im Schwung auswirken und den Schlag verstärken.
Noch als Schriftsteller erdachte er den Filmstoff für »Engelchen oder Die Jungfrau aus Bamberg«, in dem einer der Hauptdarsteller drollige Erfindungen macht, darunter das

Babyflaschen-Thermometer. Inzwischen ist aus seinem Hobby ein Beruf geworden, in dem er es sich leisten konnte, darüber nachzudenken, was ihn selbst befriedigt.

»Mit meinen Artikeln darf niemand betrogen werden, und sie sollen volkswirtschaftlich wertvoll sein, das heißt möglichst viele Arbeitsplätze schaffen, ohne die Umwelt zu verschandeln. Der Lachsack ist nach meiner Ansicht beispielsweise wichtiger als der Flug zum Mond – wenn der auch seine Berechtigung hat. Er kostet viel und brachte nicht viel. Dem Erfinder, gerade dem Hobby-Erfinder – weil der manchmal die besten Ideen hat – sollte gezielt geholfen werden. Wo wenig Rohstoffe sind, braucht man viele ertragreiche Produktionsideen – kommen sie zum Tragen, ist der Erfinder der beste Steuerzahler.«

Walter Thiele denkt jetzt bewußt in die Gebrauchslücken hinein; er ist bekannt auf allen Erfindermessen, die er von Wien über Basel, New York, Nürnberg, Genf bis Brüssel regelmäßig als Aussteller besucht. Sie fordern fortlaufend neue Ideen von ihm. Sein Geist muß aufleuchten wie die Blinklichter während der Schlußfeier der Olympischen Spiele, die auf seine Anregung zurückgingen, und er muß glänzen wie die Vergoldungen, die er zum achten Teil des Preises, den man vorher zahlen mußte, nach seiner Erfindung herstellen kann. Sollten wir in Zukunft mit dem Hörer in der Hand vom Telefon weglaufen können, ohne daß dazwischen eine Schnur gebraucht wird, dann ist das auch seine Idee.

Neben dem Erfolg hat Walter Thiele viel Lehrgeld zahlen müssen. Daher stellt er freimütig den Hobby-Erfindern seine Erfahrungen zur Verfügung. Voraussetzung, sie zu benutzen, ist, daß man wirklich gute Ideen hat.

Was bei Erfindungen nötig ist

Erfindungen müssen geschützt sein, sonst kann sie jeder stehlen. Meint man, eine hervorragende Idee zu haben, schreibt man sie neben einer einfachen Skizze nieder und schickt sie als eingeschriebenen, versiegelten Brief an sich selbst. Bei Gericht würde der – natürlich noch immer versiegelte – Brief als Beweis dienen, wenn andere die Idee als ihre eigene ausgeben oder anmelden sollten.

Der billigste Weg, Ideen zu schützen, sind Erfindermessen. Was dort ausgestellt wird, hat automatisch sechs Monate Schutz. Ist die Idee gut, muß sie in dieser Zeit einen Abnehmer gefunden haben, dem man es überläßt, sie zu schützen. Gebrauchsmuster, die nicht viel kosten, haben sechs Jahre Schutz, Patente 18 Jahre. Man kann sich auch einem Patentanwalt anvertrauen, was bei großen Erfindungen am vorteilhaftesten ist. Patente können sehr teuer sein, will man das Produkt in vielen Ländern schützen. Der Schutz für das Babyflaschen-Thermometer in 46 Ländern kostete beispielsweise 140 000 DM.

Drehorgeln und Karussells müssen nicht sterben

Rummelplatz und Festwiese sind für Millionen Kinder und Erwachsene kurzlebige, bunte Ausgelassenheit und fröhliche Kindheitserinnerungen. In Appeldoorn in den Niederlanden gibt es aber zwei Männer, der eine 85, der andere 47 Jahre alt, die niemals vom Rummelplatz lassen konnten, ja die sich fast jeden Tag ihres Lebens damit beschäftigten, obgleich sie respektierliche Berufe hatten oder haben.

Der ältere, August van de Velde, ehemals Chefkonstrukteur in einer Maschinenfabrik, muß wohl als Tüftler und Bastler auf die Welt gekommen sein. Schon als Sechsjähriger fing er an, das zu basteln, was Kinder immer am meisten freut, nämlich Karussells. Sie gelangen ihm so gut, daß er sie sammelte. Das wiederum reizte ihn, immer neue herzustellen, die immer hübscher wurden und den großen Karussells immer ähnlicher sahen, so daß er dieses Hobby sein ganzes Leben lang nicht wieder aufgab. Im Gegenteil – nach der Pensionierung vor etwa 20 Jahren ging es dann bei ihm ganztägig weiter. Nun kann man sich vorstellen, daß für einen Mann, der blanke, funktionierende Maschinen konstruierte, die Beschäftigung mit dem barocken Budenzauber einfach ein Bedürfnis ist, seine Phantasie zu pflegen. Vielleicht aber sorgte auch in ihm ein unbewußter Kampf zwischen Romantik und Sachlichkeit, zwischen Altem, Bewahrenswertem und Modernem für einen Ausgleich. Er konnte es uns nicht mehr erklären.

Indessen, was er auf die Beine gestellt hat,

entbehrt nicht großer Systematik, die der zweite Karussellbastler besser erläutern kann. Henri Johan Wassenaar, von Beruf Gemeindebeamter, der sich auf der Nebenseite über entzückende Drehorgeln freut, hatte schon vor 15 Jahren von diesem Hobby in einer Zeitung gelesen. Da müssen verwandte Saiten in ihm angeklungen sein, denn er schrieb an den Bastler und bat um ein Foto vom Minirummelplatz. Es wurde ihm aber leider nicht gewährt. So bastelte der eine in Arnhem, der andere in Amsterdam, bis sie sich eines Tages doch über den Weg liefen und gegenseitige Sympathie feststellten. Von da an bastelten sie beide zusammen. **Sie wollten den Rummelplatz im kleinen erhalten,** wie er war, **für Zeiten, wo er nicht mehr sein sollte.** Das ist eine durchaus einleuchtende Aufgabe. Die beiden fotografierten auf Kirmesplätzen oder ließen sich Fotos von bekannten Schaubuden oder ähnlichen Kirmes-»Geschäften« schikken. Da gibt es zum Beispiel »Schneiders Liliputaner«, »Hagenbecks Zirkus« usw., dazu die originalen Zirkuswagen und vor allen Dingen die entzückendsten Drehorgeln. Im gleichen Maßstab wurde Stück für Stück gebastelt. Bis jetzt sind es etwa 100 Karussells und 150 Wagen, die Drehorgeln nicht mitgerechnet. Wie man so etwas aufhebt? In Kisten und Kasten übereinander, in einem Schuppen hinter dem anderen Schuppen. Jetzt sind die Schuppen und die Bastelräume so voll, daß immer nur ein Mensch hinein kann.

Aber noch ein zweites Hobby hat Henri Johan Wassenaar, das ähnliches Entzücken hervorruft. Er sammelt alte, kaputte Drehorgeln und stellt sie mit der Liebe eines Restaurateurs und dem Farbempfinden eines Künstlers so schön wieder her, daß man glaubt, so herrlich seien sie selbst bei ihrer Geburt nicht gewesen. Nun sollen diese Drehorgeln auch wieder richtig spielen können. Dazu braucht man »Orgelbücher«, die auf der ganzen Welt nur noch von einigen wenigen Menschen, ebenfalls aus Liebe zur Drehorgel, hergestellt werden: von dem Richter und Sammler Rooke de Waard in Utrecht, der ein Drehorgelmuseum aufbaute, von dem Rentner Otto Wernet im Schwarzwald und jetzt auch von Henri Johan Wassenaar. Dazu braucht er faltbare Papierbänder, in die die Töne eingestanzt werden. Damit sie recht lange halten, stellt sie Henri Johan Wassenaar aus fünf übereinanderliegenden Papierlagen sogar selbst her. Das ist sein drittes Hobby. Und von jedem erzählt er mit gleicher Freude.

Der Karussell- und Drehorgel-Modellbauer Henri Johan Wassenaar ist ein Landsmann von Pieter Bruegel und Frans Hals. In seiner Lebensfreude gleicht er den Menschen ihrer Bilder.

GAVIOLI & Cie

Der Mühlenbesitzer

Wenn man in der Hauptverwaltung eines Kaufhauskonzerns beschäftigt, aber als Sohn eines Modelltischlers aufgewachsen ist, dann kann man sich vorstellen, daß kleine Anstöße genügen, um ein handwerkendes Hobby zu finden; noch dazu, wenn man schon in der Kindheit Bergwerke, Postkutschen und Schiffe gebastelt hat wie der 35jährige Horst Wrobel. Der Wind hat ihm sein Hobby sozusagen eingeflüstert.

Er kam eines Tages zufällig an der Bock-Windmühle von Abberode bei Braunschweig vorbei, sah sie sich neugierig an und war sofort von ihr fasziniert. Als er dann merkte, daß Mühlen sehr verschieden aussehen, nach vielseitigen, oft äußerst ideenreichen Prinzipien arbeiten und außerdem für sehr unterschiedliche Zwecke gebraucht werden, begann er sich mit ihnen nicht nur zu beschäftigen. Er baute sie in allen Einzelheiten nach, mit ihrem ganzen gemütlichen Fluidum aus alten Bretterwänden, Mehlstaub und abgetretenen Holzstiegen. Wenn man in sie hineinsieht, fühlt man sich geradezu in alte, romantische Zeiten zurückversetzt. In diesem Augenblick spürt man, warum Horst Wrobel einfach weiterbauen mußte. Jetzt kam es ihm nicht nur auf irgendwelche, sondern auf ganz bestimmte Mühlenarten und -prinzipien und auch auf die Geschichte der Mühlen an. Er ging systematisch vor und schrieb zunächst an alle Botschaften, ihm aus ihren Ländern Fotos, Querschnitte und Details der Mühlen ihrer Länder zu schicken. Er hatte Glück und traf bis auf die russische Botschaft überall auf Verständnis. Alle Länder reagierten mit Briefen bis dicken Päckchen voller Unterlagen. Nach mehrmaligem Vorstoß bis in den Kreml gelang es ihm dann auch noch, eine russische Mühle herzustellen. **Hartnäckigkeit, das gehört auch dazu, wenn man ausführen will, was man sich vorgenommen hat.**

Aus dem anfangs spielerischen abendlichen Basteln entwickelte sich ein systematischer Aufbau, und schließlich wurde daraus das »Suhlendorfer Windmühlenmuseum«.

Die Windmühle aus Ägypten stellte sich durch Nachforschungen von Horst Wrobel als 3000 Jahre alt heraus. In der Bockmühle »De Rijn«, von der Rembrandt seinen Namen hat, preßte seine Großmutter Öl, um Schnaps daraus zu brennen. Gegen 30 der La-Mancha-Windmühlen hatte Don Quichotte vergebens gekämpft. Die Keukenhof-Mühle, umgeben von 5000 Stecknadeltülpchen mit Seidenpapierköpfen, kann man heute noch sehen. Da ist die alte Mühle von Sanssouci ebenso zu bewundern wie die von den Kykladen oder die Drehtürenmühle aus Persien. Von den bekannten Mühlen fehlt kaum eine.

Aus mancher Hobbysammlung wurde schon ein Museum; hier das gerade neu entstandene Suhlendorfer Mühlenmuseum mit seinem Besitzer, dem Mühlenbastler Horst Wrobel.

Erfinder der Papierschlange

Als dieses Bild 1937 entstand, hatte die Papierschlange den 50. Geburtstag und ihr Erfinder – die Berliner nannten ihn liebevoll Papa Demuth – seinen 80.
In seiner Jugend hatte sein Interesse dem Zaubern gegolten. Ein »richtiger Zauberer«, der eine Unmenge Papier aus einem Zylinder zaubern wollte, bat ihn damals, ein »Kunststück« mit vorzubereiten. Er versuchte, einen unendlich langen Papierstreifen zur Rolle zusammenzuwickeln. Dabei legte er diese Rolle einmal unvorsichtig an der Tischkante ab. So konnte er gerade noch sehen, wie die Mitte der Rolle in Schlangenwindungen herunterrieselte. Das war die Geburtsstunde der Papierschlange. Voller Freude, etwas Lustiges erfunden zu haben, warf er die erste 1887 auf einer Berliner Straße in die Menge. Die damals monarchisch-preußisch gedrillte Polizei konnte seine Anschauung nicht teilen. Er wurde »wegen groben Unfugs arretiert«.
Nicht verstandener Spaß, bei dem noch nicht einmal etwas passieren konnte, entmutigte ihn nicht. Er suchte sich ein anderes Publikum. Im nächsten Jahr warf er eine 50 m lange Papierschlange auf die große Oper in Paris und eine zweite über die Trabrennbahn. Die Pariser hatten keine wilhelminische Polizei. Sie empfingen die Idee mit Freude. Seither gehören die durch die Luft wirbelnden Papierschlangen zur ausgelassenen Feststimmung. Und Deutschland hatte mal wieder über das Ausland von einem Deutschen etwas Hübsches gelernt.
Papa Demuth, der laufend neue Späße erfand, so auch das Konfetti und die Spiralgirlande, wurde später im wilhelminischen Berlin durch die Ausgestaltung großer kaiserlicher Festlichkeiten und Schloßilluminationen, durch die Ausschmückung von Feststraßen mit in Paraffin getauchten Papierrosen und durch »kolossale« Feuerwerke berühmt.

Frau Bäckermeister dreht Kulturfilme

Wenn Elisabeth Wilms und ihr Mann die Bäkkerei inzwischen nicht aufgegeben hätten, weil sie fast 70 und er über 70 Jahre alt ist, würde sie noch immer eine äußerst tüchtige Bäckersfrau sein, die nebenher ernst zu nehmende Kulturfilme dreht. Jetzt haben sich beide wie vollberuflich auf ihre Filmerei eingestellt, sozusagen mit Haut und Haaren, mit ihrer ganzen privaten Umgebung und mit so viel jugendlicher Energie, wie man sie kaum bei jungen Leuten findet.

Als sie beide heirateten, besaßen sie eine kleine Bäckerei mit Gemischtwarenhandlung. Daraus machten sie ein großes Feinkostgeschäft mit Konditorei. Während des Krieges, in dem ihr Mann Soldat war, blieb Elisabeth Wilms nichts weiter übrig, als sich selbst an den Backofen zu stellen. Damals fuhr sie zusätzlich täglich oft bis zu 200 Kilometer weit, um für ihre Kundschaft, die das nach Jahrzehnten noch anerkennt, die Lebensmittel zusammenzuholen. Daneben wurde sie ihre erste Verkäuferin, und sie dekorierte selbst und malte auch Plakate. In den Kriegswirren der vierziger Jahre sah sie zum erstenmal einen Film einer Bekannten von einem vorbeiziehenden Flüchtlingstreck. Sie war so erschüttert und zugleich gepackt, daß sie der Wunsch, Geschehnisse im Film festzuhalten, nicht mehr losließ. So lieh sie sich eine Kamera und drehte oft nachts neben der Bäkkerei ihre ersten Filme. Sie ging daran als Mensch von äußerster Vitalität, Unvoreingenommenheit, Wißbegierde, von echtem Mitgefühl und nicht zuletzt Gescheitheit. Bezeichnend für die ersten tastenden Versuche, die auch gleich gelangen, sind die Themen: »Pumpernickel«, »Bau eines Backofens«, »Weihnachtsbäckerei« und »Kindersonntag«. Selbstverständlich suchte sie die schönsten Fleckchen und Eckchen ihrer Heimat im Bild festzuhalten, denn sie ahnte, daß Schlimmes bevorstand. Aber auch das dann eintreffende Entsetzliche hat sie aufgezeichnet. »Bomben auf Dortmund«, »Helfer der Blinden«, »Helft den Menschen«. Seither hat ihre Kamera alles registriert, was in Dortmund geschah – den Wiederaufbau und Jahrzehnte der Umgestaltung bis zum heutigen U-Bahn-Bau. Dazwischen drehte sie immer wieder Sozialfilme. Die Qualität ihrer Filme machte sie so bekannt, daß nicht nur Stadtverwaltung und Institutionen, sondern größte Industriewerke ihr heute Aufträge geben. Besonders beeindruckend und einleuchtend sind ihre Filme über Umweltschäden gewor-

den. Ihre Arbeit hat sie auch selbst innerlich beeinflußt und verändert. Sie ist **für die Probleme des modernen Menschen äußerst empfindlich geworden.**
Als sich Elisabeth Wilms und ihr Mann »aufs Altenteil zurückzogen«, sah das so aus: Sie bauten einen geräumigen Boden im Hinterhaus ihres Anwesens zu einer weitläufigen Wohnung nach Maß aus. Aus dem riesigen Wohnraum kann in Sekundenschnelle ein Kinosaal werden. Im selben Kasten, in dem die Gardine läuft, ist eine große Projektionswand eingerollt. An der gegenüberliegenden Buchwand sind einige Teile verglast. Dahinter liegt ein Schneide- und Vorführraum, aus dem man zwar heraus, in den man aber normalerweise nicht hineinschauen kann. Ihr Filmmaterial ist in riesigen Wohnzimmerschränken untergebracht. Wenn sie arbeitet, breitet sie ein Segeltuch auf den Wohnzimmerteppichen aus, und darauf kommt ein langer Klapptisch mit Vorführ- und Schneidegerät und mit Stößen von Filmrollen. Hier arbeitet sie selbstvergessen wie auf einer Insel.
Auf Reisen hat sich das Ehepaar Wilms vollkommen unabhängig gemacht, weil sie dann im geräumigen Wohnwagen über Land ziehen, der auch für die Filmerei ausgestattet ist. In Elisabeth Wilms vereinigt sich **in einem Menschen eine ganze Filmproduktion** vom Drehbuchautor über den Regisseur, Kameramann, Tonmeister bis zum Cutter und Vorführer. Ihre Drehbücher bestehen meist nur aus Stichpunkten, die auf einigen handgeschriebenen Blättern untergebracht sind. Alles andere läßt sie auf sich zukommen und veranlaßt dann das Ausfüllen der Lücken, damit der Zuschauer richtig informiert folgen kann. »Wenn ich einen Film beginne, habe ich eigentlich schon so viel durchdacht, daß ich das Drehbuch im Kopf habe.«
Ihr Gedächtnis wurde dadurch systematisch eingesetzt und trainiert. Es macht ihr mit beinahe 70 Jahren überhaupt keinen Kummer.

Zwischen den beiden Fotos links und rechts liegen 25 produktive Jahre, in denen aus einer Bäckersfrau eine gesuchte Kulturfilmerin wurde.

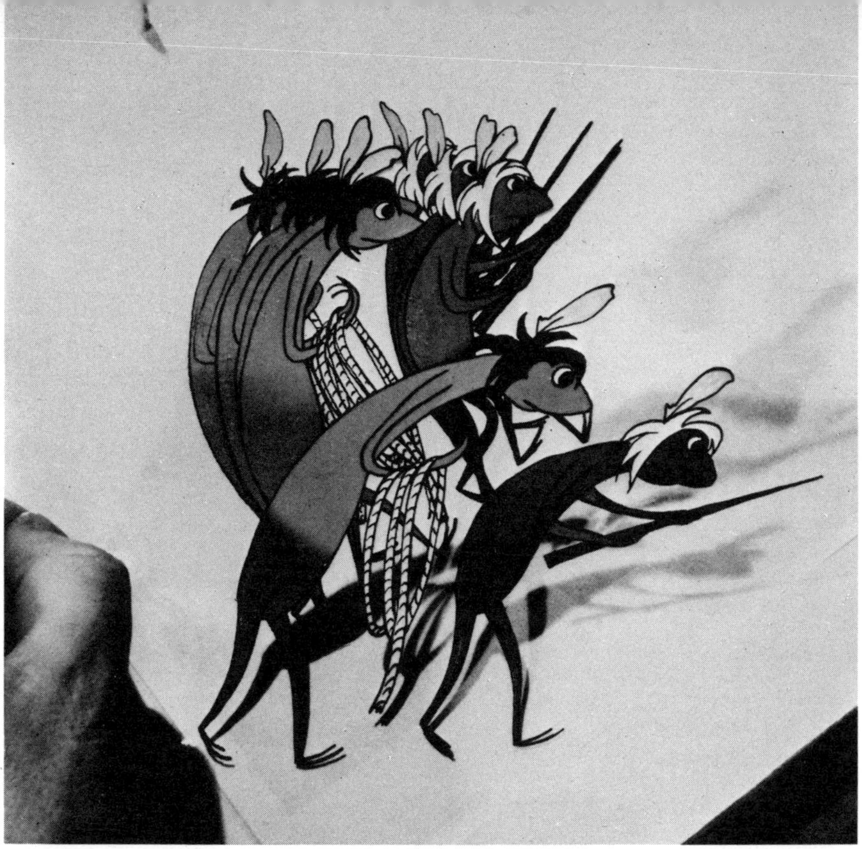

Gezeichnete Filme

Doris und Hans Höhm verbindet nicht nur der gemeinsame Lebensweg und die zwei Kinder. Sie haben **neben dem gleichen Beruf** auch noch **das gleiche Hobby** – eine **hervorragende Voraussetzung für eine gute Ehe.** Man zieht in jeder Hinsicht am gleichen Strang, und man kann mitempfinden, was den anderen beschäftigt.
Schon als sich Doris und Hans Höhm noch nicht kannten, gab es bei ihnen Parallelen. Sie sind beide an vielen Dingen interessierte Menschen. Daher war es auch für beide wichtig, nach der Malerlehre – jeder für sich allein – eine weitere Ausbildung anzustreben. Beide besuchten die Werkkunstschule in Wiesbaden. Dort trafen sie sich, stellten die Gemeinsamkeiten fest und heirateten.
Schon in die Lehre hatte Hans Höhm ein Hobby mitgebracht, das ihn bereits seit seinem zwölften Lebensjahr faszinierte. Mit ihm konnte er seine zukünftige Frau gleich doppelt begeistern.
Im Mittelpunkt seiner Freizeit stand der Zeichentrickfilm. Den ersten drehte er bereits mit 15 Jahren. Dabei hatte er weder einen Lehrmeister noch eine Anleitung. **Er dachte sich die Methode selbst aus.** Auf die Idee kam er durch seine alte »Laterna magica«, die noch mit einer Petroleumlampe erleuchtet wurde. Die ersten Figuren schnitt er aus, weil er nicht wußte, daß man sie auf durchsichtige Folien zeichnen konnte. Bewegungen studierte er an sich selbst mit der Stoppuhr in der Hand. Er wußte, wie viele Bilder in der Sekunde durch sein Wiedergabegerät liefen, und dementsprechend teilte er den Bewegungsablauf ein. Dann zeichnete er die Ausgangsstellung und die Endstellung einer Bewegung auf durchsichtiges Papier – heute Folie – und skizzierte die dazwischenliegenden Stellungen, die dann jede einzeln auf ein anderes Blatt übertragen wurden. Während andere Jungen sich zuerst einen Fotoapparat wünschen, kaufte sich Hans Höhm vom

ersten selbstverdienten Geld als Krönung seiner jahrelangen Vorplanungen und Proben ins Blaue eine Kamera, mit der er Zeichentrickfilme herstellen konnte. Sie war ihm so wichtig, daß er mit dem Fahrrad 60 km fuhr, um sie sich einzuhandeln.
Hans Höhms Methode war folgerichtig, also klappte sie. Als er 24 und seine Frau 23 Jahre alt war, drehten sie beide ihren ersten 4-Minuten-Film. Aus Interesse zählten sie die dazu nötigen Arbeitsstunden zusammen. Sie hatten zu ihrem Erstaunen 250 freie Stunden verbraucht. Als sie dann aber hörten, daß der Walt-Disney-Film »Schneewittchen« 2000 Zeichner drei Jahre lang beschäftigt hatte, da waren sie mit sich ganz zufrieden.
Mit dem Ausfall ihrer Filme können sie das ebenso sein. Als Spielfiguren verwenden sie groteske Wesen, beispielsweise Karikaturen von Käfern und Spinnen, die ihrer Phantasie viel Freiheit lassen. Besonders Doris Höhm schwelgt in farbenfreudigen Hintergründen. Gedreht wird nach den Klängen einer Musik, die vorher abgestoppt und aufgeteilt wurde. So kann bei der Synchronisation nichts mehr passieren. Wer die Kurzfilme ansieht, kann gar nicht glauben, daß sie von Liebhabern in der Freizeit hergestellt wurden. Sie brachten ihren Schöpfern daher **bei Amateurwettbewerben** auch **erste Preise** ein. Das dankbarste Publikum finden sie aber in Altenheimen oder bei Kindern in der Gemeinde, wo sie von Doris und Hans Höhm gern vorgeführt werden – kostenlos natürlich.

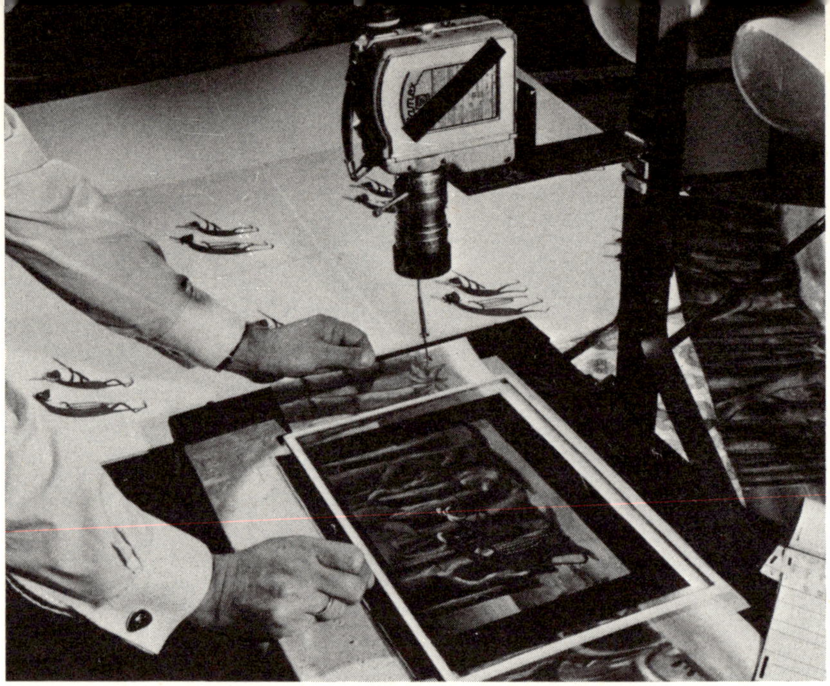

So wird es gemacht

Für den Anfang genügt eine einfache Super-8-Filmkamera mit Einzelbildschaltung und Aufnahmemöglichkeit im Nahbereich. An einem guten Filmbetrachter und an einer Doppelkeilschnitt-Klebepresse sollte man nicht sparen.
Die größte Arbeit ist das Errechnen der einzelnen Phasen. Aneinandergereiht ergeben sie das ganze Drehbuch, nach dem Stück für Stück die Einzelaufnahmen gemacht werden. Dazu benutzt man am besten das Gestell eines Vergrößerungsapparats, an dem man an Stelle des Vergrößerungskopfes die Filmkamera anbringt. Die Hintergründe legt man in einen Rahmen. Auf ihnen werden die Folien mit den einzelnen Phasen belichtet. Nach einer Millimetereinteilung wird je nach Bewegungsgeschwindigkeit der Hintergrund von Aufnahme zu Aufnahme weitergezogen.

Filmen so oder so

Es gibt Leute, die anfassen können, was sie wollen, immer gelingt ihnen damit etwas. Andere wieder denken nur um sich und kleine, eigene Belange herum und wundern sich, daß sie überall an Grenzen stoßen, die ihnen das Leben erschweren. Leider sind die zweiten die Regel und die ersten die Ausnahme, obgleich doch das nicht sein müßte, wenn unsere Erziehung mehr danach ausgerichtet wäre, unser Verhalten und Empfinden zu entwickeln als meßbare Kenntnisse in unseren Gehirnen aufzureihen.

Elisabeth Wilms ist ganz sicher so eine Ausnahme. Hätte sie nämlich nur kleine Familienszenen oder Ferienbilder gefilmt, womit Millionen Kilometer Filmstreifen belichtet und Freunde und Bekannte gelangweilt werden, dann wäre nie jemand auf ihre Filme aufmerksam geworden. Sie suchte sich – wie ein Dichter auch – zwar das ihr bekannte Milieu, aber **sie wählte die Stellen aus, die auch für andere Menschen interessant sein konnten.** Sie stellte von Anfang an Ansprüche an das Niveau ihrer Filme. Das heißt in diesem Falle die Interessiertheit für andere und die abgerundete Darstellung, die es anderen Menschen, ohne sich zu langweilen, möglich macht, von diesen Filmen zu profitieren. Das kann sowohl bedeuten, daß man etwas Neues lernt, als auch, daß man Spaß an der Sache hat oder daß man auf eine Wichtigkeit aufmerksam gemacht wird. Alle aufgeführten Themen, ganz gleich ob »Backofen«, »Pumpernickel«, »Kindersonntag« oder der »Hilferuf für den Menschen«, verraten den geistig offenen Sinn. Er allein gewährleistet, daß wir uns denkend und filmend an Dinge und Probleme herantasten, auch selbst daran wachsen. Elisabeth Wilms stammt aus einer Fleischerei und heiratete in eine Bäkkerei. Dazwischen lag leider nicht viel Schulung. Aber mit ihrem Hobby hat sie sich weiterbilden können, und sie hat heute anderen Menschen etwas zu bieten.

Angesichts der Tatsache, daß Filme mit Silber hergestellt werden und daß dieses Metall zu denen gehört, die rar und teuer sind, sollten wir doppelt denkend an das Filmen herangehen und uns selbst belohnende Aufgaben stellen. Dann ist Filmen ein herrliches Hobby.

Wie man beginnt

Filmen muß nicht teuer sein. Für den Anfang ist die einfachste 8-mm-Kamera die beste. Bei einer teureren Kamera verwirrt häufig die anspruchsvolle Technik, mit der man die beim Filmen notwendige Lebendigkeit einengt. Erst wenn man mit dem Phänomen Film vertraut ist, braucht man andere technische Möglichkeiten.

Spiel mit Licht und Pflanzen

Der Künstler oder Gestalter hat immer von der Natur gelernt, sogar wenn die Ornamente wie bei türkischen oder persischen Mustern abstrakt scheinen. Es war der Schwung der Blattrippe oder die Rundung der Rosette und anderes, die als Anregung dienten, weil die aufnahmefähigen Augen des Künstlers sie vorher eingefangen hatten. Später drängten sie zur Gestaltung.

Auf Stadtstraßen oder Autobahnen mit ihrer Eintönigkeit oder ihren übermäßigen Plakat- oder Beleuchtungseindrücken fallen die zarten, aber vielfältigen Formen der Natur fast nicht mehr auf. Daher ist das halb technische, halb natürliche Spiel von Licht und Pflanzen eine **willkommene Gelegenheit,** wieder **näher hinzuschauen.**

Im Fotostudio der Werkschule Merz haben die Schüler mit Umrissen gespielt. Was dabei herauskam, kann jeder selbst versuchen und beispielsweise **Postkarten herstellen.** Beschäftigung mit Formen lehrt wieder sehen und reizt schließlich zum Gestalten.

Für ein **Herbarium** Gräser, Kräuter, Blumen und Blätter zu sammeln, zu pressen und einzuordnen hat eine ähnliche Wirkung, nur kann man dabei zusätzlich fast wissenschaftlich die Pflanzen, an denen wir sonst vorübergehen, ohne sie zu kennen, bestimmen und ihre oft interessanten Eigenarten kennenlernen.

So werden Postkarten hergestellt

Auf Fotopapiere unter dem Vergrößerungsapparat werden Pflanzenteile gelegt, stärker oder weniger stark belichtet und entwickelt. So hat man bereits einfache Bilder. Um verschieden helle Pflanzenteile auf ein Bild zu bringen, muß man Zwischennegative anfertigen, die übereinanderkopiert werden können.

Zwei Frauen mit Initiative

Zwei einzelne Frauen sind hier zu zwei sehr unterschiedlichen Hilfsaktionen für Tiere angetreten, die einer Bürgerinitiative würdig gewesen wären.

Die 61jährige landwirtschaftliche Gehilfin Christine Berger, die bereits ihre 40jährige Betriebszugehörigkeit gefeiert hat, interessiert sich für Tiere in geradezu aufopfernder Weise. Obgleich der Hof klein ist, hat er schon mehrmals Auszeichnungen für gute Leistungen in der Milchwirtschaft bekommen. Dieses Lob betrifft die Fachfrau Christine Berger, denn sie betreut die Kühe allein. So vertraut ihr die Kühe sind, so sicher kennt sie sich bei den Vögeln aus. Als sie hörte und dann auch selbst bemerkte, daß es wenige Vögel, besonders Schwalben, in ihrem Bezirk gab, beschloß sie, ihnen Nistplätze anzubieten. Im Kuhstall formte sie aus Zement und Sand **Nestansätze, die den Schwalben das Bauen erleichtern** sollten. Zehn Schwalbenpärchen fliegen jetzt ein und aus. Im Freien benutzte sie jede Ecke der Dachvorsprünge an Haus, Ställen und Schuppen, um **selbstgebastelte Kästen für Meisen,** Rotschwänzchen, Rotkehlchen, Stare und andere Vögel anzubringen. Jetzt ist das Beobachten der Vögel, ihrer vielen Jungen, aber auch das Ergänzen der Kästen die Freude ihrer Freizeit.

Die 40jährige Hausfrau Milena Rowe war von Entsetzen geplagt, als sie in einer Fernsehsendung sah, wie Tiere, besonders Hühner und Kälber, fabrikmäßig gehalten wurden, um Eier und Fleisch zu erzeugen. Die Pein der Hühner in Legebatterien und die Pein der Kälber, die sich nicht hinlegen durften und Anämie haben mußten, damit weißes Kalbfleisch verkauft werden konnte, ließ sie nicht schlafen. Als sie dazu feststellte, daß die Hühner durch Hormongaben und chemische Futterzusätze zum Legen gezwungen waren und das Fleisch der Kälber Rückstände von Antibiotika enthielt, deren Wirkung auf den

menschlichen Organismus noch nicht gesichert erforscht ist, meinte sie spontan, daß man dagegen etwas tun müsse. **»Man kann doch nicht jede Entwicklung hinnehmen!«**
Zunächst rief sie alle Bekannten an, erklärte ihnen, was sie herausgefunden hatte, und bat jeden, wiederum zehn Bekannte anzurufen. Im Schneeballsystem müsse doch auch einmal eine gute Sache ins Laufen kommen, meinte sie. Gleichzeitig besorgte sie sich Fachliteratur und Statistiken, sammelte Zahlen und Daten, korrespondierte mit Politikern, schrieb und verteilte Flugblätter, wurde nicht nur Mitglied, sondern 2. Vorsitzende im Tierschutzverein und sammelte **Unterschriften für natürliche Tierhaltung.** Die Listen schwollen auf über zwei Millionen Unterschriften an und wurden dem Ernährungsminister übergeben. Nach den Politikern überredete sie Bauern, wieder Hühner zu halten, und sorgte für die Einfuhr von mehreren Millionen Frischeiern aus Frankreich und Dänemark, die nicht aus Legebatterien stammten. Presse und Rundfunk haben inzwischen hundertfach von ihr berichtet und sie unterstützt. Das Telefon klingelt bei ihr pausenlos.
Milena Rowe selbst ist schon nach wenigen Monaten durch das zunächst spontane Engagement völlig verändert. Die früher fast scheue Hausfrau, die sich kaum zu telefonieren traute, meint heute: »Ich habe mich, glaube ich, freigeschwommen. Das Engagement hat es möglich gemacht. Es war nötig.«

Tips für die Beschäftigung mit Tieren

Auch Tiere brauchen Freiheit. Eine Ausnahme sind **Fische in Aquarien** und die **Vögel,** die im Käfig aufwuchsen. Eine **Voliere** mit bunten Sitticharten ist etwas Wunderschönes in Hof oder Garten.
Hunde sollten viel herumtollen können. Sie lassen sich abrichten.
Wissenschaftliches Interesse befriedigen **Bienen,** über die es neue Erkenntnisse gibt.
Mit Insekten und Kleintieren zu **forschen** bedarf des Hinweises von Naturwissenschaftlern.
Tierschutzvereine gibt es fast in jedem Ort.

Er glaubt noch an den Storch

Eigentlich gehört dieser großartige Tierzuchtversuch genauso in die Gruppe der die Umwelt verbessernden Hobbys wie die Edelweißzucht Josef Voithofers. Denn Max Bloesch hat bereits in den zwanziger Jahren Umweltprobleme der Zeit erkannt und – was noch viel bedeutender ist – etwas dagegen getan.
Den zündenden Funken für das Interesse an Störchen löste bei ihm ein Lehrer aus, der Ornithologe war und ihn auf vogelkundliche Exkursionen mitnahm. Später beobachtete er, daß es in der Schweiz immer weniger Störche gab, und begann, eine Statistik auszuarbeiten. Nachdem er Turnlehrer geworden war, versandte er etwa 1600 Rundschreiben, um zu erfahren, wie viele Störche noch wo in der Schweiz lebten. Es stellte sich heraus, daß es um 1900 noch etwa 50 Brutpaare gegeben hatte. **1950 gab es keinen frei brütenden Storch mehr.**
Seit 26 Jahren geht Max Bloesch nun einen mühevollen Weg unter den wohlwollenden Augen von Staats- und anderen Institutionen. Bezahlen mußte er seinen Einsatz für die Allgemeinheit jahrelang allein.
Zunächst hielt er engen Kontakt mit der damaligen Vogelwarte Rossitten, die nach eigenen Versuchen mit Störchen ihm ihre Erfahrungen mitteilte und weitere Ergebnisse in Aussicht stellte. Weil der Krieg alles zunichte machte, begann Max Bloesch 1948 auf eigene Faust mit einem Wildhüter acht bis zehn Störche anzusiedeln, die später auch noch ergänzt wurden. Sie paarten sich indessen wenig, und es passierten laufend Mißgeschicke. Nach zehn Jahren unendlicher Geduld glaubte er, aufgeben zu müssen.
Da flog ihm eine Fluggesellschaft, um damit für sich zu werben – ohne Spekulation geht so etwas augenscheinlich nicht –, etwa 150 algerische Jungstörche ein.
Dadurch ermutigt, begann er wieder – zunächst einmal nur mit der Pflege der Vögel, denn Störche brüten erst im vierten Jahr.
Mit dem neuen Versuch hatte er mehr Glück. Störche nehmen es augenscheinlich mit der Zuneigung bei der Partnerwahl recht genau. Mit der größeren Auswahl paarten sie sich leichter, und Max Bloesch konnte seine Zucht diesmal vermehren. Außerdem hatte er selbst Jahre der Erfahrung hinter sich. **Heute gilt er als bester Storchenkenner der Welt** und löst das Problem folgendermaßen: Die jungen Störche leben im ersten und zweiten Jahr mit gestutzten Flügeln im Freigehege. Im dritten Jahr bilden sie Paare, indem sie sich zärtlich annähern. Im von ihm scherzhaft benannten »Eheanbahnungsinstitut«, auch einem Frei-

gehege, beobachtet sie Max Bloesch mit dem Fernrohr, denn er muß ihre Beringungsnummer feststellen. Erst wenn er sicher ist, ein Paar mit ständiger Zuneigung gefunden zu haben, bringt er es im geschlossenen Gehege unter, wo ihnen die Flügel wachsen und sie zum erstenmal brüten können. Im Frühjahr darauf läßt er sie dann frei fliegen, weil sie beim Brüten – meist in der Nähe ihres Geheges, aber doch **in freier Wildbahn – um fast** 30% bessere Aufzuchtergebnisse haben.

Er hoffte zu erreichen, daß sie nach dem Flug in den Süden eher wiederkehren. Aber sie zogen nun gar nicht mehr ab, sondern ließen sich im kalten Winter von ihm füttern. Die 100 Störche in und um seine frei zugänglichen Gehege ziehen immer mehr Leute an, die sich an ihnen freuen. Inzwischen hat er neun Außenstationen errichtet mit noch einmal der gleichen Anzahl Störche wie in seinem Horst. Max Bloesch will sie erhalten und vermehren, bis in den europäischen Ländern Umweltministerien wieder für natürliche biologische Bedingungen und für Schutzgesetze sorgen.

Erst 1973 – nach 25 Jahren ununterbrochener Geduld – hatte er genügend junge Störche, um das Risiko auf sich zu nehmen und sie mit fremden Altstörchen ziehen zu lassen. Was daraus wird, muß die Zukunft bringen. »Wohin sie nun zurückkehren, muß mir gleich sein«, sagt Max Bloesch. **»Ich bin Europäer, und Frankreich, Österreich und Deutschland brauchen auch Störche.«**

Aber die Europäische Gemeinschaft dankt es ihm schlecht. In Italien, Frankreich und Belgien werden Störche geschossen und gebraten – ein Gastarbeiter in der Schweiz hatte sogar eine der ersten brütenden Störchinnen erwischt. Die Lebensbedingungen für Störche sind durch Überlandleitungen, zuviel Dränage und die Vertilgung von Mäusen durch Gifte bereits erschwert. Der Mensch wird wohl weiter etwas nachhelfen müssen. Das Neuansiedeln kann jedoch **die allergrößte Vernichtungsgefahr, das Erschießen,** nicht überstehen. **Hier muß in allen Ländern etwas geschehen!**

Wie man helfen kann

Um unsere natürlichen Lebensbedingungen wieder ins Gleichgewicht zu bringen, gibt es sehr viele Möglichkeiten. **Helfen – durch Aufklärung,** durch **Bürgerinitiativen,** durch den **Beitritt zu Naturschutzvereinigungen** oder durch **tätigen Kontakt mit Vogelschützern.** In der Schweiz sammeln Lehrer und Schulkinder, aber auch Privatpersonen, in jedem Jahr über 20 000 Franken für den Storchenansiedlungsversuch, den Max Bloesch noch immer als sein Hobby ohne Bezahlung leitet.

Letzte Meldung: Reiher brauchen auch Hilfe!

Musik auf selbstgebauten Instrumenten

Da jedermann weiß, wie jemand aussieht, wenn er Klavier, Geige, Flöte, Ziehharmonika spielt, wurde dieser Eindruck in diesem Buch der Phantasie jedes einzelnen überlassen. Aber auf **das große erfüllende Gebiet der Musik** durfte selbstverständlich im Reigen der Hobbys nicht verzichtet werden.

Im allgemeinen geht man in eine Instrumentenhandlung, kauft (im Falle eines Klaviers auch: leiht) sich ein Instrument und sucht sich einen Musiklehrer. Je nach Größe des Talents – zur Musik braucht man es – kommt man nach mehr oder weniger langem Üben zum Spiel, das Freude macht, eventuell zum Spiel zu mehreren oder vielen.

Der 33jährige Dekorationsmaler Walter Huber und seine ein Jahr jüngere Frau Annemarie sind einen ganz anderen Weg gegangen. Sie erleben die Ferien mit ihren Kindern immer in Tagesausflügen in und um München. Eines Tages sahen sie im Schaufenster einer Instrumentenhandlung in der Altstadt ein Raffele. Das ist eine Urzither, die entweder mit einer oder mit drei Saiten gespielt werden kann. Annemarie Huber wußte zwar, daß sie musikalisch ist, aber Unterricht hatte sie bisher nicht bekommen. So ein einfaches Raffele hätte sie gern versucht. Ihr Mann meinte, das dürfe doch nicht schwer sein, das Ding selbst zu bauen. Saiten, Wirbel und Plättchen bekommt man ja zu kaufen.

So geschah es. »Bundreinheit zu erreichen, das war die größte Tüftelei. Ohne meine musikalische Frau wäre das wahrscheinlich gar nicht gegangen«, erzählt Walter Huber, während Annemarie ein altbayerisches Lied spielt. Es klingt so wunderschön und läßt vergessen, daß man **ein Instrument** hört, **das jemand nach dem Anschauen im Schaufenster ohne Anleitung gebastelt hat.** Inzwischen fanden die Hubers die »Volkstümliche Raffeleschule« von *Paul Peter Hornoff,* ein Spezialwerk im Selbstverlag erschienen, und nun baute Walter Huber mehrere Raffeles für Schwager und Geschwister.

Wie so häufig bei den Hobbys, wird noch einmal ein Zufall wirksam, der aber nichts bewirkt hätte, wenn niemand dafür offen gewesen wäre. Walter Huber beobachtete während seiner Arbeit, daß eine alte Dame eine zerschlagene Gitarre auf den Müll warf. Er nahm sie mit nach Hause, reparierte sie und stellte fest, daß es sich um eine etwa 150 Jahre alte »bayerische Achter« handelte, mit einem hervorragenden Klang. Da sich ihm das kaputte Instrument von innen gezeigt hatte und seine Buben sich alle drei darum balgten, meinte er, daß auch so **eine Gitarre nicht so schwer herzustellen** sein könnte. So hat er zwei neue gebaut und noch fünf renoviert. Am »Neubau« der dritten helfen Walter, Christian und Andreas mit.

Sie sind nämlich Fachleute geworden. Die beiden Ältesten bekamen Gitarrenunterricht. Die Mutter profitierte davon und lernte zu Hause gleichzeitig mit. Darauf lehrte sie den Jüngsten. Ihre **Bauernmenuetts zu vier Gitarren** sind hörenswert. Daß Annemarie Huber ernsthaft mit ihren Buben arbeitet und hohe Ansprüche stellt, verrät ihr Ausspruch: »Wir spielen nicht Almrausch- und Enziankitsch, sondern alte, überlieferte Lieder, Tänze und klassische Musik.«

So zielstrebig und durchdacht, wie diese beiden an das Hobby gingen, gestalteten sie auch ihr Leben. Walter Huber wollte auf den guten Abschluß seiner Gesellenprüfung schnellstens auf die Meisterprüfung zusteuern. Da beobachtete er, was seine Meister für Sorgen hatten und daß sie bis in die Nacht noch mit Schreibarbeiten eingespannt waren, vor allem aber, daß deren Familien überhaupt nichts von ihren Vätern hatten und die Kinder dadurch Schaden nehmen konnten. Er sah im Erreichen der Meisterprüfung keinen Sinn mehr. Statt dessen lernte er, jeweils bei einem anderen Schwager, ein Jahr Elektriker und ein Jahr Schreiner. Außerdem nahm er Abendkurse für farbige Raumgestaltung und spezialisierte sich in seiner Firma auf Siebdruck. Von alldem gewann er persönlich mehr. Inzwischen hat er seine sehr originellen Möbel selbst entworfen und gebaut. In der Wohnung ist jeder Winkel optimal genutzt. Letzte Errungenschaft: eine Aquarienwand in der Diele. Hubers lieben Kinder und Tiere.

Das Schönste an der ganzen Familie: Wenn einer spricht, strahlen ihn alle anderen an. Die Eltern wissen das zu schätzen. Worte eines weisen, jungen Familienvaters: »Meine Meister haben mehr Geld als ich, aber lohnt sich das? – Die, die alles haben, die wissen ja gar nicht, wie schön man es sich machen kann im Leben.«

Das Spiel mit Tönen

Musik birgt eine Vielfalt von Beschäftigungs- und Entfaltungsmöglichkeiten, die aber meist erst zum Tragen kommen, wenn man Musik mehr oder weniger beherrscht. Aber selbst das größte Talent verkümmert, wenn es nicht angewendet oder entwickelt wird.
Jeder Mensch muß sich ja daran gewöhnen, daß musische Fächer unwichtig sind, wenn in der Schule Zeichnen oder Musik häufig ausfällt, aber nicht eine Stunde der fast ausschließlich intellektuellen Fächer. Dabei gibt es Menschen, die sich der Tastatur eines Klaviers bedienen könnten – fast so, wie andere der eigenen Stimmbänder. Aber sich darin entfalten zu können, gelingt ihnen nie. Die Freude Annemarie Hubers und ihrer drei Söhne existierte gar nicht, wenn nicht das einfache Drei-Saiten-Instrument im Schaufenster sie herausgefordert hätte und wenn nicht ihr Mann Lust verspürt hätte, es herzustellen. Zwei Zufälle – aber wissen wir, wie sich diese Zufälle in den Kindern auswirken?
Ob musikalisch oder unmusikalisch, wir tragen alle zwei Instrumente in uns, deren wir uns selbst bedienen können: Wir können **singen,** und wir können **pfeifen.** Nur – bei der Vielfalt des hervorragenden Angebotes in Rundfunk, Fernsehen, auf Platten und auf Bändern tun wir es zu unserem Schaden nicht. Und wenn sich junge Menschen daran ergötzen, dann fast ausschließlich in Rhythmus und Tonfolge, die gerade »in« sind.

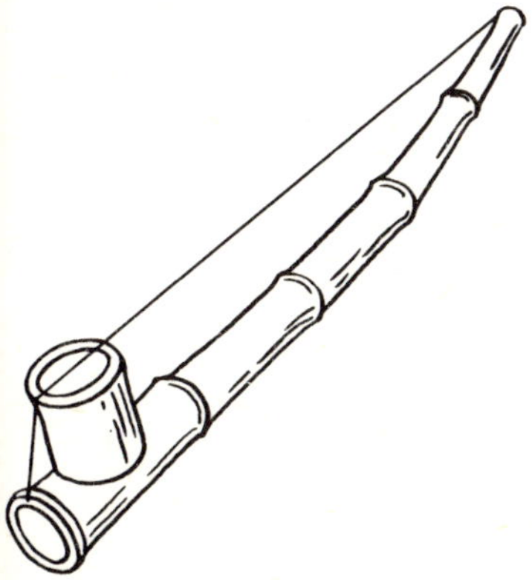

Es steht uns aber eine Riesenauswahl an Liedern aller Jahrhunderte zur Verfügung, von den **gregorianischen Gesängen** über **Minnelieder,** mittelalterliche und neuzeitliche **Volkslieder** bis zum **Kunstlied.** Wir müssen nicht Schlagern und Schnulzen ausgeliefert sein, weil sie ohne Anstrengung eingehen, beherrschen und ohne Nachhall verschwinden.
Wir können Lieder und Stücke sogar selbst erfinden, obgleich das zur Zeit nur den »Künstlern« vorbehalten zu sein scheint. Mozart wurde von seinem Musikervater dazu angehalten. Mit zwölf Jahren schrieb er seine erste Oper. Wissen wir, was aus seinem großen Talent geworden wäre ohne diese Voraussetzungen?
Komponieren sollte auch Sache der Kinder sein, nicht nur der Komponisten, weil gerade sie am kreativsten auch mit Tönen sind. Man kann sie ihre Lieder aufschreiben lassen. So kommt man zum **Notenlesen,** mit dem viele ihr Musikverständnis vertiefen, wenn sie die Partituren bei Konzerten verfolgen.
Man kann sogar **Musikinstrumente selbst erfinden** und herstellen. Auf Java erzählt man, die Musik sei entstanden, als eine Bambusfaser an einem Baum hängenblieb und der Wind darüberstrich.

Kartenspiele

Uta Mix ist einer der Menschen, die die Gabe haben, gebotene Chancen zu ergreifen und sich **bereits im Beruf** zu **bestätigen.** Das Hobby mußte daher keine tragende Rolle spielen, und trotzdem ... Aber erzählen wir der Reihe nach.

Dem Vater einer Flüchtlingsfamilie mit vielen Kindern war es in den Nachkriegsjahren nicht möglich gewesen, sie ihren Anlagen entsprechend auszubilden. Berufsvorstellungen deckten sich daher bei Uta Mix mit den meisten Mädchen. Sie wollte Friseuse werden. Heute erinnert sie sich deutlich, daß damals ein Lehrer sagte: »Du wirst nicht Friseuse – Du könntest Journalistin werden – Du kannst denken und schreiben.« Mit diesen Worten wußte sie in dem Alter nichts anzufangen. Immerhin besuchte sie die höhere Handelsschule und machte die mittlere Reife, war im Innern davon unbefriedigt und versuchte es mit einem Kindergärtnerinnenpraktikum.

Da stieß sie eines Tages auf eine Annonce, in der eine bekannte Frauenzeitschrift eine Sekretärin suchte. Sie wurde eingestellt und von der Atmosphäre mit Haut und Haaren ergriffen. Bei nächster Gelegenheit wurde sie Redaktionsvolontärin, dann Assistentin, darauf Jungredakteurin, Redakteurin, und heute ist sie Ressortleiterin einer Jugendzeitschrift. Sie betreut junge Menschen, reist mit ihnen, schreibt über sie und für sie, aber auch über Mode und Kosmetik. Inzwischen hat sie mehrere Sachbücher für Frauen veröffentlicht.

Bei so viel beruflichem Einsatz hat ein Hobby nur die Möglichkeit, sich über die Hintertreppe einzuschleichen.

In Gaststätten in aller Welt fand sie Menschen beim Kartenspielen. Da sie sehr kontaktfreudig ist, setzte sie sich jedesmal dazu, ließ sich das Spiel erklären und erwarb den entsprechenden Satz Karten. So lernte sie schnell Land und Leute kennen, und bei ihr zu Hause entstand langsam eine ganze Spielkartensammlung.

Hier liegt **der Punkt, wo sich ein Hobby selbständig macht.** Jetzt sucht Uta Mix nach alten und neuen Karten, die ihr oft sogar als Geschenk mitgebracht werden.

»Ich bin Spielerin – nicht Rechnerin«, sagt sie. »Heute gibt es wohl kaum ein Kartenspiel in Europa, das ich nicht spielen kann – außer Skat.« Die Karten, Kartenspiele, ja sogar das Kartenlegen interessieren sie jetzt so sehr, daß sie sich viele Bücher erst ausgeliehen und dann gekauft hat. Und sie hat herausgefunden, daß die verschiedenen Arten des Kartenlegens aus *einer* Quelle zu kommen scheinen, weil sie in allen Ländern gleiche Ergebnisse haben: Auf diesem Gebiet folgte die Welt den Zigeunern.

Faszinierende
Ausstellung
12. Juli bis 30. Juli 1973
16. bis 20. Jahrhundert
Europa
Asien
Amerika
Bank für Gemeinwirtschaft Augsburg
Kleine Grottenau 1
BfG

Der Mann mit dem fliegenden Teppich

»Diese jungen Leute von heute, nichts als Flausen im Kopf.« Dieser Ausspruch paßt augenscheinlich auf alle Zeiten. Ekkehard Schruff gehört zur heutigen Generation.

Der 22jährige steht jeden Morgen um fünf Uhr auf, um das Grünfutter für die Kühe hereinzuholen und die einzige landwirtschaftliche Angestellte seiner Eltern zu entlasten. Danach geht er zur Schule. Die zwei übereinanderliegenden bayerischen Holzbalkons, die an zwei Seiten des großen, alten Bauernhauses entlanglaufen, hat er selbst gebaut. Aus zwei Bodenräumen machte er mit seiner Verlobten Susanne zwei gemütliche Wohn- und Arbeitsräume. Weil ihnen die modernen Möbel im Handel zu teuer waren, bauten sie sie gleich selbst. Auf Seite 107 kann man Susanne damit sehen. Das Geld dazu verdient er sich an einer Tankstelle. Zwischendurch repariert und pflegt er fachmännisch die landwirtschaftlichen Maschinen. Zur gleichen Zeit macht er sein fachbezogenes Abitur. Als auf sein kleines Wiesen- und Walddorf Einrichtungen wie eine Schredder- und eine Großkläranlage zukamen, erarbeitete er mit anderen Interessierten die Unterlagen, die die Planung widerlegten. Daraus entstand eine Bürgerinitiative Umweltschutz, in der er aktiv tätig ist. Und weil das alles noch nicht genug ist, konstruiert er laufend etwas, was fliegt. Er ist davon so begeistert, daß er eine Jugendgruppe leitet, mit der er sonntags zu Flugtagen fährt. Dabei ist sein Kummer, daß die Jungen nicht ganz so einsatzfreudig sind wie er selbst.

Interesse, Phantasie und Aktivität haben schon den jungen Ekkehard Schruff auf technisch-physikalischem Gebiet weit vorpreschen lassen. Aber gerade das scheint sowohl auf dem Flugplatz als auch in der Schule ein Hemmschuh zu sein. Man vermutete seine originelle Wißbegierde nicht als ernsthaft, sondern eher als Herausforderung. Seine Kenntnisse brachten Lehrer oft in Verlegenheit, weil er ihnen Fehler nachwies. Das aber scheint noch immer nicht ertragen zu werden. Zur Ehrenrettung eines Teiles dieser Lehrer sei gesagt, daß sie sich später bei Ekkehard Schruff meist dafür entschuldigten. Aber die Bloßstellung auf beiden Seiten war inzwischen oft so weit gediehen, daß er aus Enttäuschung die Schule wechselte. Was kann ein Junge schon tun, wenn ein Lehrer ihm entgegenhält: »Jetzt muß ich meine Autorität wahren!« Und wie kann ein wissensdurstiger Schüler einem Lehrer klarmachen, daß er ihn nicht auf den Arm nimmt, wenn er im Unterricht über die Schwerkraft möglichst genau

wissen will, wann ein Auto in der Kurve umkippt.
Schon mit zwölf Jahren hatte Ekkehard Schruff ein kleines Auto bauen wollen. Dazu informierte er sich ernsthaft und eindringlich. Er ging zu allen möglichen Dienststellen, auch zum TÜV, um die Voraussetzungen zu klären. Aber sie nahmen ihn nicht ernst und schickten ihn wieder nach Hause.
Wenn er mit seinen ausgefallenen Flugmodellen auf den Flugplatz kommt, geht es ihm ähnlich. Es passierte schon mehrmals, daß er nicht fliegen durfte, weil der Flugleiter seine Modelle als fluguntüchtig bezeichnete. Muß man da nicht »in die Wolken gehen«, wenn man mit den originellen Teilen schon stundenlang vorher einwandfrei geflogen ist? Ekkehard Schruff gewöhnt sich langsam daran. Früher, als er noch unsicher und verletzbar war, konnte er sich schlecht wehren. Heute ist er ganz sicher, **daß das selbst erfundene Modell einen viel höheren Wert hat als das nachgebaute.** Heute geht er mit Liebenswürdigkeit auf Einwände ein. Er sagt sich, daß nur wenige Fachleute und Lehrer Kritik vertragen können und einsehen, daß ein junger Mensch mit Spezialkenntnissen auf einem bestimmten Gebiet **durch sein Hobby auch dem Fachmann überlegen sein kann.**
Mit dem Flugmodellbau hat Ekkehard Schruff natürlich angefangen wie andere Jungen auch. Man baut erst einmal nach Vorlage einzelne vorgefertigte Teile zusammen, dann konstruiert man um, und dann erfindet man neu – wenn man dabei etwas gelernt hat. Bei ihm hängt noch ein ganzer Schuppen voll konventioneller Flugzeugmodelle. Aber das eigentlich Interessante sind fliegende Phantasiegebilde, die dadurch entstehen, daß er mit seinen Gedanken spielt. Plötzlich fällt ihm dann etwas ein. **Eine fliegende Birne mit einziehbarem Fahrgestell,** auf der eine zweite fliegende Birne liegt, die im Flug absegeln kann; **eine fliegende Untertasse, ein fliegendes Auto** und natürlich **der fliegende Teppich.**
Sein Ideenreichtum und sein flugtechnisches Wissen können sich sehen lassen. Glücklicherweise ist er noch nicht einmal ein Einzelgänger. In Harsewinkel gibt es sogar einen ganzen Verein, dessen Mitglieder mit ausgefallenen fliegenden Modellen wetteifern.

Wie man Modellbauer werden kann

Flugmodellbau ist sowohl ein **Hobby für Bastler als auch für Techniker.** Zum Basteln gibt es eine große Auswahl vorgefertigter Teile zu kaufen. **Wettbewerbe** für Flugmodelle finden meist einmal im Jahr statt. Geflogen wird fast an jedem schönen Sonntag. Veranstalter sind dem Deutschen Aeroclub angeschlossene **Modellflugvereine.**
Über der Technik sollte der **Drachenbau** nicht vergessen werden. Er läßt der Phantasie freien Raum und fordert kaum technische Kenntnisse.

Duo mit Hund zum Symphonium.

An der Straße von Singen nach Schaffhausen halten bei Gottmadingen fast alle Autos an, um Pia Zaneis Phantasiegebilde zu bestaunen.

Hauptsache, daß . . .

Der erwachsene spielende Mensch wird leicht mit etwas Geringschätzung betrachtet. Nun haben wir aber spielerische Kräfte in uns, die uns eigentlich erst zu Menschen machen. Wir besitzen Erfindungsgabe und bildnerische Fähigkeiten, die zu verschütten drohen.
Dagegen haben die beiden Hausfrauen Reselotte Hegele und Pia Zanei fast instinktiv für ihre Spielkräfte einen Ausweg gesucht. Sie fanden nicht alltägliche Hobbys, entsprechend ihren eigenen Möglichkeiten, die auch gar nicht zum Nachvollziehen gezeigt werden.
Die 59jährige Reselotte Hegele fand auf dem Boden ein altes Symphonion, ein Mittelding zwischen Spieluhr und Grammophon. Die Musik klang so hübsch, daß sie dazu sang, während ihr Hund zu begleiten versuchte. Darauf dichtete sie Lieder zur Musik und humorvolle Gedichte über den Hund.
Aus ihrem italienischen Sprachkursus machte sie ein Kaffeekränzchen, in dem die Schularbeiten festsitzend wiederholt wurden. Verreist sie, bringt sie von allem, was sie gesehen und erlebt hat, Abbildungen mit, die mit ihren aufgeschriebenen Erzählungen jeweils einen Ordner füllen. »So erlebt man die Reise hundertfach«, sagt sie.
Pia Zanei, die 71jährige Frau des Bahnwärters von Gottmadingen, kann sogar erklären, wie ihre spielerischen Kräfte wirken: »Wenn ich ein Schloß sehe oder irgend etwas Schönes, dann muß ich lange daran denken. Es läßt mich gar nicht wieder los. Wenn ich nicht schlafen kann, dann arbeitet die Phantasie im Kopf. Dann studiere ich vielleicht eine Woche lang, und nachher habe ich Lust, was zu machen. Im schlechten Winterwetter, wenn ich nicht schaffen kann, bin ich krank. Letzten Winter konnte ich fast jeden Tag raus und was tun – da war ich gesund.«
Es kommt nicht darauf an, was man tut, sondern darauf, **daß man etwas tut.**

Ein spielender Mensch

»Der Mensch ist erst dann ganz Mensch, wenn er spielt«, sagte schon Schiller. Maler spielen in gewisser Weise bereits im Beruf. Trotzdem können sie auch in ihrer Kreativität völlig einseitig sein.
Nicht so die Zeichnerin Franziska Bilek. Sie hatte von Kindheit an das Glück, ihr Talent selbständig entwickeln zu können, und besaß Charakter genug, sich weder durch Kunstgewerbeschule noch durch Akademie in eine zeitgemäße Form pressen zu lassen. So formte sich ein eigener Stil, der Olaf Gulbransson auffallen mußte. Regelmäßig erschienen ihre Zeichnungen dann in der politisch-satirischen Zeitschrift »Simplicissimus«. Sie sah durch die Menschen hindurch und legte nieder, was sie gefunden hatte; die typische Person ihrer Zeit mit den ihr eigenen Problemen. Der »Hirnbeiß« (rechts oben) erscheint seit 13 Jahren in der Münchner »Abendzeitung« und gehört nach wie vor zu den beliebtesten Rubriken.
Als Gegengewicht zu ihrer Produktivität spielt Franziska Bilek eigentlich mit lauter anregenden Dingen, die sie beobachtet, die sie wachsen läßt oder die reales Handwerk sind, was bei ihr auf viele originelle Hobbys hinausläuft.
Da sie gern **kocht** und **bäckt**, hat sie alle Küchengeräte, die sie nicht ständig braucht, vor die Küchentür gesetzt und dafür ihren Arbeitstisch und anregende Hobbys hineingenommen. Während des Backens und Garens kann jederzeit etwas anderes in ihr zu spielen beginnen, beispielsweise kleine **gebackene Venusfiguren** und **drollige Tierplastiken.** Dort stehen und hängen die **Aquarien** mit gemalten Hintergründen, **Schmetterlinge** und **Käfer.** Tiere kann sie frei zeichnen. Sie kennt sie bis in die Werke der **Verhaltensforschung.** Sie läßt jeden **Kern exotischer Früchte aufgehen** – wenn es der Zufall will, auch **einen sich malerisch entfaltenden Wirsingkohl,** der ihr Fenster innen ziert (unten Mitte), während in zwei anderen die Sonnenblumen drei Meter hoch wachsen. Sie **schneidet Bilderbögen aus** und baut Luftschlösser, und sie **sammelt** die skurrilsten Dinge, vom mechanischen **Kinderspielzeug** über alte, möglichst glitzernde **Postkarten** bis zum anregenden buntschillernden **Kitsch.**

Brot backen nach Franziska Bilek:

700 g Weizenmehl, 1 Tasse Roggenmehl, 50 g Weizenkleie (sämtl. Reformhaus), je ein Teelöffel (gemahlen) Anis, Koriander, Kümmel, 4 Teelöfel Salz. Hefestück von 40 g Hefe in lauwarmem Wasser warm stellen. Alles mischen und mit einem Liter warmen Wassers den Teig schlagen, bis sich Blasen bilden. Zugedeckt gehen lassen. In gebutterte und bemehlte Backform mit Deckel geben, nochmals gehen lassen und, ohne den Deckel zu heben, eine Stunde bei Mittelhitze, eine weitere bei kleiner Hitze backen. Einen Tag auskühlen. In Seidenpapier gewickelt, hält sich das Brot bei täglicher Öffnung in einer Plastiktüte im Kühlschrank drei Wochen frisch.

Der zündende Funke

Als Lore Kegel etwa 15 Jahre alt war, sah sie zum erstenmal in einer Missionsausstellung afrikanische Kunstwerke. »Damals wußte und verstand man in unserem Land wenig oder gar nichts von der unwahrscheinlichen Schönheit dieser Dinge. Man nahm sie als Kuriosa.« Lore Kegel indessen wurde nicht nur beeindruckt, sie wurde geprägt. Von dieser Zeit an hatte sie nur den einen Wunsch, Afrika zu sehen. Sie wurde Ehefrau und Mutter, sammelte Künstler um sich und half ihnen. Die Flamme, die der Funke gezündet hatte, brannte beharrlich weiter. Mit 26 Jahren fuhr sie zum erstenmal in ihr Traumland und sammelte leidenschaftlich afrikanische Kunst. Aber erst im Zeitraum zwischen ihrem 50. und 65. Lebensjahr reiste sie mutterseelenallein durch den Kontinent.

Mit 61 Jahren sah sie die Negeroper »Porgy and Bess«. Da sprang ein zweiter Funke über und löste aus, was sich in Jahren an Erlebnissen in ihr aufgestaut hatte. Bereits auf dem Programmblatt begann sie zu zeichnen, merkte, daß sie in der Lage war, ihre Eindrücke zu Papier zu bringen, und wurde im Laufe von wenigen Jahren eine in Hamburg bekannte Malerin mit einer Ausstellung im Völkerkundemuseum.

Der ununterbrochene Strom kreativer Gedanken in Farbe genügte ihr noch nicht. Als zweites Medium verwendete sie Worte – ihre Gedichte wurden gedruckt – und als drittes die Sprache – sie rezitiert eigene Gedichte auf Schallplatten. Sie begann mit 61, und sie ist heute, mit 73 Jahren, auf dem Höhepunkt ihrer Schaffenskraft.

Hobby-Urlaub

Die günstigste Zeit für den Beginn eines Hobbys sind die Ferien, besonders **Ferien mit Kursen.** Die Zeit, in der wir »freie Zeit« haben, wird mit Sicherheit fortlaufend länger werden. Es bedeutete verschenktes Leben, wenn sie nicht voll genützt würde. Vom Faulsein, das weiß man nun, wird man weder aktiver noch interessierter und letzten Endes auch nicht glücklicher. Über ein gewisses Maß an Ausruhen ruht man nicht mehr aus, und man tankt auch nicht mehr auf, man »schlafft ab«.
Während noch vor einigen Jahren fast nur Sportkurse angeboten wurden, tauchen jetzt auf allen möglichen Gebieten Urlaubskurse auf. Die Ferien-Verkäufer haben augenscheinlich die Erfahrung gemacht, daß der Gast mehr profitiert, wenn er durch ein Hobby gefordert wird, das er sich aussuchen kann, von dem er sich mehr Ferienfreude verspricht.
Für diejenigen, die sich nicht viel zutrauen oder etwas Angst vor neuem Anfang haben, sind Ferienkurse geradezu ideal. Man braucht sich nur dazu anzumelden, und alles läuft von selbst. Man bekommt gesagt, was man mitbringen muß, man tut zunächst, was gesagt oder gelehrt wird, und man findet viele gleich Ängstliche, die sich schon nach kurzer Zeit als gleich unerfahren und dadurch als Trost empfinden. **Gemeinsam Fähigkeiten** zu **entdecken** oder Kenntnisse zu erarbeiten, damit das Selbstbewußtsein zu stärken und Angst abzubauen, ist dann meist ein doppeltes, häufig völlig unbekanntes, beglückendes Vergnügen.

Hobby-Kurse gibt es

in vielen Ferienorten und bei verschiedenen Künstlern, Handwerkern oder Sportveranstaltern – zu erkundigen bei den Verkehrsbüros der Ferienorte. Hier nur wenige Hinweise, meist Angebote mit Pauschalreisen.
Töpfern: Orte im Westerwald (Verkehrsv. Montabauer), Stoob (Burgenland), Club Stella Maris (Ibiza), Svaneke auf Bornholm, dort auch Kurse für **Formgebung, Farbenlehre** und **Glasur. Kupferstechen:** Millstatt. **Malen:** Koblenz, Traben Trarbach. **Edelsteinschleifen:** Idar-Oberstein. **Bauernmalerei:** Berchtesgaden, Stift Geras (Österreich), dort auch **Hinterglasmalerei, Schriftkunst** und **Buchbinden. Alphornblasen:** Appenzell, Bulle (Jura), Lausanne. **Astronomie:** Sternwarte Calina (Tessin). **Geologie** und **Archäologie:** Griechenland und Stromboli (Karawane-Studienreisen, Ludwigsburg). **Fotografieren und Filmen:** Koblenz, Ebrach/Steigerw. **Kosmetik** und **Bewegungstherapie:** Schloß Schönhagen (Ostsee),

Alexandersbad (Fichtelgeb.), Bendestorf. **Partnerschulung** (zwischen Mann und Frau, Eltern und Kindern): Axmannreisen nach Sizilien, Costa de la Lux, Adria, Ibiza. **Säuglingspflege** (auch für Väter): Travemünde. **Gärtnern:** Insel Mainau/Überlingen. **Kochen:** Baden-Baden, Marlenheim (Elsaß), Neustadt/Schwarzwald. **Sportkurse** gibt es fast überall. **Führerscheine** kann man machen für Auto, Motorboot, Segelboot, Flugzeug und Segelflugzeug.

Die Münchner Künstlerin *Petra Moll* hält jedes Jahr *dort* zwei **Kurse für Hinterglasmalerei** ab, wo diese Technik hinpaßt: auf einem hübschen, kleinen Bauernhof in Oberbayern. Ruth Siebs, eine 45jährige Hausfrau, hat sich im vorigen Jahr zum erstenmal zu einem solchen Kurs gemeldet. Ihre Modelle sind alte Puppen, die sie jetzt – ein Jahr später schon – so vollkommen zu malen versteht, daß sie *Petra Moll* mit viel Erfolg in einer Ausstellung zeigen konnte.
»Dabei habe ich vorher gar nicht gewußt, wie man das macht«, erzählt Ruth Siebs. »Ich habe mich einfach gemeldet, weil mir die Bilder von *Petra Moll* gefielen. Gemalt hatte ich nur früher mal mit meinem kleinen Sohn, aber sonst überhaupt nicht. Erst durch den Kursus stellt man fest, daß einen Malen richtig packen kann.« Und *Petra Moll* selbst ist von dem Erfolg der Kurse begeistert: »Da kommen manchmal Städter, gelangweilt oder mit Depressionen, und am Schluß sind sie alle ganz gelöst. Sie hören abends nicht mehr auf zu malen, und am letzten Tag möchte am liebsten keiner mehr nach Hause fahren. Das gibt mir natürlich Auftrieb, immer wieder Kurse abzuhalten.«

So wird hinter Glas gemalt

Man braucht dazu mit Spiritus gereinigte Glasplatten, schwarze und rote wasserunlösliche Tuschen, Zeichenfedern oder Haarpinsel (1–10), Tempera-, Deck- oder Plakafarben und Schellack, den man mit Spiritus 1 : 5 verdünnt, zum Schluß 1 : 1.
Da Änderungen der Konturen nicht möglich sind, verhält man sich bei der Hinterglasmalerei ähnlich wie beim Mosaik: Man benutzt einen Entwurf, auf dem die Glasplatte während des Malens liegt. Alle Farben rührt man mit Wasser zu einem dickflüssigen Brei an. Zuerst zeichnet man die Konturen mit schwarzer Tusche nach – Gesichter und Hände mit roter. Man arbeitet von vorn nach hinten: zuerst die Augen und die Backen, nach dem Trocknen wird dann Rosa hinterlegt. Bei der Kleidung malt man zuerst die Muster, die Falten und die Schatten, und dann wird der Grundton ausgefüllt. Die Farben dürfen niemals feucht ineinanderlaufen. Zwischendurch wird mit Schellack 1 : 5 isoliert und zum Schluß das ganze Bild mit Schellack 1 : 1 abgedeckt.

POSTER

Feste feiern

Bonbonrosa Töne mit hellem Giftgrün und dunklem Tannengrün sind die tragenden Farben, die eine kreativ begabte Mutter, Gretel von Seidlein, mit ihren Töchtern Cornelia und Sophie verwendet, um einem leeren Raum gemütliche und zugleich drollig-fröhliche Atmosphäre zu verleihen. Hier kann getanzt werden, ohne daß man sich an einem Möbelstück stößt. Die Möbel sind gleich auf die Tapeten gemalt, der Kuchen und die Festgäste aus dem Bilderbuch auch.

Jedes Jahr einmal werden hier etwa 100 Freunde von 13 bis 75 Jahren eingeladen, was Vater Hubert übernimmt. Für Musik, Licht und alle technischen Raffinessen sorgt Sohn Clemens mit seinen Freunden. Arbeitsteilung und Verteilung der Verantwortung auch bei der Bemalung, Entwürfe, Wände und die Bar übernahm die Mutter, die Mäuse zeichnete Sophie, Möbel und Katzen malte Cornelia. So ist jeder gezwungen, selbst etwas dazu zu denken. Die jährliche Wiederholung verlangt jedes Jahr neue Einfälle – was Spaß macht und die Phantasie zum Blühen bringt, besonders, wenn jeder auch noch mit eigenen Ideen sich selbst verwandeln soll. Über Langeweile und Einsamkeit kann hier von Weihnachten an wochenlang nicht geklagt werden.

Nicht jeder verfügt über einen Keller oder über Geschäftsräume, die ausgeräumt werden können, aber auch nicht jeder hat eine so große Familie mit insgesamt 100 Freunden. Auch in einem kleinen Raum, zu dem man den Korridor hinzunimmt, kann man 10 bis 20 Leute unterbringen und mit farbigen Papieren, Bemalungen oder aus Papier hergestellten Phantasiegebilden die Möbel verkleiden und eine fröhliche Atmosphäre schaffen. Wo es keinen Fasching gibt, darf es bunte Kostümfeste geben.

Die Akademiebälle in Berlin waren früher Höhepunkte der Saison und zugleich Aufgabe für die Studenten, riesige Säle mit unwahrscheinlichen Einfällen zu verwandeln, und der Modeschüler, nicht nur die Zeitmode zu kreieren, sondern Kostüme, bei denen der Phantasie keine Grenzen gesetzt wurden. Damit diese Themenstellung zweimal im Jahr Früchte trug, fand in der Meisterschule Burg Giebichenstein zusätzlich ein Sommernachts-Kostümball statt. Sowohl die Aufgabensteller als auch die Schüler und die Mitmacher kamen dabei auf ihre Kosten und lernten zusätzlich daran.

Es gibt eigentlich kaum eine Möglichkeit, so unproblematisch fröhlich zu kreieren und damit auch noch anderen Freude zu machen und anzuregen, wie gestaltetes Festefeiern. Da finden sogar Großmutter und Großvater, was sie schon verloren glaubten: Generationen

unter einem Dach vereint und viele Menschen, die man, ganz gleich, wie alt man ist, neu kennenlernt.
Allein das Arrangieren von Festen für Familien, die dazu wenig Zeit haben, wäre ein Hobby. Je mehr man über solche Möglichkeiten nachdenkt, um so mehr kommt dabei heraus. Eine über 80jährige in Kraiburg am Inn verfaßt Festgedichte und schreibt die Festreden für überlastete Honoratioren, eine über 70jährige stellt jedes Jahr die Programme zu weihnachtlichen Festen in einer wunderschönen bayerischen Kirche mit allen musikalischen und Wortbeiträgen zusammen und hilft, sie einzuüben. Und in der Zeitung fanden sich unlängst Anzeigen, in denen Leute gesucht wurden, die zu verschiedenen Anlässen Gedichte schreiben können.

Auch das Hobby Festefeiern pflanzt man am besten in der Kindheit. Kinder sind äußerst aufnahmebereit für gute Ideen, die nicht einmal etwas kosten müssen. Alles, was jemand aus fast nichts gezaubert hat, macht auf sie nachhaltigen Eindruck, der in das Erwachsenenleben mit hineingenommen wird. Kinder lieben Feste und ganz besonders bunte Lampions oder Laternen, mit denen man abends einen kleinen Umzug veranstalten oder die Bäume in Hof und Garten behängen kann.
Dabei ist es nicht etwa nötig, daß Kinder ganz allein feiern. Der Architekt und Maskenentwerfer Sepp Schnyder lädt mit seiner Frau mehrmals im Sommer Familien – vom Baby bis zu den Großeltern – in seinen Garten ein. Für die Kinder stehen Dinge zum Spielen oder Beschäftigen bereit. Das ist der Grund, warum sie unter den Erwachsenen nicht stören. Auch das Problem der Beköstigung ist dort geregelt. Jeder bringt für das Picknick irgend etwas Lukullisches oder hübsch Gestaltetes mit, was auf großen Tischen abgelegt wird und eine Augenweide ist. Dem einzelnen Gastgeber ist es gar nicht zuzumuten, für alle allein zu bezahlen. Wenn man das von ihm erwartet, kommen eben weniger Feste zustande.
Für Kinder ist das Vorbereiten eine ausgezeichnete Lektion. Sie lernen dabei, daß man für alles Schöne im Leben etwas tun muß, daß aber dieses Tätigsein auch Spaß macht und beglückt.

Will man Lampions in Bäume hängen, muß man zuerst einen an einer langen Schnur befestigten Stein über einen Zweig werfen. Dann kann man den Lampion daran befestigen und hochziehen.

Der richtige Partner

Bildnis des steinreichen Ehepaares Erna und Otto Klages, zusammengewachsen wie eine Einheit, sogar äußerlich ähnlich geworden. »Ohne meine Frau hätte ich das alles nicht geschafft«, sagt der Museenverschenker. »Über meinem Hobby habe ich lauter schöne Dinge vergessen, eine Geliebte, das Rauchen und das Häuserbauen«, setzt er lachend hinzu. Obgleich er den falschen Beruf ergreifen mußte, half ihm seine Frau, über das Hobby glücklich zu werden.

Im Zeitalter der Arbeitsteilung, in dem es den meisten Menschen versagt ist, im Beruf Selbstbestätigung zu finden, und statt dessen sich im Hobby zu entfalten und zu reifen, bekommt die Freizeitbeschäftigung einen ganz anderen Wert. Daher braucht sie auch die Anerkennung und den Schutz des anderen. Ein Hobby kann eine zarte Pflanze sein, die es durch Verständnis und Ermutigung zu pflegen, vielleicht sogar erst zu säen gilt.

Den Partner aber davon abzuhalten oder zu entmutigen, kann man zu den Vergehen zählen – es hieße ihm das halbe Leben nehmen oder vergällen. Dazu hat niemand ein Recht, auch wenn das Hobby noch so unverständlich oder skurril erscheint. Spiel ist Spiel. Am Beginn weiß man nie, ob und wann es Früchte trägt. Die Partnerin des Spielers mit der Straßenbahn sorgte dafür, daß eine alte Bahn gekauft wurde, nur weil Heinz Johann traurig war, die letzte Erinnerung an seine Kindheit zu verlieren – ehe sie wußte, was dabei herauskam.

Das geht auch eine andere Partnerschaft an, mit der wir alle leben – möglichst reibungslos leben – müssen. Je mehr Gemeinaufgaben auf die Vertreter von Staat und Gemeinden zukommen, um so mehr werden sie auf unser Verständnis und unsere Mithilfe angewiesen sein. Sie können nichts Besseres tun, als unseren Entfaltungsspielraum zu erweitern, unsere Lern- und Aktionsfreude zu unterstützen, damit wir offen werden für das Geschehen um uns herum und die Bereitschaft zur partnerschaftlichen Hilfe.

8. Aufgabe:

1. Fahren Sie gern mit der Eisenbahn? ja/nein
2. Könnten Sie mit Hund und Katze unter einem Dach wohnen? ja/nein
3. Lassen Sie sich leicht aus der Ruhe bringen? ja/nein
4. Können Sie lange über etwas nachdenken? ja/nein
5. Lassen Sie sich gern um Rat fragen? ja/nein
6. Halten Sie Grundsätze für wichtig? ja/nein
7. Gehen Sie gern allein spazieren? ja/nein
8. Können Sie die richtige Uhrzeit gut abschätzen? ja/nein
9. Lassen Sie sich gern von Freunden beraten? ja/nein
10. Unterhalten Sie sich gern mit Menschen, die sehr viel älter sind als Sie? ja/nein
11. Bemerken Sie oft, daß andere Menschen Sie beobachten? ja/nein
12. Wären Sie gern jünger? ja/nein

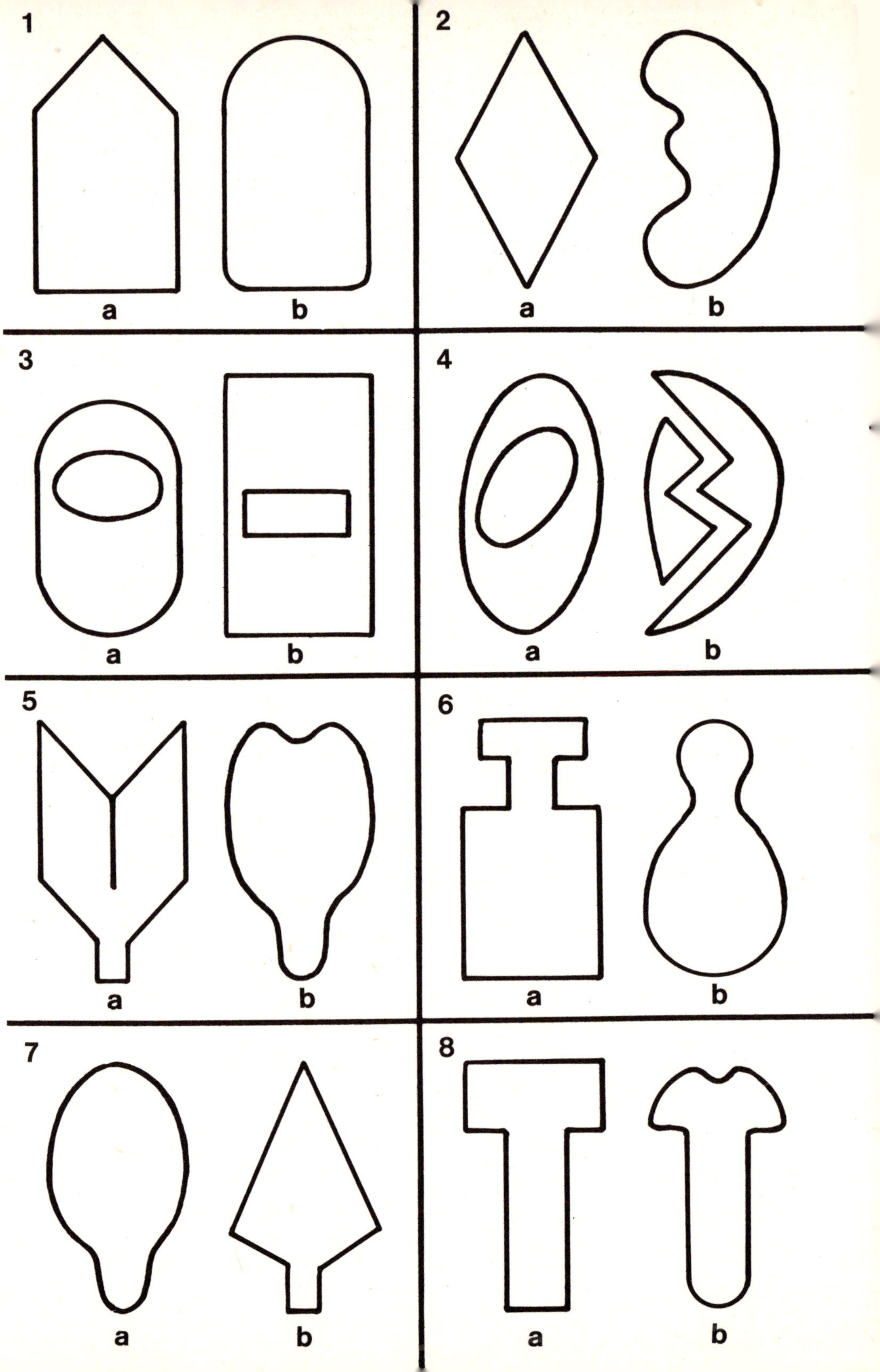

9. Aufgabe:

Wählen Sie von jedem der nebenstehenden Paare eine Figur aus. Notieren Sie hier den Buchstaben Ihrer Wahl:

1	5
2	6
3	7
4	8

Zu Aufgabe 1:

Können Sie sich erinnern, ohne nachzuschlagen?

1. Wie spät ist es?
2. Welche Warenstände stehen auf dem Platz?
3. Wie viele Autos stehen auf dem Parkplatz?
4. Worauf fahren die Kinder im Karussell?
5. Wie viele Häuser sind auf dem Bild?
6. Welche Geschäfte sind in den Häusern?
7. Wie viele verschiedene lebende Tierarten sind zu sehen?
8. Wie viele Menschen sind auf dem Bild?

Zu Aufgabe 3:

Gegenüber dem Bild auf Seite 18 wurden hier Änderungen vorgenommen. Bitte zeichnen Sie auf, welche Sie aus der Erinnerung – natürlich ohne nachzuschlagen – wahrgenommen haben:

1 ________________
2 ________________
3 ________________
4 ________________
5 ________________
6 ________________
7 ________________
8 ________________

Lösungen und Bewertungen Ihrer Antworten

		Punkte
1. Aufgabe		
1. Es ist 17.05 Uhr	3	
2. Spielwaren	1	
Porzellanwaren	1	
Blumen	1	
Gemüse	1	
Backwaren	1	
3. 5 Autos – je Auto	1	
4. Feuerwehr	1	
Pferd	1	
Personenwagen	1	
5. 7 Häuser – je Haus	1	
6. Modewaren	1	
Café	1	
Restaurant	1	
7. 5 Tierarten – je Art	1	
8. 25 Menschen – je 5 Menschen	1	
2. Aufgabe		
1. Erinnern Sie sich möglichst genau:		
richtig geschätzt	5	
fast richtig geschätzt	2	
falsch geschätzt	0	
2. Messen Sie es:		
richtig geschätzt	5	
fast richtig geschätzt	2	
falsch geschätzt	0	

		Punkte
3. 32 Seiten:		
richtig geschätzt	5	
fast richtig geschätzt	2	
falsch geschätzt	0	
4. Erkundigen Sie sich:		
richtig geschätzt	5	
fast richtig geschätzt	2	
falsch geschätzt	0	
3. Aufgabe		
1. Links Schlingen statt Fransen	2	
2. Eine Frucht auf dem Teller fehlt	2	
3. Zeitungsecke hängt herab	2	
4. Kragen hat anderes Muster	2	
5. Ärmel hat anderes Muster	2	
6. Buchtitel fehlt	2	
7. Anderer Lampenfuß	2	
8. Knopf fehlt auf dem Lampenschirm	2	
4. Aufgabe		
1. Auf Anhieb richtig für beide Eltern	3	
2. 13 Zentimeter	3	
3. Auf Anhieb richtig, ohne nachzusehen	3	
4. Auf Anhieb richtig, ohne nachzulesen	3	

5. Aufgabe

			Punkte
1.	A	1	
	B	3	
	C	2	
2.	A	2	
	B	3	
	C	1	
3.	A	1	
	B	2	
	C	3	
4.	A	3	
	B	2	
	C	1	
5.	A	3	
	B	2	
	C	1	
6.	A	1	
	B	2	
	C	3	
7.	A	1	
	B	3	
	C	2	
8.	A	1	
	B	2	
	C	3	
9.	A	2	
	B	1	
	C	3	
10.	A	3	
	B	1	
	C	2	

6. Aufgabe

			Punkte
1.	ja	1	
	nein	4	
2.	ja	2	
	nein	3	
3.	ja	4	
	nein	1	
4.	ja	1	
	nein	3	
5.	ja	2	
	nein	1	
6.	ja	4	
	nein	1	

7. Aufgabe

			Punkte
a	1	1	
	2	0	
	3	2	
	4	3	
b	1	2	
	2	0	
	3	1	
	4	4	
c	1	4	
	2	0	
	3	2	
	4	1	
d	1	2	
	2	3	
	3	0	
	4	1	

8. Aufgabe

			Punkte
1.	ja	3	
	nein	1	
2.	ja	5	
	nein	2	
3.	ja	1	
	nein	4	
4.	ja	2	
	nein	3	
5.	ja	5	
	nein	1	
6.	ja	3	
	nein	2	
7.	ja	4	
	nein	3	
8.	ja	5	
	nein	2	
9.	ja	4	
	nein	1	
10.	ja	3	
	nein	4	
11.	ja	1	
	nein	4	
12.	ja	3	
	nein	4	

9. Aufgabe

			Punkte
1.	a	1	
	b	3	
2.	a	1	
	b	2	
3.	a	3	
	b	1	
4.	a	2	
	b	1	
5.	a	1	
	b	3	
6.	a	2	
	b	3	
7.	a	3	
	b	1	
8.	a	2	
	b	3	

Summe ihrer Punkte:

94 Punkte u. weniger:	**Gruppe 1**
95 bis 128 Punkte:	**Gruppe 2**
129 bis 149 Punkte:	**Gruppe 3**
150 bis 187 Punkte:	**Gruppe 4**
188 bis 194 Punkte:	**Gruppe 5**
195 und mehr Punkte:	**Gruppe 6**

Gruppe 1

Wenig Einsatz sollte viel bringen. Je nachdem, ob Sie viel ausgeben können oder ob Sie glauben, sich zuwenig leisten zu können, interessieren Sie im ersten Fall alle Luxussportarten wie Segeln, Wasserski, Reiten, aber auch teure Reisen und der Umgang mit Kostbarkeiten, im zweiten Falle Hobbys, die ihrer Aus- und Fortbildung dienen oder Leistungshobbys sind.
Sie finden Anregungen auf den Seiten 33, 75, 79, 81, 133, 137, 143, 153, 155.

Gruppe 2

Ihnen ist Individualität wichtig. Das Segelfliegen würde Ihnen schmecken, vielleicht sogar das Rennfahren und andere harte Wettkämpfe, in denen Sie sich bestätigen können. Oder Sie sind Genießer und Betrachter und lieben die Kunst, ohne selbst Künstler zu sein. Vorschläge auf den Seiten 33, 38, 43, 49, 51, 54, 73, 75, 83, 89, 133, 153, 161, 169, 187, 191, 193.

Gruppe 3

Sie beschäftigen sich gern konzentriert und möglichst in aller Ruhe. Das Angebot reicht vom Buddelschiff bis zur Philosophie. Ihnen liegen auch wissenschaftliche und Bildungshobbys und Hobbys, die ausgefallen sind.
Vorschläge für Sie auf den Seiten 26, 28, 33, 38, 43, 49, 51, 52, 54, 58, 60, 67, 69, 73, 75, 79, 85, 87, 91, 95, 106, 108, 112, 114, 116, 117, 121, 132, 140, 149, 156, 159, 161, 163, 165, 169, 175, 178, 181, 185, 191, 196.

Gruppe 4

Sie bringen gern selbst etwas hervor. Ihnen liegt daran, eigene Ideen zu verwirklichen oder künstlerisch zu arbeiten. Ihre Kreativität könnte selbst Ihr Hobby erfinden. Trotzdem gibt es für Sie Anregungen auf den Seiten 22, 24, 26, 27, 28, 33, 38, 43, 47, 49, 51, 54, 60, 63, 66, 67, 69, 73, 85, 89, 91, 95, 98, 100, 102, 117, 156, 163, 165, 171, 175, 178, 185, 187, 191, 193, 194, 196, 198, 201.

Gruppe 5

Am liebsten sind Ihnen Hobbys, bei denen man mit anderen Menschen Kontakt findet, ganz gleich, ob Sie reisen und wandern, filmen, musizieren oder gemeinsam sammeln oder ob Sie anderen Menschen persönlich helfen und sich für soziale Ziele einsetzen. Für Sie gibt es Hobbys auf den Seiten: 22, 24, 27, 28, 33, 38, 43, 52, 54, 58, 60, 63, 73, 75, 79, 85, 89, 91, 95, 97, 108, 112, 115, 117, 121, 123, 127, 129, 130, 132, 133, 137, 139, 140, 143, 144, 145, 146.

Gruppe 6

Sie lieben das Hobby zur Entspannung und Abwechslung, weil Sie ohnehin beruflich bereits überfordert oder besonders lebenslustig veranlagt sind. Sie spielen gern mit Dingen, die nicht viel Einsatz erfordern, gehen aber auch gern tanzen, kegeln oder Karten spielen. Anregungen für Sie finden sich auf den Seiten 33, 38, 49, 51, 54, 73, 81, 85, 149, 165, 187, 201.